J. Thams

19.7.2000

SCHAMANISMUS

PIERS VITEBSKY

SCHAMANISMUS

Reisen der Seele
Magische Kräfte
Ekstase und Heilung

Aus dem Englischen von Markus Goeke

Knaur

IMPRESSUM

Titel der Originalausgabe:
The Shaman
Originalverlag:
Duncan Baird Publishers,
London

Copyright © für die deutsche
Ausgabe Droemersche
Verlagsanstalt Th. Knaur
Nachf., München 1998
Copyright © Duncan Baird
Publishers Ltd. 1995
Text Copyright
© Piers Vitebsky 1995
Artworks und Maps Copyright
© Duncan Baird Publishers
Fotorechte:
siehe Bildnachweis

Umschlaggestaltung:
Agentur Zero, München
Produktionsbetreuung:
Print Company
Verlagsgesellschaft mbH

ISBN 3-426-66408-9
Printed in Singapore

Inhalt

Einleitung

Jedesmal, wenn ich von Feldforschungen bei Gemeinschaften mit schamanischer Tradition zurückkehre, fragen mich die Leute: Was ist ein Schamane? Was macht ein Schamane tatsächlich? Welche Wirkung hat er auf die Menschen um sich herum? Unter den vielen Büchern über Schamanen gibt es nur wenige, die sich direkt mit diesen Fragen befassen.

Dieses Buch bietet eine Einführung in die hinreißende, aber auch gewalttätige und verwirrende Welt der Schamanen. Schamanische Motive, Themen und Charaktere ziehen sich durch die gesamte menschliche Geschichte, Religion und Psychologie. Das Wort „Schamane" stammt aus Sibirien und wird dort Schamán ausgesprochen, mit der Betonung auf der letzten Silbe. Es wurde in allen Gegenden der Welt nahezu austauschbar mit „Medizinmann/frau", „Zauberer", „Magier" und „Hexendoktor" verwendet, besonders dort, wo diese Personen außerhalb der Hauptrichtung der institutionalisierten Religionen wirkten.

Das Hauptaugenmerk dieses Buches liegt, obwohl ich natürlich auch die Spezialisten berücksichtige, die ihre Trance kontrollieren können, auf den Schamanen, die Reisen der Seele unternehmen. Was diese Schamanen tun, ist derart speziell, daß sie besondere Berücksichtigung verdienen.

Ich habe versucht, ein umfassendes, nicht mystifizierendes Bild davon zu geben, was Schamanen tun und seit Tausenden von Jahren getan haben. Ich habe

Die abgebildeten Masken stammen aus einer Privatsammlung. Es sind Schamanenmasken aus der Nähe des nördlichen Polarkreises.

(Mörsase) naqtimassorssuángormat líniarfigigâ.

29

Eine Möwe lehrt einen grönländischen Jäger die Formel zur Beruhigung des Sturmes. Aus der Sammlung der Universität von Oslo, gemalt von einem Grönländer im 19. Jahrhundert.

dabei besonders auf ihren sozialen Kontext geachtet, da ich davon überzeugt bin, daß schamanische Aktivitäten nur in Beziehung zu anderen Personen Bedeutung haben. Da es Tausende von ethnischen Gruppen gibt, in denen Schamanen leben, habe ich mich auf eine repräsentative Auswahl beschränkt, um dem Leser ein Gefühl für das Aussehen, die Geräusche und Gerüche ihrer Dörfer und Landschaften zu geben.

Das schamanische Weltbild

Auserwählt von Geistern, von ihnen gelehrt, in Trance zu fallen und mit ihrer Seele zu anderen Welten im Himmel zu fliegen oder durch gefährliche Spalten zu den Schrecken der Unterwelt zu klettern, bis auf die Knochen abgemagert (in Jagdgesellschaften sind Knochen der Kern des Lebens) und dann wieder zusammengefügt und wiedergeboren, ausgestattet mit der Macht, Geister zu bekämpfen und deren Opfer zu heilen, Feinde zu töten und die eigene Gemeinschaft vor Krankheit und Hunger zu schützen – das sind die Grundzüge schamanischer Religionen in vielen Gegenden der Welt. Gleichzeitig führen Schamanen ein ganz normales Leben, gehen auf die Jagd, kochen, bebauen Land und verrichten die Hausarbeit. Wenn Schamanen von anderen Welten sprechen, meinen sie nicht, daß diese von der Alltagswelt getrennt sind. Vielmehr repräsentieren jene anderen Welten die wahre Natur der Dinge und die wahren Ursachen der Ereignisse in dieser Welt. Dieses Verständnis wird von der Gemeinschaft weitgehend geteilt, und viele ihrer Mitglieder könnten auf Grund ihrer Einsicht in diese Dinge in größerem oder kleinem Maß ebenfalls Schamanen sein.

Gemälde eines ehemaligen Schamanen aus dem Gebiet des peruanischen Amazonas. Fünf Schamanen sitzen um einen Topf, in dem sie eine psychedelische Pflanze gekocht haben. Das Getränk bewirkt lebhafte Halluzinationen.

Was ist ein Schamane?

Bild eines Schamanen in Trance. Aufgenommen 1934 in der Mongolei.

Schamanen sind Ärzte, Priester, Sozialarbeiter und Mystiker in einem. Sie wurden als Geisteskranke bezeichnet, waren durch die Geschichte hindurch immer wieder Verfolgungen ausgesetzt, wurden in den 60er Jahren als „Phantasieprodukt" anthropologischer Vorstellungen abgetan und sind heute so in Mode, daß sie sowohl intensive akademische Debatten auslösen, als auch zur Namengebung von Popgruppen dienen. Das Wort „Schamane" stammt aus der Sprache der Ewenken, einer kleinen tungusischsprechenden Gruppe von Jägern und Rentierhirten in Sibirien. Es wurde ursprünglich nur zur Bezeichnung eines religiösen Spezialisten dieser Region benutzt. Zu Beginn des 20. Jhd. wurde der Begriff in Nordamerika schon für einen großen Teil der Medizinmänner und Medizinfrauen verwendet und wird heute von New-Age-Anhängern für all jene Personen gebraucht, die in irgendeiner Form Kontakt zu Geistern haben.

Von der Seele des sibirischen Schamanen heißt es, daß sie den Körper verlassen und zu anderen Teilen des Kosmos reisen kann, besonders zu einer Oberwelt im Himmel und zu einer Unterwelt unter der Erde. Diese Fähigkeit findet sich traditionellerweise nur in bestimmten Teilen der Welt und erlaubt uns, in diesen Fällen von eindeutig schamanistischen Gesellschaften und Kulturen zu sprechen. Eine allgemeinere Definition würde auch jene Personen umfassen, die zwar in der Lage sind, ihre Trance zu beherrschen, selbst wenn dies, wie in Korea, keine Seelenreise einschließt. In diesem Sinn unterscheiden sich Schamanen stark von anderen Medien, die von Geistern besessen sind oder von ihnen beherrscht werden. Jedoch selbst wenn der Schamane unter kontrollierten Bedingungen in Trance fällt, bleibt bei seiner „Herrschaft" über die Geister ein hohes Risiko bestehen. Der Beruf des Schamanen muß als psychisch außerordentlich gefährlich betrachtet werden, mit einem konstanten Risiko zu Krankheit oder Tod.

Kein Schamane kann ohne eine ihn umgebende Gesellschaft existieren, und Schamanismus ist keine einheitliche Religion, sondern eine kulturübergreifende Form religiöser Wahrnehmung und Praxis. In allen uns heute bekannten Gesellschaften bilden schamanische Ideen im allgemeinen nur einen Strang unter Doktrin und autoritären Strukturen anderer Religionen, Ideologien und Praktiken. Vermutlich gab es in der Vergangenheit rein schamanische Gesellschaften. Heute jedoch ist der Schamanismus eine vereinzelte und fragmentarische Erscheinungsform und sollte daher auch nicht als -ismus bezeichnet werden. Es existiert keine Doktrin, keine schamanische Weltkirche, kein heiliges Buch, auch kein Priester, der sagt, was richtig oder was falsch ist. Dennoch gibt es erstaunliche Ähnlichkeiten schamanischer Ideen und Praktiken zwischen so weit voneinander entfernten Gegenden wie der Arktis, dem Amazonas und Borneo. Viele der gegenwärtigen Interpretationen betonen die heilende Seite des Schamanismus; dies ist jedoch nur ein Aspekt der Tätigkeit des Schamanen. Unter anderem ist Schamanismus die Religion der Jäger, mit der Notwendigkeit, Leben zu nehmen, um selbst zu überleben, und die schamanische Haltung zum kosmischen Gleichgewicht gründet sich weitgehend auf der Idee, für die Seelen der Tiere, die man zum Leben braucht, zu zahlen, und in vielen Gesellschaften fliegt der Schamane zum Besitzer der Tiere, um über den Preis zu verhandeln.

DIE FURCHT VOR DEN GEISTERN: ZWEI ÄNGSTLICHE KLEINE MÄDCHEN

Nach schamanischer Erfahrung sind Gefühle wie Begeisterung und Freude nur als Gegenstück zu Gefühlen der Angst zu verstehen. Ein Schamane ist jemand, der mit Kräften umgehen kann, von denen das Leben gewöhnlicher Personen abhängt, Kräfte, die diese Personen jedoch oft mit tödlichem Schrecken erfüllen. Dieses Gefühl von Furcht und Hilflosigkeit vermittelt der folgende Bericht über einen Kalaalit-Schamanen (Eskimo) aus Grönland, der versucht, zwei kleine Mädchen als Schülerinnen zu gewinnen. Eine von ihnen erzählte in späteren Jahren:

„Ich zitterte vor Angst. Man konnte seine Hilfsgeister vom Dach, aus den Wänden und dem Boden summen und brummen hören. ‚Jetzt kommt Amarsinijoq!' sagte er, und wir spürten eine große Erschütterung im Haus. Keine von uns sagte ein Wort – ich bebte vor Angst und hatte das Gefühl, als würde mir die Haut abgezogen. ‚Jetzt ist er da', sagte der Schamane. Wir brachten weder ein Wort raus, noch schafften wir es davonzurennen, solche Angst hatten wir."

Dieses Monster tauchte aus einer Öffnung im Eis auf und erschreckte einen kanadischen Schamanen derart, daß er nicht in der Lage war, es sich als Hilfsgeist dienstbar zu machen.

Geister und Seelen

Menschliche Wesen verändern und überprüfen andauernd ihre Umgebung. Gleichzeitig wirken die physikalischen Einflüsse des Universums auf uns, so daß wir eingebunden sind in den Kreislauf von Handlung und Wahrnehmung. Weder wir als Menschen noch unsere Umgebung hat Identität oder Bedeutung ohne das jeweils andere.

Dieses Bild wechselseitiger Abhängigkeit charakterisiert einerseits die Vorrangstellung der Ökologie und verdeutlicht anderseits das schamanische Weltbild, in dem die gesamte Natur von Geistern beseelt ist. In jedem Glaubenssystem ist das Verständnis für Geister eines der grundlegenden theologischen und psychologischen Probleme. Nach schamanischem Denken ist „Geist" besser das „Wesenhafte" der Erscheinungen, das, was ein Tier zum Tier, ein Werkzeug zum Werkzeug macht. Geist kann aber ebenso Bewußtsein bedeuten: jede Kreatur, Bäume, Berge und Werkzeuge können ein dem menschlichen Bewußtsein ähnliches Seinsgefühl besitzen. Wenn nun aber

Die Geister von Pflanzen und Bäumen aus der Sicht eines peruanischen Schamanen.

Zwei Geister, einer davon ein Hund, der versucht, den Inuit-Künstler aufzufressen.

Geister ihre eigene Existenz haben, ist es ihnen auch möglich, bewußt auf den Menschen einzuwirken und Ereignisse auszulösen. Sie können die Menschen lieben, sie nähren und Mitleid empfinden, sie aber auch angreifen, verschlingen oder zum Wahnsinn treiben.

Diese Art religiöser Empfindung ist einerseits Resultat jahrtausendealter Erfahrungen und bestimmt anderseits die Handlungsweisen innerhalb der Welt. Schamanismus ist eine praktische und pragmatische Religion, nicht nur

des Topfes bewahrt auf. So wie jede Person einmalig ist, hat jeder Fluß, jeder Berg seinen eigenen Geist, mit eigenem Namen, Fähigkeiten und Wirkungen auf die Menschen. Geister können Menschen heiraten oder sie mit einigen ihrer Fähigkeiten ausstatten, doch sind sie mit ebendiesen Fähigkeiten auch in der Lage, uns zu überwältigen. Diese Alternativen spiegeln die vieldeutigen Eigenschaften der Umwelt selbst wider, in der Tiere, Landschaft und Wetter uns, abhängig von ihrer momentanen Laune, erhalten oder zerstören können.

Das Bewußtsein der Geister kann mit dem menschlichen Bewußtsein verschmelzen. Es ist ein weitverbreiteter Glaube, daß die Seele nach dem Tod als Geistwesen weiterlebt, und Tote können entweder zu Ahnengeistern oder zum Teil eines elementareren Geistes werden. Gleichzeitig kann die Seele Abbild des Körpers sein. Die Sora in Indien sagen, daß die Seele im Blut aufbewahrt werde und daher die Form des Körpers habe, die es durchströme.

Schamanische Logik beginnt bei der Idee, daß die Seele den Körper verlassen kann. Das geschieht jedem, der

eine mystische. Diese Empfindung von Einheitlichkeit verneint jedoch nicht die deutliche Individualität getrennter Erscheinungen. Innerhalb des schamanischen Universums existieren viele Kategorien sowie zahlreiche verschiedene Geister mit eigenen Erscheinungsformen, Namen und Qualitäten. Der Geist der Sonne wird vom Geist des Mondes klar unterschieden. Vielleicht sind sie Geschwister, vielleicht Mann und Frau.

Bärengeister sind groß und wild, Mäusegeister dagegen ängstlich, können aber in schmale Spalten klettern. Der Geist des Messers schneidet, der

Diese visionäre Zeichnung eines Cheyenne von 1890 zeigt einen Träumenden, der sich von seinem Körper gelöst hat.

stirbt, jedoch zeigt die Erfahrung der Träume, daß die Seele sich unabhängig vom Körper bewegen kann, ohne den Tod zu verursachen. Schamanische Gesellschaften betrachten den Seelenflug während der Trance oft als kontrollierte Form des Träumens, in welcher der Schamane eine unfreiwillige Form allgemeinmenschlicher Erfahrung zu einer kontrollierten Technik macht. Viele Menschen glauben, daß der Mensch mehr als nur eine Seele hat. Die Seele des Schamanen kann in andere Reiche reisen, Seelen können von Geistern oder feindlichen Schamanen entführt werden, während der Körper in dieser Zeit lebendig bleibt. Die wandernde Seele repräsentiert das Bewußtsein oder die Persönlichkeit, während die zurückbleibende Seele den Stoffwechsel des Körpers aufrechterhält. Kehrt die erste Seele nicht zurück, wird die zweite nicht lange überleben. In Teilen Südostasiens wird es als gefährlich betrachtet, jemanden abrupt aufzuwecken, da die Traumseele möglicherweise nicht genug Zeit hat, sicher zurückzukehren.

Jedoch kann die Anatomie der Psyche noch wesentlich komplexer sein. Die Eskimo glauben im allgemeinen, daß eine dritte Seele existiert, die den Namen der Person repräsentiert und von einem Namensträger auf den nächsten weitergegeben wird, während die Yuchi und Sioux Nordamerikas vier Seelen haben. Bei den Jivaro des Amazonas ist die wandernde Seele mit der Schutzseele der Person verbunden, während bei den nahe lebenden Jaguar eine lebende Person zwei Seelen hat sowie drei weitere, die erst nach dem Tod aktiv (und gefährlich) werden. Die Existenz von Hilfsgeistern (s. S. 66–69, 91–93) legt nahe, daß schamanische Kulturen einen Begriff von Person vertreten, der, im Gegensatz zu Industriegesellschaften, nicht so eng an die Körperlichkeit gebunden ist.

SEELE UND LEBER

Bei den Wana auf Celebes ist die Traumseele ein verkleinertes Modell der Person mit Sitz in der Fontanelle – ihre Hände und Füße tragen einen „Edelstein", der dem Pulsschlag entspricht. Seelen können auch von inneren Organen repräsentiert werden. Die Waldgeister haben das Recht, die Leber Sterbender zu verschlingen. Häufig warten sie nicht oder werden von einem Zauberer aufgehetzt. Ein junger Mann wurde im Wald angegriffen, seine Leber aufgefressen und die Wunde wieder verschlossen. Er konnte sich an nichts erinnern und lebte einige Zeit ganz normal weiter, bis er plötzlich kollabierte und starb.

SEELE UND SPEZIES

Die Inuit Kanadas glaubten, daß Tiere und Vögel eine Gruppenseele besitzen, und ein einzelnes Wort wurde gebraucht, um die Mitglieder einer Spezies zu benennen. Häufig hatten zwei Personen den gleichen Namen, was sie zu Seelenverwandten machte. Der Name einer Person kann sie mit anderen Personen oder einer gesamten Spezies verbinden. Zudem ist eine Person wohlwollend mit toten Personen gleichen Namens verbunden. Auf diese Weise entsteht ein Netzwerk von geteilten Seelen, welches die Lebenden mit dem Toten- und mit dem Tierreich verbindet.

Ein Inuit-Tupilak, eine zum Leben erweckte, symbolische Figur.

Die Ebenen des Kosmos

Die Handlungsweise des Schamanen gründet sich auf einer Idee eines Raums, in dem es, obwohl auch die alltägliche Welt von Geistern durchdrungen ist, noch andere Reiche gibt, zu denen der Schamane reisen muß. Wenn man von der Existenz der Geister überzeugt ist und annimmt, daß sie andere Bereiche des Kosmos bewohnen als wir und daß sie auf unsere Gesundheit und Ernährung einwirken können, dann folgt daraus, daß, wenn diese Dinge gestört sind, jemand in die Reiche der Geister reisen muß, um sie zu bewegen, sich anders zu verhalten.

Vielleicht kann „Raum" am besten als Metapher für die Andersartigkeit des Reiches der Geister verstanden werden. Wenn wir Geister als das Wesen der Dinge um uns herum begreifen, dann ist dieses Reich nicht geographisch entfernt, sondern besetzt den gleichen Raum, ist jedoch nur für einige Auserwählte zu bestimmten Zeiten erreichbar. Raum ist ein Weg, Verschiedenheit und Trennung auszudrücken, und die Reise des Schamanen zeigt die Möglichkeit, diese Dinge wieder zu vereinen.

Die Kluft im Raum repräsentiert zunächst eine Verschiedenartigkeit des Seins. Geister – ob von Verstorbenen, die wir kannten, oder Naturgeister – leben nicht hier, sondern irgendwo anders. Ebenso aber kann diese Kluft die moralische Unterlegenheit des Menschen widerspiegeln, der in einem entarteten Zustand, getrennt vom Göttlichen, lebt. In diesem Licht betrachtet, ähnelt die Rei-

Felsmalerei aus Südafrika. Aus dem Körper einer Frau, vermutlich während einer Dürre geopfert, wächst ein Baum bis in den Himmel. Dort gießt ein Geist Regen aus. Die kletternden Figuren hält man für Schamanen.

Der amazonische Kosmos

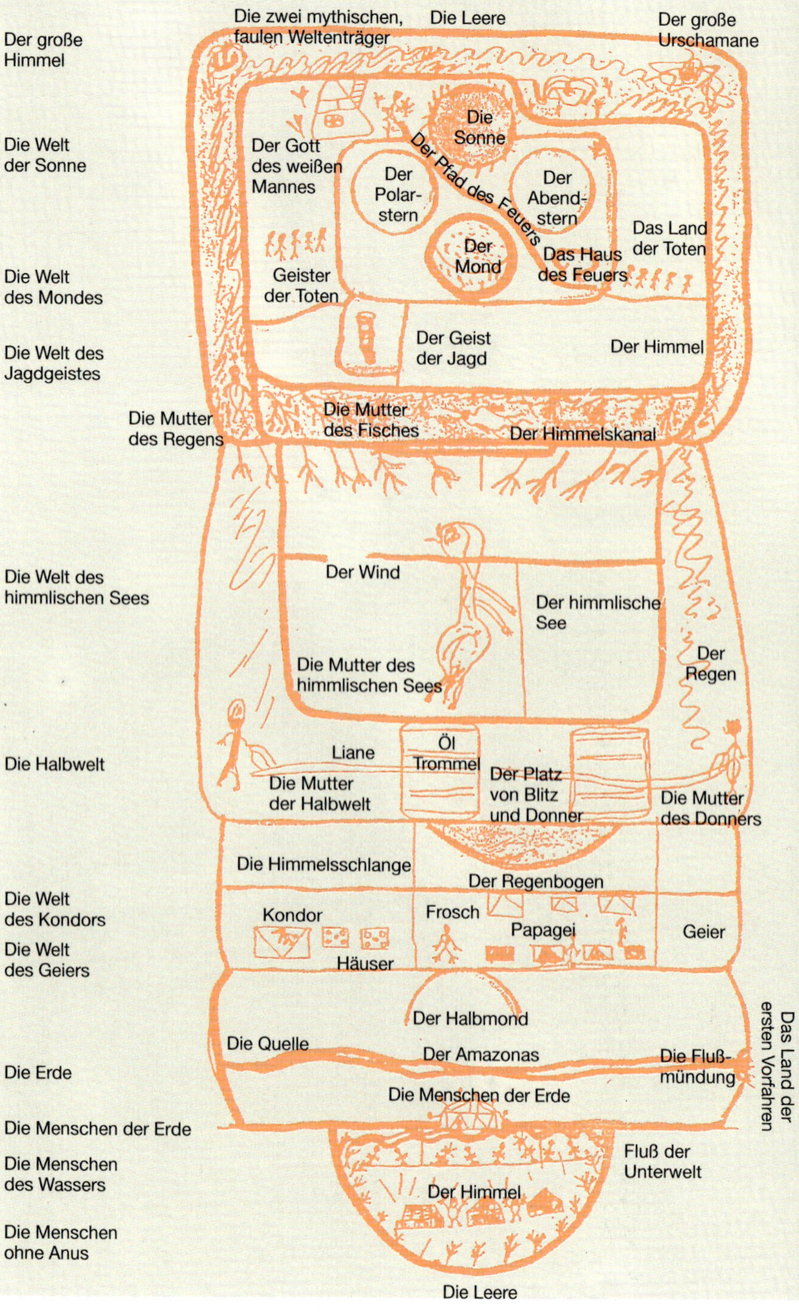

Der große Himmel

Die Welt der Sonne

Die Welt des Mondes

Die Welt des Jagdgeistes

Die Mutter des Regens

Die zwei mythischen, faulen Weltenträger

Die Leere

Der große Urschamane

Der Gott des weißen Mannes

Die Sonne

Der Polarstern

Der Pfad des Feuers

Der Abendstern

Das Land der Toten

Der Mond

Das Haus des Feuers

Geister der Toten

Der Geist der Jagd

Der Himmel

Die Mutter des Fisches

Der Himmelskanal

Die Welt des himmlischen Sees

Der Wind

Der himmlische See

Die Mutter des himmlischen Sees

Der Regen

Die Halbwelt

Liane

Öl Trommel

Die Mutter der Halbwelt

Der Platz von Blitz und Donner

Die Mutter des Donners

Die Himmelsschlange

Der Regenbogen

Die Welt des Kondors

Die Welt des Geiers

Kondor

Frosch

Papagei

Geier

Häuser

Der Halbmond

Die Quelle

Der Amazonas

Die Flußmündung

Das Land der ersten Vorfahren

Die Erde

Die Menschen der Erde

Die Menschen des Wassers

Die Menschen ohne Anus

Die Menschen der Erde

Fluß der Unterwelt

Der Himmel

Die Leere

DIE OBER- UND DIE UNTERWELT BEI DEN SCHAMANEN SIBIRIENS

Die Einwohner Sibiriens glaubten, daß die Welt in drei Schichten geteilt sei. Die Menschen lebten auf der mittleren Schicht, während die Oberwelt im Himmel nur durch ein schmales Loch erreicht werden konnte. Sie hatte eine feste Oberfläche mit Landschaften und Tieren. Diese Oberwelt war in weitere Ebenen unterteilt. Bei den Jägern im Norden gab es wohl nur drei davon, im Süden jedoch scheinen es wesentlich mehr gewesen zu sein. So glaubten sie etwa, daß ihr Oberster Herrscher, Bai Ulgen, auf der neunten oder sogar 16. Ebene lebte. Die Unterwelt war in ähnlicher Weise unterteilt und wurde oft als das Reich der Toten bezeichnet. Diese anderen Welten waren einerseits wie die unsere, es gab Flüsse, Berge und Lebewesen, und andererseits das völlige Gegenteil. Dort war Nacht, wenn es hier Tag war. Die Nganasan dachten, daß es in der Unterwelt kalt sei, und kleideten die Verstorbenen in Felle. Die Jakuten dagegen nahmen an, daß es im Himmel kalt sei, da die Schamanen von ihrer Reise manchmal mit Eiszapfen bedeckt zurückkehrten.

OBEN *Bei dem Begräbnis einer Frau, deren Seele in der Sonne gefangen ist, schießt der Assistent einer Sora-Schamanin eine Reihe von Pfeilen ab, um eine Leiter zu bilden. Auf dieser kann die Seele der Frau zu ihrer Verwandtschaft in die Unterwelt hinuntersteigen.*

LINKS *In diesem Universum eines Jaguar-Schamanen verläuft die Erde entlang des Amazonas. Löcher und Schlingpflanzen verbinden die Ebenen. Der himmlische See ist Ursache für den Regen. Die Ebenen oberhalb des Sees können nicht einmal von mächtigen Schamanen erreicht werden.*

se des Schamanen der Suche in anderen, moralisch-religiösen Systemen, etwa der Suche nach dem Heiligen Gral. Es ist möglich, diese Suche als eine Rückkehr in den ursprünglichen Zustand der Gnade zu betrachten. Der Schamane ist ein Spezialist im Überqueren dieser Kluft, und nur er hat die notwendige Technik und den Mut, es zu tun.

Die verschiedenen Reiche der Geister befinden sich nicht immer auf anderen kosmischen Ebenen, sondern sind ebenso auf dieser Erde zu finden, und es ist dann die Aufgabe des Schamanen, zu bekannten Plätzen in vertrauter Landschaft zu fliegen. Aber selbst auf der Erde wird die Andersartigkeit dieser Reiche durch physische Unzugänglichkeit oder Tabus, die Lage betreffend, betont, etwa durch das furchteinflößende Aussehen eines Felsens oder einer Höhle.

Die grundlegende Technik schamanischen Reisens ist der Zustand kontrollierter Trance (s. S. 70–73). Schamanische Geographie kann daher als eine Topographie mentaler Zustände (s. S. 154–159) betrachtet werden. Neuerdings versuchen Psychologen und Neo-Schamanisten, „Landkarten" mentaler Zustände zu erstellen, sowohl wörtlich als auch symbolisch.

Die Ebenen der Realität

Auf welche Art auch immer andere Menschen ihre Umgebung begreifen und erfahren, schamanistischem Denken gemäß ist die Dimension der Geister allgegenwärtig, obwohl sie zumeist verborgen ist. Verborgen deshalb, weil sie nicht die Oberfläche der Dinge meint, sondern ihre innere Natur. Demgemäß gibt es in schamanischen Kulturen mehr Realität. Über die Nuanmiut (Eskimo) berichtet ein Autor, daß der Geist eines Objektes als die wesenhaft existierende Kraft dieses Objektes gedacht werden muß. Ohne Geist kann ein Objekt zwar Raum einnehmen und Gewicht haben, aber es hat keine Bedeutung und keine reale Existenz. Ausgestattet mit einer Inua (Seele), wird es Teil der Natur und bewußt wahrnehmbar.

Es gibt verschiedene Wege, den Unterschied zwischen der Welt des Wesenhaften und unserer gewohnten Welt von Wahrnehmungen und Eindrücken deutlich zu machen. Obwohl die Sora eine Unterwelt kennen, erfahren sie die Geister durch ein vollständiges Überlappen der beiden Welten, was manchmal zu großen Schwierigkeiten für die Lebenden führen kann. Die Jahreszeiten verlaufen umgekehrt, und wenn die Menschen in der Pflanzzeit z. B. Bäume fällen, um das Feld für die Aussaat zu säubern, verärgern sie damit die Geister, die diese Bäume als Stütze für ihre reifen Feldfrüchte benützen. Ähnlich verhält es sich in Teilen Indonesiens. Wenn dort die Toten sprechen, sprechen sie zwar Malaiisch, jedoch jedes Wort rückwärts. Ebenso enthält und äußert die Welt der Geister die wahren Ursachen von Ereignissen in der Alltagswelt. Die beiden Reiche sind in einer Art verbunden, daß Ereignisse in

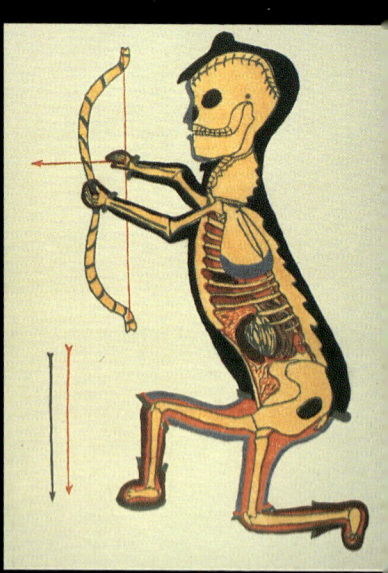

Schamanen werden gewöhnlich als Skelett gemalt oder gezeichnet, was an ihre rituelle Zerstückelung während der Initiation erinnert. Um Kranke zu heilen, ist es für den Schamanen notwendig, durch die Haut hindurch die einzelnen Organe und Knochen betrachten zu können. Die Schamanen der Hudson Bay glauben, daß die Inusia oder „Erscheinung als menschliches Wesen" ihren Sitz in einer Luftblase in der Leistengegend hat und nicht nur die äußere Erscheinung selbst produziert, sondern auch Kraft und Leben. Dieser innerste Kern ist es, der einen Menschen zum Menschen, ein Karibu zum Karibu oder einen Wal zum Wal macht. Allein durch Gedanken vermag ein Inuit-Schamane sich die Haut abzuschälen, so daß nur die Knochen übrigbleiben. Dann muß er jeden Teil seines Körpers benennen, jeden Knochen, Namen für Namen. Auf diese Weise ist er in der Lage, sich selbst, entblößt vom verderblichen und vergänglichen Fleisch und Blut, zu betrachten und sich der Arbeit mit den Körperbereichen zu widmen, die Sonne, Wind und Wetter widerstehen und lang nach seinem Tod weiterexistieren.

SEHEN UND VISION

Bei den Inuit Alaskas muß jemand, der Schüler(in) eines Schamanen werden will, erklären: „Takujumaqama – Ich komme zu Dir, denn ich begehre zu sehen." Die Idee, daß Weisheit das zweite Gesicht oder Einblick ins Innere erfordert, ist in schamanischen Kulturen weit verbreitet und oft mit dem Verlust des Augenlichts verbunden. In der griechischen Mythologie wurde Tiresias, der eine typisch schamanische Natur besaß – er war sowohl Mann als auch Frau –, von der Göttin Hera mit Blindheit gestraft, worauf ihm Zeus, zum Ausgleich, die Gabe des zweiten Gesichts verlieh. In vielen Teilen der Welt besteht eine Beziehung zwischen Blindheit und Musikalität oder der Gabe der Dichtkunst. Homer selbst soll blind gewesen sein, und der blinde Dichter Milton rezitierte sofort nach dem Erwachen Verse, die ihm im Schlaf eingefallen waren.

Die Stärke eines Schamanen wird häufig in Begriffen für besondere Sehkraft ausgedrückt, z. B. wenn bei der Initiation eines sibirischen Schamanen dessen Augen von einem Geisterschmied ausgestochen und durch Augen ersetzt werden, die andere Realitäten sehen können. Auf den unteren beiden Bildern unternimmt ein Schamane der Hmong aus der Bergregion von Laos eine Reise ins Reich der Geister. Der Metallring in seiner Hand ist das Pferd, auf dem er reitet. Sein Gesicht ist verhüllt, so daß sein inneres Auge sich öffnen kann und er den Weg in die Welt der Geister findet.

NAMEN UND WIRKLICHKEIT

Die Worte von Inuitliedern sind Teil der materiellen Umgebung wie Schnee, Knochen oder Haut. Man kann sie einwickeln, zerlegen und wieder zusammensetzen, wie das Material irgendeines anderen Handwerks.

Ich fügte einige Worte zusammen
Ich machte ein kleines Lied
Ich nahm's mit heim eines Abends
geheimnisvoll verpackt ...

Die Inuit glaubten, daß das Aussprechen eines Namens Wirklichkeit schafft. Gegenstände und ihr Name waren von gleicher Realität. Der Name einer Person war Teil ihrer Seele, symbolisierte ihre soziale Existenz und ihre Beziehung zur Umwelt, konnte aber ebenso das Wesen einer Person repräsentieren. Die christlichen Sora behaupten, daß Jesus mächtiger sei als ihre Geister, glauben aber dennoch an sie, da diese Geister ihre eigenen Namen haben und alle Namen auf etwas hinweisen würden.

EINE FOTOGRAFIE
SCHAMANISCHER „WIRKLICHKEIT"

Diese einzigartige Fotografie von Tamu-Schamanen wurde in Nepal während des Höhepunktes eines Rituals aufgenommen, das den Geist einer Person besänftigen sollte, die auf unnatürliche und unglückliche Weise gestorben war.

Fünf Schamanen sitzen Seite an Seite und singen. Die Schamanen und das Publikum warten gespannt auf die Ankunft der Seelen des Toten (in dieser Region Nepals glaubt man, daß eine Person mehrere Seelen hat). Die gesamte Aufmerksamkeit ist auf einen Vogel gerichtet, der am Modell eines Geisterhauses festgebunden ist. Man wartet darauf, daß er zu flattern beginnt, was bedeutet, daß die Seelen des Verstorbenen eingetroffen sind. Als einer der Schamanen das Foto sah, erklärte er: Genauso sehen die Götter, Hexen und Ahnen aus. Es sind genau die richtigen Farben, an genau der richtigen Stelle. Aber wie kann eine Kamera sehen, was nur ich sehen kann? Das ist geheimes Wissen, normale Menschen können diese Dinge nicht sehen. Es muß eine sehr gute Kamera sein.

Der Schamane erklärte, daß die gelbe Linie, die über das Bild läuft, der Geist des Ahnen sei, der gekommen sei, um die Schamanen zu beschützen. Der orange Streifen über den Köpfen der Schamanen sei der Gott Khhly Sondi Phhresondi, der gekommen sei, um sie vor den Seelen der Hexen zu beschützen. Diese Hexen, die tatsächlich feindselige lebende Wesen seien, sind in Form von feinen grünen Linien über den Köpfen von drei Schamanen erkennbar. Die Hexen fehlen an zwei wichtigen Punkten, und zwar dort, wo die beschützende orange Linie am stärksten ist, und über dem Kopf des rechten Schamanen, der sich für eine Pause zurückgezogen hatte. Dieses Foto wird hier, mit Genehmigung der Schamanen, zum ersten Mal veröffentlicht.

der Welt der Geister sich auf diese Welt auswirken. Eine erfolgreiche Jagdsaison oder eine Hungersnot, Gesundheit oder eine Epidemie, alles kann auf Handlungen der Geister zurückgeführt werden. Wenn ein Schamane sich unge-

hindert zwischen diesen Welten bewegen kann, so ist das als Ausdruck dafür zu verstehen, daß er oder sie diese andere Wirklichkeit wahrnehmen kann und versteht, wie sie auf seine einwirkt. In der Auffassung der Schamanen und ih-

rer Gesellschaften erscheinen diese
Wirklichkeiten häufig miteinander verschmolzen, so daß ein Schamane im
gleichen Atemzug erklären kann, er
nehme den Bus in die Stadt und reite
auf einem wilden Tier zum Mond. Zum

besseren Verständnis sollte man wohl
nicht von getrennten Realitäten sprechen, vielmehr repräsentieren auch in
der Welt der normalen Wahrnehmung
die Geister das Wesen der Dinge und
die Ursachen der Ereignisse.

Konzepte der Macht

Schamanismus bedeutet sowohl Verständnis für als auch Handeln in dieser Welt. Der Schamane hat sich, zum Nutzen der Gemeinschaft, um das Wissen zu bemühen, wie die Welt funktioniert. Geist ist mehr als

Federkiele, die in Nepal gegen Hexen abgefeuert werden.

Bewußtsein, fähig, ursächlich auf diese Welt einzuwirken, und daher Macht. Ein Großteil schamanischer Handlungsweisen besteht darin, diese Macht nutzbar zu machen.

Die Sora beschreiben den Impuls, der von den Geistern ausgeht, als Kraft, Macht oder Energie (renabti). Ähnlich dem lateinischen Ursprung der Worte „Macht" und „Potenz" stammt dieses Wort vom Verb „in der Lage sein" ab. Die Sora glauben, daß Elektrizität ihren Geistern vergleichbar ist, da sie ähnlich dynamisch wirkt, in dünnen Fäden geleitet wird und Klüfte überwindet. Aber Geist ist weit mehr als Elektrizität. Seine Impulse können nicht einfach ausgeschaltet werden, da er seinen eigenen Willen hat. Wenn Schamanen mit dieser Kraft in Verbindung stehen, befähigt sie das nicht nur, Dinge geschehen zu lassen, sondern auch, sich in Tiere zu verwandeln.

Schamanische Kraft ist nicht auf die leichte Schulter zu nehmen und fordert oft einen hohen Preis. In Sibirien, der Mongolei und anderen Gebieten haben die Menschen große Angst davor, von den Geistern zum Schamanen berufen zu werden, und wehren sich dagegen, solange sie können. Vor kur-

zem starb in einem abgelegenen Teil Sibiriens der letzte lokale Schamane. Er hatte versucht, seine Geheimnisse an seinen Enkel weiterzugeben, der dieses Geschenk jedoch wiederholt ablehnte und später erklärte, er habe dieses Opfer nicht auf sich nehmen können, da die Macht eines Schamanen sich von der Seelenkraft der engsten Familienmitglieder nähre. Seine Frau und seine Kinder verstarben darauf sehr früh, da er ihnen unbeabsichtigt ihre Lebensenergie entzogen hatte.

Die spirituelle Macht der Natur muß gemeinsam mit der politischen Macht, der militärischen Macht und selbst mit der wirtschaftlichen Macht wirken. Zwar werden in verschiedenen Sprachen verschiedene Worte für diese Machtstrukturen verwendet, doch lassen sich Analogien zwischen ihnen feststellen, und schamanische Macht scheint meist eng mit politischer Macht verbunden zu sein (s. S. 116–119).

Schamanische Macht hängt von der Kontrolle über den Trancezustand ab. Es gibt eine Menge nichtschamanischer Formen der Trance, wobei der jeweilige Geist die Situation kontrolliert. Dies ist kennzeichnend für die meisten afrikanischen Religionen, kommt aber

Ein sibirisches Amulett aus Teilen einer Bärenniere, das zur Heilung verwendet wird.

DIE ANAKONDA HAT SCHAMANISCHE EIGEN-SCHAFTEN

Schamanische Ideen sind sehr subtil, und unser Verständnis leidet häufig unter dem Problem der Übersetzung. Mystische Macht selbst ist kein einfach zu diskutierender Gegenstand. Das Wort für Schamane in Teilen des Amazonas ist *payé,* und man kann jemanden als *payé* bezeichnen. So wird z. B. die Anakonda als sehr *payé* bezeichnet, während der Tapir nur ein bißchen *payé* ist. Das Wort *payé* wird also nicht gebraucht, um eine Rolle (die eines Priesters etwa) zu beschreiben, sondern als Qualität oder Attribut. *Payé* scheint „erfüllt mit schamanischer Macht" zu bedeuten. Demnach ist also die Anakonda ein schamanisches Tier und der Tapir dagegen nur ein klein wenig schamanisch. Der Anthropologe, der dies berichtete, fügte ironisch hinzu, wie unglücklich es sei, ein sibirisches Wort zu benutzen, um über spirituelle Kräfte im Amazonas-Gebiet zu diskutieren, andererseits aber bleibe so der lokale Ausdruck *payé* vor inflationärem Gebrauch geschützt.

Ein Tafelberg in Arizona als Sammelpunkt magischer Kräfte.

LANDSCHAFTLICHE KRAFTZENTREN

Ein Dakota-Häuptling erklärt Macht als Ruhe- und Konzentrationspole während der Bewegung des Geistes:

„Alles, was sich bewegt, jetzt und dann, hier und dort, hält einmal inne. Ein Vogel wird an einem Ort haltmachen, um sich ein Nest zu bauen, an einem anderen, um sich auszuruhen. Der Mensch hält an, wo er will. So hielt auch der Gott (Wakan) an. Die Sonne, die so herrlich ist, ist einer der Orte, an denen er haltmachte, auch der Mond, die Sterne, der Wind, die Bäume und Tiere sind dort, wo er haltmachte. Die Indianer gedenken dieser Orte und senden Gebete dorthin, um Gesundheit und Segen zu erlangen."

In einigen Regionen gilt Quarz als erstarrtes Licht. Die Huichol bezeichnen es als die kristallisierten Seelen toter Schamanen.

Von den Sora benutzte Blätter, um den Pockengeist zu schlagen.

KRAFT AUS DEM MAGEN

Kraft kann viele Objekte, Substanzen, Formen und Handlungen durchströmen. Bei den Bewohnern des oberen Amazonas in Peru ist ein Aspekt schamanischer Kraft ein dicker weißer Schleim (Phlegma) im oberen Teil des Magens, einem der vitalsten Körperbereiche. Das Phlegma enthält Hilfsgeister, die der Schamane zur Heilung herbeirufen kann, ebenso wie die magischen Pfeile, die er abschießt, um seine Opfer zu verletzen. Der Pfeil, der sich seine Opfer selbst sucht und sich in sie hineinbohrt, ist teilweise Objekt und teilweise lebendes Wesen. Macht erscheint besonders in dieser Region Perus in der Form von Pflanzen (s. S. 85–87). Das Phlegma des Schamanen wird Yachay genannt und ist von einem Verb abgeleitet, das „wissen" bedeutet. Es

Bild eines peruanischen Schamanen mit seinem Phlegma.

steht also für Wissen als Macht. Die magischen Substanzen, Hilfsgeister und Pfeile stellen nur drei Aspekte schamanischer Macht dar, die auf dem Wissen basiert, wie die Welt tatsächlich ist und wie man sie verändern kann. Der Schamane ist in der Lage, sein Phlegma zu erbrechen und es seine Schüler trinken zu lassen, um so Wissen und Kraft weiterzugeben.

auch im Christentum und anderen Weltreligionen vor, wo die Besessenheit als unrein betrachtet wird, als etwas, das durch Exorzismus „behandelt" werden muß. In vielen Teilen der Welt ist die Besessenheit durch Geister besonders bei Frauen üblich, was als Kompensation ihrer schwachen sozialen und politischen Stellung betrachtet wurde. Aus denselben Gründen ist Besessenheit bei sozial schwachen Bevölkerungsschichten oder ethnischen Randgruppen sehr populär. Zwar trifft diese Interpretation auf viele Situationen zu, jedoch muß Besessenheit, ebenso wie Schamanismus, als integraler Bestandteil einer breiteren Kultur gesehen werden.

Ein Medium, das in der nationalen Hierachie Burmas als Königin gilt.

SPEZIALISTEN IN SCHAMANISCHEN GESELLSCHAFTEN

Schamanen arbeiten in ihrer Gemeinschaft üblicherweise mit anderen Spezialisten wie Wahrsagern, Kräuterheilkundigen, Hebammen und Knocheneinrichtern zusammen. Auch gibt es mehr oder weniger mächtige Schamanen. Bei den Sora in Indien gehören die männlichen Schamanen meistens der „schwächeren" Tradition der Hebammen und Heiler an, während z. B. die Begräbnisse von Schamanen der „großen" Tradition, meist Frauen, ausgerichtet werden. Bei den Jakuten bilden die „schwarzen" und „weißen", Oyun (männliche Schamanen) und Udaghan (weibliche Schamanen), einen breiten Bereich traditioneller spiritueller und medizinischer Spezialisten. Andere kennen zusätzlich den Otohut (Heiler), den Licheen (weise Person), den Tüülleekh (Traumdeuter) und den Körbü-

Geschnitzte Ringer, die, geleitet von einem weißen Schamanen, das Mittsommerfest bei den Jakuten feiern.

öchhü (Erzähler der Zukunft). Das Mittsommerfest, das von weißen Schamanen geleitet wird, hat sein Gegenstück im Herbstfest, kurz vor Beginn des Winters, der Zeit von Tod und Hunger, das von schwarzen Schamanen geleitet wird, die dem bösen Geist Abaahy Blutopfer darbringen. Durch ihre Verehrung himmlischer Götter und dem Fehlen der Trance ähneln die weißen Schamanen Priestern.

Die Kraft des Schamanen stammt von Geistern und kann ihren Sitz in Gegenständen, Liedern oder Handlungen haben, wie etwa dem Schlagen der Trommel. Die Natur dieser Kräfte ist unterschiedlich. Die Samen-Schamanen in Lappland benutzen ihre Trommel direkt zum Wahrsagen. In vielen schamanischen Kulturen wird das rhythmische Schlagen von Trommeln oder anderen Schlaginstrumenten benutzt, um den Trancezustand zu erreichen. In einigen Teilen des Amazonas-Gebietes schlucken die Schamanen spirituell mächtige Pflanzen und Insekten, um so an deren Kraft teilhaben zu können. Es gibt schreckliche Geschichten über den Mißbrauch von halluzinogenen Drogen, etwa Ayahuasca, die die Gefahr beschreiben, wenn diese Pflanzen ohne ausreichende Vorbereitung genommen werden. Von Eingeborenen (s. S. 85–87) wird immer wieder betont, daß es verfehlt ist, sich nur auf die chemische Seite schamanischer Pflanzen zu konzentrieren, da ihre Bedeutung wesentlich breiter ist.

Ein Friedhof in Port-au-Prince zu Allerheiligen. Der Voodoo-Gott des Friedhofes, Guede, ist sehr beliebt bei den Armen, da er, wenn er von ihnen Besitz ergreift, durch ihren Mund die Herrschenden beschimpft. Die Besessenen werden nicht zur Verantwortung gezogen für das, was sie sagen, während sie von Guede geritten werden.

Regionale Traditionen

Jede Landschaft hat ihre eigene spirituelle
Bedeutung. Auf der Halbinsel Kamtschatka
ist das Gefühl für die Landschaft davon
geprägt, daß die Bewohner Geister in den
Kräften des Wetters und in den Klippen und
Seen dieser gewaltigen, spärlich besiedelten
Gebirgsregion sehen. Im Gegensatz dazu
glaubt man im üppigen Dschungel des
Amazonas, daß die Geister in besonderen
Arten der riesigen Bäume wohnen, die dicht-
gedrängt bis hinunter an den Fluß stehen. Der
Amazonas und seine Einzugsgebiete dominie-
ren einen großen Teil Südamerikas, und die
enorme biologische Vielfalt im Wasser und
im Dschungel erlaubt den vollendet
entwickelten Gebrauch von Pflanzenmedizin,
die dem amazonischen Schamanismus seine
besondere Ausprägung verleiht.

Bestimmte schamanische Muster scheinen
sich jedoch durch das breite Spektrum von
Landschaften vieler verschiedener Kulturen
und vieler verschiedener sozialer und politischer Situationen zu ziehen. Dies könnte ein
Überbleibsel des Gefühls für das Göttliche
des frühen Menschen sein. In entwickelteren
Gesellschaften entstanden mit der Zeit
andere Religionsformen, und schamanische
Ideen wurden häufig ausgelöscht oder der
neuen Religion einverleibt. Manchmal
liegen sie verborgen innerhalb der großen
Weltreligionen.

*Wind und Schnee treiben über ein Wintercamp der Korjaken
auf der Halbinsel Kamtschatka in Sibirien.*

Die Religion der Steinzeit

1991 wurde der gefrorene und mumifizierte Körper eines Mannes im Gletschereis der österreichischen Alpen gefunden. Er war vor 5000 Jahren von einem Schneesturm begraben worden, als er die Berge überqueren wollte. Er könnte ein Schäfer gewesen sein, doch seine Tätowierungen, eine Steinscheibe an einem Lederriemen und die getrockneten medizinischen Pilze, die man in seinem Besitz fand, haben zu der Spekulation geführt, daß er ein Schamane auf einer rituellen Reise gewesen sein könnte.

Felsbilder der Buschmänner Südafrikas.

Lange vor dem Fund dieses „Eismannes" hat die Entdeckung prähistorischer Felsbilder in Südfrankreich die Vermutung ausgelöst, daß die halb menschlichen, halb tierischen Figuren, die unter ganz normalen Tierabbildungen erscheinen, Schamanen sein könnten und daß Schamanismus daher die ursprüngliche Religion des Menschen sein könnte. Auf einem Bild liegt ein Mann mit erigiertem Phallus neben einem vogelköpfigen Bison. Der Mann selbst scheint einen Vogelkopf zu haben, was auf einen Schamanen in Trance hinweist. Diese Interpretation wurde um 1960 von Lommel in seinem Buch „Shamanism: the Beginning of Art"

veröffentlicht. Lommels Auffassung wurde heftig kritisiert, nämlich als Versuch, das Unbekannte durch Unbekanntes zu verstehen. Sie benutze unbewiesene Parallelen zwischen in Zeit und Landschaft weit voneinander getrennten Gesellschaften, wie etwa den australischen Ureinwohnern der Gegenwart. Es ist schwierig, diese Kulturen mit den europäischen Menschen vor 40000 Jahren gleichzusetzen, denn obwohl die von Lommel verglichenen Kulturen alle auf der Jagd basierten, müssen doch ihre ökologischen und sozialen Bedingungen sehr unterschiedlich gewesen sein.

Andere Autoren haben die Debatte kürzlich auf die Felsbilder Nordamerikas und Südafrikas ausgeweitet. Doch

Vogelköpfige menschliche Figuren in Felsbildern Sibiriens, mehr als 3000 Jahre alt.

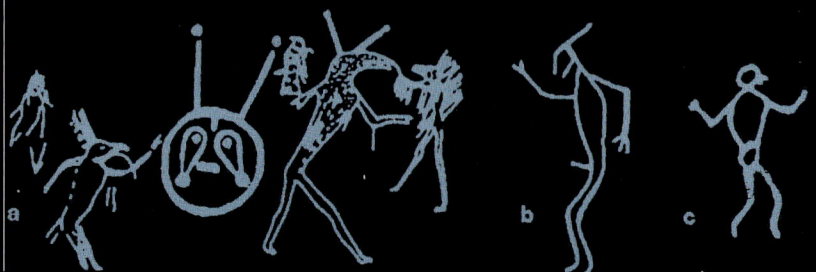

SIBIRISCHE FELSKUNST VON DER VORGESCHICHTE BIS IN DIE GEGENWART

Allein die Mannigfaltigkeit prähistorischer Bilder und Plastiken aus den verschiedensten Teilen der Welt, die in den letzten Jahren veröffentlicht worden sind, garantiert weiterhin kontroverse Diskussionen über die Existenz prähistorischer Schamanen. Eine im Westen weitgehend unbekannte Quelle ist eine russische Studie über Sibirien und Zentralasien, die Region mit der stärksten schamanischen Tradition in der Gegenwart. Während aus Frankreich nur einige hundert Bilder bekannt wurden, sind von der ehemaligen Sowjetunion an die 20 000 veröffentlicht worden. Zwar wurden solche Figuren bis in die Gegenwart gemalt, doch wäre es verfehlt, irgendeine Kontinuität in der Bedeutung zu unterstellen.

Felskunst aus Sibirien zeigt über eine Spanne von Tausenden von Jahren eine bemerkenswerte Kontinuität im Stil. Die Bärenkopffigur und der Elch (rechts oben) entstanden 4000–3000 v.Chr., während die Darstellung eines Schamanen und seiner Hilfsgeister (rechts) nur etwa 200–500 Jahre alt ist.

obwohl sie von „Schamanen" sprechen, vermeiden sie irgendeine Stellungnahme zur sozialen Stellung oder mentalen Gesundheit dieser Personen, sondern definieren Schamanen über ihre „veränderten Bewußtseinszustände".

Die Vorstellungen von Schamanen sind derart komplex und subtil, daß es großer Anstrengungen der Anthropologen bedarf, sie zu klären, und selbst dabei besteht die Gefahr von Mißverständnissen. Es ist möglich, daß paläolithische Jäger Schamanen in ihren Gemeinschaften hatten, zu beweisen ist das nicht. Es steht außer Frage, daß bis zur Entwicklung des Ackerbaus alle menschlichen Gesellschaften die Jagd als Lebensgrundlage hatten und daß in der jüngeren Geschichte Schamanen ein besonders starkes Bindeglied zwischen Jagd und Leben darstellten.

DER HERR DER TIERE

Eine Figur aus der Höhle Les Trois Frères, mit dem Spitznamen „Der tanzende Zauberer", von der man annimmt, daß sie einen Schamanen darstellt. Ein männliches Wesen, das den Betrachter mit runden Augen anstarrt. Jeder Teil seiner Anatomie scheint von einem anderen Tier zu stammen: Wolfsohren, Rentiergeweih, Pferdeschwanz, Bärenpranken. Die Gesamtwirkung jedoch ist zwingend menschlich. Eine andere plausible Erklärung ist, daß er ein geistiger Herr der Tiere ist, der das Wesen all dieser Arten in einer Erscheinung verkörpert.

Jäger, Hirten und Bauern

Ein Fellschild aus Nordamerika.

Von der Eisküste der Arktis bis zum Dschungel des Amazonas und Borneos, von kleinen Gruppen von Jägern bis zum chinesischen Königshof sind die Unterschiede zwischen schamanischen Ideen wesentlich geringer als die zwischen anderen kulturellen Aspekten, wie etwa der Sprache, der Sozialstruktur und dem politischen Regime, und es können sehr große Ähnlichkeiten festgestellt werden, obwohl es schwerfällt, sich eine direkte historische Verbindung vorzustellen.

Jene modernen Autoren, die einen psychologischen Standpunkt einnehmen, tendieren ebenso wie Neo-Schamanisten dazu, das Potential für die „verschiedenen Bewußtseinszustände" als dem Menschen innewohnend zu betrachten, was bedeutet, daß diese Zustände in verschiedenen Gegenden und Zeiten wiederentdeckt werden können. Wenn das zutrifft, müßten bei bestimmten Personen oder Gesellschaften diese Zustände stärker ausgeprägt sein als bei anderen und viele verschiedene Formen haben.

Auch wenn die Existenz paläolithischer Schamanen nicht bewiesen werden kann, führt die universale Verbindung zwischen Schamanismus und Jagd zu der Spekulation, daß Schamanismus wohl die älteste Religion, geistige Disziplin und medizinische Praxis ist. Es ist auch möglich, daß die Beschaffung von Tieren zur Ernährung wesentlich wichtiger war als die Heilung der Kranken. Dies mag uns heute, mit unserem Interesse an Psychologie und Gesund-

Für die Ainu Sibiriens ist der Bär der Herr des Waldes. Wenn ein Bär in Selbstverteidigung oder nach einem vorgeschriebenen Ritual getötet wurde, wird sein Geist durch die Einladung zu einem Fest und die Bewirtung mit Nahrung und Wodka besänftigt.

heit, befremden, jedoch sind wir so weit davon entfernt, von der Jagd abhängig zu sein, daß es uns schwerfällt, die Jagd auf Tiere als das zu sehen, was zwischen uns und dem Hunger steht.

Tatsächlich sind manche der Personen, die heute am Schamanismus interessiert sind, Vegetarier, eine Haltung, die den meisten traditionellen Schamanen schwer zu erklären wäre. Der Zusammenhang zwischen Mensch und Tier im schamanischen Denken gründet auf der Notwendigkeit, Tiere töten zu

müssen. Die Haltung von Jagdgesellschaften dem Wild gegenüber wurde von feinfühligen westlichen Beobachtern als „Komplex von Anbetung und Brutalität" beschrieben. Diese Anbetung geht einher mit der weitverbreiteten Idee eines Herrn der Tiere (s. S. 106–109), der als Besitzer ihre kollektive Seele repräsentiert. Diese Wesen geben die Tiere zur Jagd frei, um den Lebensunterhalt der Menschen zu sichern, verlangen aber im Austausch dafür verschiedene Opfergaben, im be-

JÄGER UND LIEBHABER

Die begriffliche Verbindung zwischen Jagd und sexueller Verführung stellt eine Analogie zwischen dem Durchdringen des Tierkörpers mit der sexuellen Vereinigung her. Bei den Desana des oberen Amazonas bedeutet das Wort für „Jagen" auch „Liebe mit den Tieren machen". Die sexuelle Spannung des Jägers wird durch sexuelle Abstinenz erreicht. Er muß sich für die Werbung durch körperliche Reinheit, rituelle Keuschheit, Zaubersprüche und Gesichtsbemalung attraktiv machen. Wenn das erlegte Tier weiblich ist, wird er seinen Kummer darüber ausdrücken, solch ein „schönes Biest" getötet zu haben. In Teilen Sibiriens vertritt der Schamane die Gemeinschaft, indem er eine sexuelle Beziehung zur Tochter oder Schwester des Herrn der Tiere aufnimmt, die selbst als Elch oder Rentier ihre Spezies vertritt. Während der rituellen Hochzeit begleitet der Schamane seinen Tanz mit wilden Bewegungen und Schnauben, die das männliche Tier in der Brunft imitieren sollen. Werbung ist ein

Ein Huichol-Schamane besänftigt einen Tiergeist (oben), ein anderer schlägt seine Bogentrommel mit der Spitze seines Jagdpfeiles (links).

Aspekt der weitreichenderen Idee, daß die Tiere sich bereitwillig geben und uns ihr Fleisch „leihen", solange wir ihnen, ihrem Hüter und der kosmischen und sozialen Ordnung den angemessenen Respekt entgegenbringen.

sonderen die Einhaltung sozialmoralischer Vorschriften (s. S. 110–115, 125–127). So wie Menschen Tiere jagen, jagen Geister menschliche Seelen, und häufig ist die Entführung oder Ver-

Ein Gerät zur Ausrichtung von Pfeilschäften aus Alaska.

speisung der Seele die Ursache für Krankheit und Tod.

Die Jagd ist zwar traditionellerweise eine maskuline Aktivität, jedoch ist das Geschlecht des Schamanen eng an die Natur der Gesellschaft gebunden. So gibt es z. B. in Sibirien einige weibliche Schamanen, doch ist die klassische sibirische Vorstellung vom Schamanen als dem Herrn der Tiere die eines männlichen Jägers oder Kriegers. Diese Art der

Auffassung setzt sich in Gesellschaften wie denen der Mongolei und Zentralasiens fort, wo die Jagd über Jahrhunderte oder Jahrtausende durch das Hüten großer Herden halbdomestizierter Tiere abgelöst worden war. Weibliche Schamanen waren in agrarischen, getreideanbauenden Gesellschaften wesentlich bedeutender, als es in Süd- und Südostasien der Fall ist. Die weiblichen Schamanen der Sora tragen manchmal ein Schwert oder eine Axt, wenn sie in Trance fallen, um auf ihrer Seelenreise mit benachbarten Stammesangehörigen und Werleoparden kämpfen zu können, in vielen Regionen jedoch erscheint das Weibliche eher gemäßigt als heroisch. In Korea sind alle Schamanen weiblich oder gelegentlich als Frauen verkleidete Männer und werden als „Frau unter Frauen" bezeichnet.

Solche Verhältnisse verdeutlichen, daß der bloße Aspekt des Heilens den vollen Umfang des Schamanismus einschränken würde. Immer wenn es in einer schamanischen Gesellschaft Jagd oder Krieg gibt, steht der Schamanismus im Mittelpunkt dieser Aktivitäten. Gleichzeitig verlagert sich in Hirten- und Ackerbaugesellschaften der Schwerpunkt der Riten weg vom Körper des gejagten Tieres, dem jedoch immer noch Respekt entgegengebracht wird, ebenso wie den domestizierten Opfertieren.

Zwar könnte Schamanismus als besonders geeignete Religion einer klassenlosen Jagdgesellschaft bezeichnet werden, doch funktioniert er auch unter den verschiedensten sozialen und politischen Systemen. Als die Bedeutung der Jagd abzunehmen begann, tauchten andere Formen der Religion, Wahrsagerei und Krankenheilung auf, und das schamanische Element, das sich in ihnen erhalten hatte, wurde in zunehmendem Maß verschwommen und schwer zu bestimmen. Die zentrale Figur des Schamanen wurde durch andere, ihn ergänzende Spezialisten begleitet oder ersetzt. Diese Entwicklung geht mit dem Wachstum einer Nation einher, das schwerlich auf der wirtschaftlichen Grundlage einer Jagdgesellschaft stattfinden könnte.

Bei einem Sora-Begräbnis bietet ein Schamane die Seele eines Büffels für den Verstorbenen dar, damit er in der Unterwelt pflügen kann. Die Jagd ist schon lange verschwunden, und die Rituale beschränken sich auf Haus- und Hoftiere.

Sibirien und die Mongolei

Die Grenze der Niederlassung eines Rentierhirten in Sibirien während des Sommers.

Dies ist das klassische schamanische Gebiet. Das Wort „Schamane" stammt aus der Sprache der Ewenken, einem Volk von Jägern und Rentierhirten in den sibirischen Wäldern. Obwohl einige Gelehrte behauptet haben, daß das Wort tatsächlich aus dem Sanskrit stamme, kann der Begriff Schamanismus strikt nur auf die Religionen Sibiriens und der Mongolei angewendet werden. Diese Religionen, die traditionell keinen Namen haben, teilen miteinander die Vorstellung eines Kosmos, dessen Schichten durch einen Baum, eine Stütze oder einen Berg miteinander verbunden sind. Sie beinhalten ebenso den Glauben an die Trennung von Körper und Seele und die Wirklichkeit der magischen Flüge der Seele des Schamanen. Der Schamane wird typischerweise von Geistern durch Folter und Zerstückelung und anschließende Wiederherstellung initiiert.

An der Alaska gegenüberliegenden pazifischen Küste lebten die Tschuktschen und sibirischen Eskimo traditionell von der Jagd auf Wale, Robben

und Walrosse, während die verschiedenen Völker des waldreichen Inlandes Rentiere und Elche jagten, sie manchmal sogar züchteten und in großen Herden hielten sowie in den zahlreichen Flüssen und Seen dem Fischfang nachgingen. Weiter südlich, wo der Wald der Steppe weicht, wurden die Jäger zu Hirten, mit großen Herden von Schafen, Ziegen und sogar Kamelen.

Es gab eine Vielzahl verschiedener Arten von „Schamanen", selbst in ein und derselben Gesellschaft oder derselben Siedlung. Einige waren Heiler, andere konnten das Wild aufspüren, wieder andere wehrten feindliche Geister ab oder hatten Kontakt zu den Toten. Die Vorstellung eines idealen, vollkommenen Schamanen, wie der Religionshistoriker Eliade sie vertritt, ist in einer ökologisch und gesellschaftlich so unterschiedlichen Region kaum haltbar. Es sind weitgehend zwei Elemente, die das religiöse Grundmuster dieser Region bilden. Das Element, welchem am meisten Beachtung geschenkt wurde, umfaßt jene Schamanen, die an der den der Welt innewohnenden Kräften teilhaben, seien diese nun Menschen, Tiere oder Wasser und Wind. Bei dieser Art des Schamanismus wird der Schamane zu etwas von ihm selbst Verschiedenem, z. B. zu einem Tier. Diese Schamanen reisen zum Himmel, meist, um eine ungünstige Situation, etwa Krankheit, auszuräumen. Das andere ist das Element des Clan-Schamanismus, der mit dem Fortbestand der Familie verbunden ist. Diese Art von Schamanismus steht mit dem Himmels- und Bergkult in Beziehung, deren Kultstätten aus Steinhaufen mit einem nach oben gerichteten Pfahl in der Mitte noch immer weit verbreitet sind. Schamanen dieser Art fielen kaum in Trance, sondern konzentrierten sich statt dessen auf Gebete und Opfer. Sie verwandelten sich nicht in Tiere und reisten nicht zum Himmel. Bei den Burjaten und Jakuten entspricht dieser Unterschied der Einteilung der Schamanen in schwarz und weiß. Allgemein gesagt fielen schwarze Schamanen in Trance, befaßten sich mit den Geistern der Unterwelt und mit Krankheiten, während weiße Schamanen die Geister und Götter der Oberwelt um Segen für die Menschen und den Viehbestand baten. Weiße Schamanen entsprechen den Priestern in anderen Teilen der Welt.

Da Religion eng mit der ökologischen Situation verbunden ist, folgt daraus, daß Veränderungen der Umwelt und der Lebensart von Veränderungen der religiösen Strukturen begleitet werden. Bei den kleinen Stämmen der Rentierhirten und Ren-

Ein Burjaten-Schamane aus Sibirien.

DSCHINGIS KHANS RINGEN UM POLITISCHE MACHT

Viele verschiedene Formen von Macht werden als ebenso funktionell betrachtet wie die spirituelle Macht des Schamanen. Im 12. Jhd. brachten z. B. die aristokratischen Krieger der Mongolei dem Himmel Tieropfer dar, um so Segen für ihre militärischen Unternehmungen zu erbitten. Ein Schamane, der die Kraft hatte, inmitten eines gefrorenen Flusses zu sitzen und das Eis durch seine Körperwärme zu schmelzen, erzählte dem Krieger Temujin, daß der Himmelsgott Temujin zum Herrscher der Welt auserkoren hatte. Der Schamane gab dem Krieger den Namen Dschingis Khan. Als dieser Schamane später die Seiten wechselte und vorhersagte, daß Dschingis' Bruder ihn entthronen werde, ließ Dschingis ihn töten. Der Körper des Schamanen lag drei Tage in einem Zelt und stieg am vierten durch die Rauchöffnung zum Himmel. Man hörte nichts mehr von ihm, und die politischen Absichten seiner Fraktion waren vernichtet.

tierzüchter, wie den Ewenken und Jakuten in Zentral-
und Nordostasien, war der
Schamane Stammesführer
und verhandelte mit den
Geistern um die Seelen der
Beutetiere. Bei den Nganasan im Nordwesten z. B.

hatte der Schamane wenig Verbindung
zum Clan, da dieser sehr verstreut lebte. An der pazifischen Küste, bei den
Tschuktschen und den Korjaken, war
der Clan schwach, und jede Familie
praktizierte ihre eigenen schamanischen Riten. Wo es professionelle
Schamanen gab, lebten sie relativ unabhängig von sozialen Gruppen und
praktizierten besonders spektakuläre
Tricks, um Klienten an sich zu binden.

Die Strukturen des Schamanismus in
Südsibirien und der Mongolei waren
sehr verschieden. Auf der einen Seite
führten ansehnliche Herden zu größeren Gemeinschaften und starken Clans.
Zusätzlich führte der Einfluß des Bud-

*Opfergaben aus Knochen und Kleidung in
einer Kultstätte in der Mongolei.*

UNTEN *Viele traditionelle mongolische Sportarten und Wettbewerbe, wie z. B. Ringen, haben seit der Zeit des Dschingis Khan überlebt.*

dhismus zu einer entwickelten Kosmologie, und der Schamanismus war vollständig institutionalisiert. Schamanen wirkten sowohl als Heiler wie auch als Opferpriester. Während bedeutender Rituale war es Aufgabe des Schamanen, die Seele des Pferdes oder anderer Opfertiere in die nächste Welt zu begleiten.

Im 19. und auch im frühen 20. Jhd., als die ersten Feldforschungen gemacht wurden, wurden diese schamanischen Völker zu Grenzbewohnern, eingeklemmt zwischen den modernen Staaten Rußland und China. In der Mongolei und in Südsibirien stand der Schamanismus auch in Konkurrenz zur tibetischen Form des Buddhismus, dem Lamaismus. Ungewöhnlich für die Mongolei sind die frühen, schriftlichen Quellen nichteuropäischen Ursprungs. Die geheime Geschichte der Mongolen und die Werke des arabischen Reisenden Rashid Al-Din belegen, daß, obwohl der mongolische Schamanismus

dieser Zeit durchaus dem, was heute praktiziert wird, sehr ähnlich war, sich seine soziale und politische Bedeutung jedoch ständig änderte. Während die Buddhisten die Mongolei missionierten, teilte der chinesische Hof den Himmelskult mit den Stämmen des Hinterlandes. Der Himmel ist männlich und die Quelle des Glücks und des militärischen Erfolgs. Die Beziehung zwischen dem Himmel und der männlichen Erbfolgelinie führt zur Betonung militärischen Glücks. Für einen Schamanen, der in der Lage war, in den Himmel zu klettern, bedeutete dies, sich in ein politisch sehr sensibles Gebiet zu wagen, und so fand sich diese Art des Schamanismus eher bei kleinen Stämmen von Jägern als in den zentralen Regionen des Reiches.

Der Schamanismus dieser Region hat eine enge Verbindung zu Religionen und Glaubensvorstellungen in zwei sehr verschiedenen Gegenden der Welt. Nordamerika wurde wahrscheinlich zuerst von Sibirien aus besiedelt: von Jägern, die auf einer damals noch existierenden Landbrücke die Beringstraße überquerten. Der Schamanismus der nordamerikanischen Eskimo ist nahezu identisch mit dem der Eskimo und Tschuktschen in Sibirien. Die schamanischen Traditionen der Mongolei sind eng mit der vorbuddhistischen Religion Tibets und vielen anderen religiösen Formen verbunden, die man noch heute in Nepal und anderen Teilen Süd- und Südostasiens findet.

Ein ongon, *Aufenthaltsort für Geister.*

Süd- und Ostasien

Nach religiösen Begriffen ist dies die komplexeste Region der Welt, Heimat der alten Religionen des Buddhismus, Hinduismus, Konfuzianismus, Taoismus und Schintoismus sowie lang etablierter lokaler Formen des Islam und des Christentums. All diese verschiedenen und mächtigen religiösen Traditionen enthalten Elemente menschlichen Kontakts mit Geistern, viele von ihnen vermutlich älter als die großen Religionen mit ihren schriftlichen Überlieferungen und institutionalisierten Strukturen. Beinahe überall in diesem Gebiet wird der Alltag farbig durch die Allgegenwart von Besessenheit, Exorzismus, schwarzer Magie, Orakeln, Predigern, heiligen Männern, weisen Frauen, Mönchen, Yogis, Sehern, Wahrsagern und Priestern.

Bei all dieser Konfusion kann man leicht den Blick für die schamanischen Elemente verlieren. Religiöse Spezialisten, wie die nordamerikanischen Medizinmänner, würde man hier nicht als Schamanen bezeichnen, da die Fülle religiöser Aktivitäten und der Reichtum an Traditionen jedem Spezialisten seine charakteristische Identität und Handlungssphäre verleiht. In Sibirien werden die meisten Spezialisten von Außenstehenden „Schamanen" genannt, in den lokalen Sprachen jedoch wird stärker unterschieden. Die weißen Schamanen bei den Jakuten und Burjaten entsprechen Personen, die man weiter südlich „Priester" nennt.

In Nepal ist der Begriff „Schamane" für jene Personen reserviert, die Seelenreisen unternehmen, ähnlich jenen in Sibirien und der Mongolei, wohingegen er in Korea für weibliche Medien verwendet wird, die zwar ihre Trance kontrollieren, aber keine Seelenreisen unternehmen können.

In Nepal findet man Seelenreisen häufiger bei den Völkern des Himalaya als bei den Hindus des Flachlandes. In der gesamten Hindukultur wird Trance gewöhnlich durch Besessenheit ausgelöst, jedoch ohne Seelenflug. Trancespezialisten unterscheiden sich im allgemeinen von der sachlichen Priesterschaft der Brahmanen, die ihre Berufung durch Vererbung und das sorgfältige Studium heiliger Bücher erhalten.

Wie auch immer, es gibt eine Form von Beziehung zu den Hindugöttern

Eine taiwanesische Schamanin, bevor sie die Krankheit, die sie einem Patienten nahm, freiläßt.

durch Ekstase oder Trance, die *Bhakti* genannt wird und häufig mit dem Gehen über glühende Kohlen oder Metallhaken, die ins Fleisch gebohrt werden, verbunden ist. Diese Art der „Hingabe" wird von vielen für gleichwertig gehalten, unterscheidet sich jedoch deutlich vom „Weg des Wissens" der Buchgelehrten. Wie dem auch sei, es handelt sich nicht um Schamanimus und beinhaltet keinen Seelenflug, der sich in Indien nur bei am Rand der Gesellschaft lebenden Stammesvölkern findet. Während Hinduismus und Buddhismus be-

Map labels: TIBET, HIMALAYA, NEPAL, CHINA, Peking, NORD-KOREA, JAPAN, SÜD-KOREA, Tokio, Delhi, GURUNG, MAGAR, BHUTAN, Hwang, Narbada, Ganges, BANGLADESCH, Yangtse, INDIEN, Mahanadi, ay, Godavari, BURMA, TAIWAN, Krishna, SORA, HMONG, Hongkong, Pazifischer Ozean, Golf von Bengalen, LAOS, MRU, Madras, THAILAND, Südchinesisches Meer, KAMBODSCHA, PHILIPPINEN, VIETNAM, SRI LANKA, SINGHALESE, TEMIAR, BRUNEI, Indischer Ozean, BATEK, MALAYSIEN, IBAN, CHEWONG, Singapur, WANA, MERATUS DAYAK, INDONESIEN, PAPUA NEU-GUINEA, Gebirgsregion, Meilen 400, km 400

Ein heiliger Mann kasteit sein Fleisch während des Hindu-Frühlingsfestes.

Eine alte koreanische Frau tanzt während der Vorstellung eines Schamanen.

haupten, daß die Seelen bald nach dem Tod in neue lebende Wesen zurückkehren, stimmt der Schamanismus mit religiösen Glaubensvorstellungen überein, die die Toten in einer Unterwelt ansiedeln, die sie als Basis benutzen, um von dort aus die Lebenden zu beeinflussen.

Die alte schamanische Religion Tibets, Bon-po genannt, wurde in die Form des tibetanischen Mahayana-Buddhismus, den Lamaismus, aufgenommen und ist möglicherweise der Ursprung der zahlreichen Dämonen und des ausgeprägten Exorzismus im Lamaismus. Im gesamten Gebiet des Therawada-Buddhismus, Sri Lanka, Burma und Thailand, gibt es einen prinzipellen Unterschied zwischen der reinen und strengen Lehre Buddhas und der Welt der normalen Bevölkerung, deren Gesundheit, Landwirtschaft und Liebesleben ständig von Göttern, Dämonen und anderen Geistern beeinflußt werden. Auch sind viele buddhistische Mönche mit Zauberei und Exorzismus vertraut.

Schamanischer Seelenflug findet sich in Malaysia, Indonesien und dem Rest

SCHAMANEN BEI DEN HINDUS UND DEN STAMMESVÖLKERN INDIENS

Die komplexe Natur des Schamanismus dieser Region zeigt sich bei den Sora, einem Dschungelstamm in Orissa. Der „große" Schamane, meist eine Frau, leitet die Bestattungen, während der kleinere Schamane, meist ein Mann, die Prophezeiungen und Heilungen übernimmt. Während der Trance verläßt die Seele des Sora-Schamanen ihren oder seinen Körper, der dann von einer Reihe von Toten benutzt wird, um mit den Lebenden zu sprechen. Die Arbeit der beiden Schamanen ist miteinander verflochten, da es das Begräbnis ist, welches offenbart, zu welcher Art von Geist die tote Person geworden ist, während die Weissagungen und Heilverfahren darlegen, welche tote Person den Patienten attackiert, die dann durch Opfergaben abgewehrt wird. Der Begräbnis-Scha-

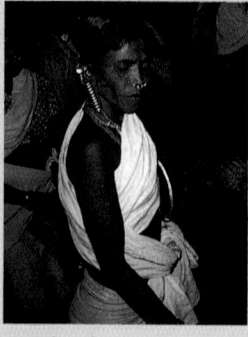

mane hat eine Reihe von Assistenten, die den Scheiterhaufen entzünden, tanzen, singen und durch Pantomime die Ahnen verkörpern. All diese Personen nennt man *Kuran*, ebenfalls ein Wort für Schamane. Bei den Jakuten in Sibirien ist die Situation genau umgekehrt, dort arbeiten die Spezialisten getrennt voneinander und haben eigene Namen. Bei den Sora scheint im Unterschied dazu die Betonung auf den Gemeinsamkeiten der Spezialisten zu liegen, da jeder seine eigene Rolle im kollektiven Drama der Riten

Für einen Sora-Schamanen (links) ist die Landschaft um sein Dorf (oben) ein Reich von Geistern.

spielt. Obwohl die Sora getrennt von ihren Hindu-Nachbarn leben, spiegelt ihr Schamanismus die jahrtausendealten Beziehungen wider. Jedes Dorf hat einen durch Erbfolge bestimmten Erden-Priester, dessen Vorstellung keine Trance beinhaltet; dies ähnelt einem weitverbreiteten Muster, das sich durch das gesamte hinduistische Indien zieht, in welchem sich von Geistern besessene Personen von der sachlichen, erblichen Priesterschaft der Brahmanen unterscheiden. Zusätzlich erhalten Sora-Schamanen ihre Kräfte durch die Heirat mit Hindugeistern in der Unterwelt. Diese Geister gehören zur Kaste der Krieger und Könige, die jahrhundertelang politische und ökonomische Macht über die Sora ausübten.

Südostasiens, wo er vor dem Hintergrund von Islam und Christentum funktioniert. In Indien ist der Schamanismus oft die Religion alter, eingeborener Stämme, ebenso in Indonesien oder bei den Hügelstämmen Vietnams. Wie in Sibirien ist jedoch schamanisches Verhalten stark von den Beziehungen zur Staatsmacht beeinflußt.

In China und Japan scheint der Schamanismus (inklusive Seelenflug) heute nicht mehr so verbreitet zu sein wie früher. Huang-Ti, der Gelbe Kaiser, berühmt als Autor eines klassischen Werkes über Akupunktur, flog mit siebzig seiner Frauen und Ratgeber auf einem Drachen in den Himmel. Diese Art der Reise symbolisierte die Herrscherrolle des chinesischen Kaisers. Das Erreichen der Trance durch Tanzen und die Verwandlung in einen Vogel scheint dem sibirischen Schamanismus sehr ähnlich, mit der Ausnahme, daß die Vorherrschaft männlicher Schamanen in Sibirien, durch die Vorstellungen maskuliner Jäger, den Weg für eine starke, weibliche Tradition frei machte. Im alten China agierten weibliche Schamanen als Gründer der Dynastien. In Japan haben sich schamanistische Fähigkeiten unter Frauen bis heute gehalten, wurden jedoch durch den Schintoismus verwässert, da viele Frauen sich neuen Religionen zuwendeten, die auch auf Besessenheit und Exorzismus gründen. Die größte Tendenz zu weiblichem Schamanismus existiert in Korea, wo mit Ausnahme einer Minderheit von Männern, die sich als Frauen kleiden, alle Schamanen Frauen sind. Generell ist es richtig zu sagen, daß in den Teilen Ostasiens, wo weibliche Schamanen führend sind, die Seelenreise fehlt und die Definition eines Schamanen sich von der Kontrolle über die Geister während der Trance herleitet.

Bewohner Sri Lankas laufen über einen Teppich glühender Kohlen.

KASTEIUNG DES FLEISCHES

In Sri Lanka praktizieren sowohl Hindus als auch Buddhisten die Kasteiung des Fleisches als Form des Opfers. Sie laufen über glühende Kohlen und durchstechen ihre Wangen oder ihre Zunge mit Metallpfeilen oder lassen sich an Metallhaken in ihrem Rücken von Gerüsten herunterhängen. Diese Büßer fallen manchmal in Trance, doch handelt es sich dabei nicht um Schamanismus; vielmehr ist das Teil eines weitverbreiteten Musters in Hinduismus und Buddhismus.

Fakir mit durchstochenen Wangen und reinigenden Limonen am Körper (oben). Mann in Trance mit der göttlichen Lanze (links).

Nordamerika

In dieser Region kommt schamanischer Seelenflug hauptsächlich im arktischen und subarktischen Raum vor. Bei den Eskimo handeln Schamanen nahezu wie die Schamanen in Nordsibirien. Diesen Schamanen sind Zerstückelung, dramatische Flüge durch die Luft und Reisen zum Meeresgrund gemeinsam. Die Nordwestküste hinunter erreichen wir ein Gebiet, das kulturell wesentlich abwechslungsreicher ist und wo Trance und Geistreisen nicht überall vorkommen. Bei verschiedenen Völkern bringt der Schamane die Seele eines Patienten zurück, indem er auf dem Pfad der Ahnen ins Land der Toten reist, wozu er eine Öffnung im Boden macht oder

zum Meeresgrund taucht. Im Gegensatz dazu fallen bei der Kanureise der Salisch die Schamanen nicht in Trance, sondern spielen die Reise, um den Schutzgeist des Patienten wiederzufinden.

Weiter südlich sind tiefe Trance und Seelenreisen selten, und die Natur der Initiation wechselt. Anders als bei den Folter- und Zerstückelungserfahrungen in Sibirien suchen hier die Schamanen die Initiation oft bewußt durch Isolation und Fasten. Die Rolle der Trance und der Reisen wird von Träumen oder der „Suche nach Visionen" übernommen, besonders in den Präriegebieten. Junge Männer und manchmal auch

Frauen ziehen sich zum Fasten einige Tage in die Wildnis zurück, um so Visionen von den Geistern zu erhalten. Diese Prozedur wird von allen Jugendlichen als Initiation ins Erwachsenenalter befolgt. Lame Deer von den Lakota Sioux erinnert sich: „Ganz plötzlich … hörte ich den Schrei eines Adlers, laut über den Stimmen vieler anderer Vögel. Er schien zu sagen, wir haben auf dich gewartet. Wir wußten, du würdest kommen … Du wirst immer einen Geist bei dir haben – ein anderes Selbst."

Es ist die Frage, ob diese Personen tatsächlich Schamanen sind. Auch in den Gebieten, wo jeder sich einer Initiation unterzieht und Visionen sucht, gibt es Professionalisten, die ihre Visionen weiterentwickeln, so daß ein

Ein Medizinmann der Schwarzfuß-Prärieindianer vollzieht einen Ritus über einem Sterbenden. 1832 gemalt von George Catlin.

Das Innere einer Mandan-Schwitzhütte, die benutzt wurde, um Visionen hervorzurufen.

DAS GEISTERKANU DER SALISCH-SCHAMANEN

Bei den Küsten-Salisch an der Grenze des Staates Washington zu Kanada schließen sich einige Schamanen zusammen, um ein geistiges Kanu zu formen, mit dem sie in die Unterwelt reisen, und versuchen den Schutzgeist eines Patienten zurückzurufen. Nachts bilden die Schamanen zwei imaginäre Kanus. Jeder Schamane hält ein Paddel. Begleitet von Trommel, Rasseln und Gesang sinken die Seelen der Schamanen in die Erde, wobei jeder das Lied seines eigenen Schutzgeistes singt. Nachdem sie den Schutzgeist des Patienten gefunden haben, bringen sie ihn dem Patienten zurück, der sich erhebt und zu tanzen beginnt. Das Schamanen-Kanu der Salisch wurde durch die Arbeit von Michael Harner sehr bekannt, der es zum Gebrauch in neo-schamanistischen Arbeitsgruppen adaptierte. In diesen Arbeitsgruppen bilden die Teilnehmer die Besatzung des Kanus, während die Rolle des Schamanen von einer trainierten Person übernommen wird, die innerhalb des Kanus nahe dem Patienten sitzt.

SCHAMANEN BEI DEN ESKIMO

Die Eskimo bewohnen Grönland, einige Dörfer in Sibirien, die meisten jedoch die amerikanische Arktis. Jedes dieser Eskimo-Völker besitzt einen eigenen Namen und eine eigene Sprache. Die größten linguistischen und politischen Gruppen sind die Kalaallit, Inuit, Inupiat und Yupik, und das Wort „Eskimo" wird von vielen Gruppen, etwa von den Inuit in Kanada, für eine Beleidigung gehalten. Aus diesem Grund wurde der Begriff Inuit gegen Eskimo ausgetauscht, was jedoch wenig befriedigend ist, da es kein kollektives Wort ist, das alle Gruppen umfaßt. Die Eskimo sind im großen und ganzen ein Küstenvolk, und ihre Religion fußt auf der Jagd und dem Fischfang. Unter dem frühen Einfluß von Missionaren wurden alle Christen, obwohl einige nach dem Erstarken der traditionellen Glaubenssysteme das Christentum wieder aufgaben. Mit zunehmendem Kontakt zu den Europäern bildete sich unter ihnen eine eher kommerziell orientierte Jagdkultur aus.

Die Lebensbedingungen in der Arktis, besonders jenseits der nördlichen Baumgrenze, sind hart, und die Nahrungsversorgung ist unsicher. Im Winter und Frühjahr gingen die Eskimo traditionellerweise auf Wal-, Seehund- und Walroßjagd. Im Sommer und Herbst zogen sie manchmal ins Inland und lebten von Karibus. Alltagsriten der Gemeinschaft, die selten mehr als einige hundert Personen umfaßte, wurden generell von Laien durchgeführt, während Schamanen auf Krisen, wie Hungersnöte, spezialisiert waren. Der Schamane verhandelte mit nicht-menschlichen Lebensformen, den Geistern, den Beutetieren, den Toten und verschiedenen Ungeheuern.

JAPAN
Kaspisches Meer
Wladiwostok
Baikalsee
UDEGHAI
SEL'KUP
KET KHANTY
NIVKHI SIBIRIEN MANSI
OROCHON JAKUTEN
EWENKEN EWENKEN NENETS
DOLGAN KOMI
ITEL'MEN JAKUTEN NGANASAN KARELIAN
KAMTSCHATKA FINNLAND
JUKAGIREN SAMEN
SCHWEDEN
KORJAKEN Arktischer NORWEGEN
TSCHUKTSCHEN Ozean
ESKIMO Nordpol
Beringstraße
INUPIAT
YUPIK ISLAND
ALASKA GRÖNLAND
KALAALLIT
INUIT INUIT KALAALLIT
INUIT
KANADA Hudson Bay

nicht bewohnbare Eisfelder
Tundra
Taiga
Polarkreis

0 Meilen 2000
0 km 3000

klarer Unterschied zwischen Laien und Spezialisten besteht. Bei der Krankenheilung existieren zwei Arten von Spezialisten, die zwei verschiedene Krankheitsursachen behandeln. Ist der Patient krank, weil seine Seele von Geistern entführt wurde, hat dies Ohnmacht oder ähnliche ernste Störungen zur Folge, und die Seele des Heilers fällt in Trance, um sie zurückzubringen. Wurde die Krankheit aber von einem durch einen Zauberer geschickten, in den Körper eingedrungenen, fremden Objekt verursacht, leidet der Patient meist unter physischen und nicht unter mentalen Schmerzen. Der Heiler muß nicht unbedingt in Trance fallen, sondern entfernt das Objekt durch Massage oder durch Saugen, entweder direkt mit dem Mund oder durch eine spezielle Röhre aus Vogelknochen, mit einem Strohhalm oder mit anderem Material. Dann zeigt der Heiler dem Patienten und den Zuschauern das Objekt. Die erste Art des Heilers ist der Definition nach ein Schamane, während der zweite eher als Medizinmann/frau bezeichnet werden muß. Zauberei und schwarze Magie werden Schamanen weltweit zugeschrieben, und Henry, der letzte traditionelle Washo-Schamane, traf die bewußte Wahl, diese Praktiken in seiner eigenen Arbeit zu vermeiden.

Nordamerika stand wie viele andere Regionen der Welt lange Zeit unter dem kolonialen Einfluß Großbritanniens, weshalb im Englischen eine Vielzahl ethnographischer Literatur über den Schamanismus existiert. In der jüngeren Vergangenheit gab es sowohl unter den Eingeborenen als auch bei urbanen Weißen, gegründet auf einem Verständnis dieser Traditionen, Erneuerungsbewegungen (s. S. 150–153). Eingeborene Autoren und Lehrer legen heute häufig ihre eigenen Vorstellungen ursprünglicher Traditionen dar. Ebenso wie die Berichte früherer Anthropologen sind aber auch die gegenwärtigen Interpretationen des Schamanismus unvermeidlich durch Vorstellungen und Vorgaben der Zeit gefärbt.

Medizinbeutel mit Bärenklaue eines Crow-Indianers.

DIE MIDEWIWIN-HÜTTE

Bei der Midewiwin-Zeremonie der Objibway (abgebildet auf einer Birkenrinde, rechts) symbolisieren die vier Seiten einer Hütte die Himmelsrichtungen, das Universum. Ein Stein beim östlichen Eingang repräsentiert die permanente Anwesenheit Manitus, und ein Pfahl stellt den kosmischen Baum dar, der durch die Ebenen des Kosmos bricht. Den Trancezustand kann jeder erreichen; der Schamane, der acht Stationen von Initiation hinter sich bringen muß, ist besonders mächtig – die letzten Stationen sind psychisch sehr gefährlich, da es zum Kontakt mit furchterregenden Mächten kommen kann. Der zu initiierende Schamane liegt auf dem Boden, auf verschiedenen Teilen seines Körper stehen Schalen, um dort den Manitu zu lokalisieren. Andere Schamanen der Gesellschaft schießen ihm symbolisch in diese Teile, während der Kandidat seine in der Einsamkeit der Wildnis erfahrenen Visionen noch einmal darstellt.

Süd- und Zentralamerika

Ein Matses-Indianer mit einer Halskette aus Jaguarkrallen.

Der Schamane ist eine dominate Figur bei vielen der Eingeborenenstämme Zentral- und Südamerikas. Trotz der großen Distanz zur Beringstraße zeigt der südamerikanische Schamanismus auffallende Ähnlichkeiten mit dem Schamanismus Sibiriens. Der Kosmos ist häufig in Ebenen geteilt, mit einem Weltenbaum, und die Schamanen fliegen zur Ober- und Unterwelt. Die Initiation beinhaltet oft Krankheit, die Erfahrung der Zerstückelung, den Gebrauch zahlreicher Hilfsgeister und die Heirat mit einem geistigen Ehepartner. Die Ähnlichkeit mit Sibirien ist vielleicht der stärkste Beweis für die grundlegende Dauerhaftigkeit schamanischer Ideen in den verschiedensten Umgebungen, Sozialstrukturen und geschichtlichen Perioden.

Doch gibt es auch starke Unterschiede. Der wichtigste ist vielleicht der ausgeprägte Gebrauch halluzinogener Pflanzen. Ungefähr 100 Pflanzen werden dazu benutzt, obwohl die Anzahl psychotropischer Pflanzen wahrscheinlich nicht höher ist als in der Alten Welt. Zwar werden einige der gebräuchlichsten halluzinogenen Pflanzen, wie Datura und Peyote, auch im Süden Nordamerikas benutzt, doch ist der Gebrauch in Südamerika am intensivsten. Die Mazatec in Zentralamerika benutzen sogenannte Psilocybe-Pilze, die Halluzinationen auslösen, während die Religion der Huichol sich auf den

WIE SCHAMANEN SICH IN JAGUARE VERWANDELN

Eines der Kennzeichen des amazonischen Schamanismus ist die enge Identifikation zwischen dem Schamanen und dem Jaguar. Schamanen können sich in Jaguare verwandeln, indem sie Zaubersprüche singen, Jaguarornamente tragen (Zähne, Haut) oder indem sie halluzinogene Pflanzen nehmen. Schamanen können auch nach ihrem Tod zu Jaguaren werden. Wie der sibirische Seetaucher, dessen Verhalten die Schamanen nachahmen, jedoch mächtiger und agressiver, kann der Jaguar sich frei auf und über der Erde und im Wasser bewegen. Er erklettert die riesigen Bäume und ist auch ein ausgezeichneter Schwimmer, so daß viele Völker an Wasserjaguare glauben, die am Grund der Flüsse leben und nur von Schamanen erreicht werden können. Ein peruanischer *Vegetalista* kann sich selbst mit einem Zauberspruch schützen:

Wo kommst du her,
Nachkomme des schwarzen Jaguars?
Du nährst die Erde mit der Milch deiner Brüste.
Auf diese Art erscheinst du.
Hinten kommt es.
Der Jaguar ruft ihn,

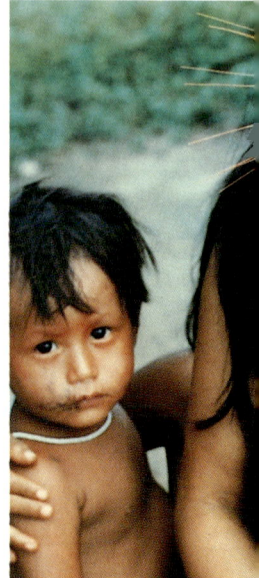

HUICHOL
Mexico City
Veracruz
MAZATEC

Nicaragua-See
COSTA RICA
PANAMA
Pazifischer
Ozean

CUNA

Orinoco
VENEZUELA
KOLUMBIEN
SIONA
ACHUAR
JIVARO
SCHIPIBO-CONIBO
PERU
Lima
ANDEN

WARAO
GUYANA SURINAM
FRANZÖSISCH-GUYANA
WAKUENAI
DESANA
Negro
PERUVIAN MESTIZO
JAGUAR
MATSES
KAGWAHIV

Atlantischer
Ozean

Amazonas
Madeira
Xingu
Araguaia
Tocantins
BRASILIEN
São Francisco

CHILE
Paraguay
Parana

Rio de Janeiro

Santiago
ARGENTINIEN
Buenos Aires

Gebirgsregion

0   Meilen   500
0   km   500

Das Textilbild eines Huichol-Schamanen aus Mexiko.

*inmitten des großen Waldes
kommt es schreiend.
Hinter ihm kommt es.
Der Jaguar schon gezähmt,
meine Tinguna ebenfalls.
Es kommt hinter ihm.*

Eine Tinguna ist eine Art
von elektromagnetischem
Kraftfeld. Bei den Desana
verwandelt sich der Schamane in einen Jaguar, nachdem
er eine besonders große
Dosis eines Halluzinogens
geschnupft hat. Nach Mona-
ten des Fastens und durch-
sungener Nächte wird eine
Gruppe von Novizen von
ihrem Lehrer zusammenge-
rufen, und das geschnupfte
Halluzinogen „wählt" jetzt
den wahren Schamanen aus.
Man braucht Mut und Ent-
schlossenheit, um es zu
nehmen. Manche Novizen

fühlen sich nur krank, während andere sich nach Kopf-
schmerzen und Schwindel-
gefühl in Jaguare verwan-
deln. Während ihr Körper in
der Hängematte liegt, erhebt
sich ihre Seele zur Milchstraße oder durchstreift den
Dschungel. Diese Schama-
nen verschlingen ihre
Feinde, und selbst die
gewöhnlichen Jaguare im
Dschungel werden wilder
und gefährlicher.

Der Schamane ist nur so
lange Jaguar, wie das Halluzinogen wirkt, dann wird er
wieder zum Menschen.

LINKS *Eine junge Mutter des
Matses-Stammes mit Ge-
sichtstätowierung und den
Schnurrbarthaaren eines
Jaguars.*

Der dichte Dschungel um den Amazonas hält ein weites Spektrum medizinischer Pflanzen bereit.

Peyotekaktus gründet, der wie ein Tier „gejagt" wird. Tabak, obwohl strenggenommen kein Halluzinogen, wird weit verbreitet als heilige Pflanze betrachtet und in vielen Kulturen häufig bei Reinigungsritualen verwendet.

Der südamerikanische Schamane unterscheidet sich von normalen Personen durch die Meisterschaft der Trance und des Seelenfluges. Dadurch erhält er Hilfsgeister, Lieder und Gesänge. Gesänge sind als Ausdruck schamanischer Macht sehr wichtig in dieser Region, und es scheint, daß Schamanen allein durch Melodien einen anderen Bewußtseinszustand herbeiführen können. Ein Schamane kann seine Macht durch Unreinheit, Verletzung eines Tabus oder den Angriff eines mächtigeren Schamanen verlieren. Schamanenmacht muß ständig fortgebildet werden, und ihr Verlust kann zu Krankheit und Tod führen. Bei Völkern wie den Matsigenka, Siona, Kagwahiv und Schipibo-Conibo glaubt man, daß auch normale Personen schamanische Kräfte besitzen, die mit wachsendem Alter zunehmen. Diejenigen, die zu Schamanen werden, sind die, die diese Kräfte bis zu dem Punkt entwickeln, an dem sie in die vielen, von Geistern beherrschten Prozesse eingreifen können.

Bei den Wakuenai nehmen die Besitzer der Gesänge keine halluzinogenen Pflanzen und unterscheiden sich von denen, die es tun. Bei den Desana verwandeln sich die Schamanen, die Halluzinogene nehmen, in Jaguare und unterscheiden sich von den Schamanen, die die Gesänge besitzen und heilen, indem sie die Namen der Pflanzen, Tiere und Geister singen, und ebenso von jenen, die in die Wasserreiche reisen können. Schamanismus ist eng mit Zauberei verbunden, und häufig werden Schamanen, die heilen, und solche, die verletzen, sprachlich nicht unterschieden. Diese Doppeldeutigkeit der Schamanen wird besonders in Gemeinschaften mit schwachen oder fließenden Autoritätsstrukturen deutlich. Bei schwacher Häuptlingsschaft ist das Wissen, das durch den Schamanen von anderen Welten mitgebracht wird, be-

RASSELN

Während in Sibirien die Trommel das Instrument des Schamanismus ist, wird sie in Nordamerika von der Rassel begleitet (rechts) und in Südamerika völlig von der Rassel abgelöst. So wie in Sibirien angenommen wird, daß die Trommel aus dem Weltenbaum gemacht ist, so symbolisiert der Gebrauch der Rassel in Südamerika diesen Baum, während ihr Hohlkörper den Kosmos repräsentiert. Die Kerne oder Kiesel im Innern sind die Geister und Seelen der Ahnen. Das Schütteln der Rassel aktiviert diese Geister.

sonders wichtig und maßgebend als Quelle moralischer und sozialer Kontrolle. Ein Schamane zu sein ist nicht so sehr eine fixe Rolle als Ausdruck seiner oder ihrer Art von Kraft.

Die Kolonialgeschichte Südamerikas war äußerst gewaltsam, und schamani-

sche Ideen kennzeichneten einige soziale und revolutionäre Bewegungen. Die Wakuenai an der Grenze von Brasilien und Venezuela haben eine lange Geschichte im Glauben an einen Messias, und während des 19. Jhd. benutzte etwa der messianische Führer Venancio Kamiko schamanische Bilder, um gegen die weiße Invasion zu protestieren. Schamanismus beschränkt sich nicht nur auf reine Indianergesellschaften. Die Mestizen-Schamanen in Peru, die wegen ihrer Kenntnis halluzinogener Pflanzen *Vegetalista* genannt werden,

sind eine Mischung aus Eingeborenen und Europäern und sprechen Spanisch als Muttersprache. Sie haben zwar ihre ethnische Identität verloren, praktizieren jedoch eine Form von Schamanismus, die typisch für die Region des oberen Amazonas ist.

Die Huichol in Zentralmexiko (links) nehmen den Peyotekaktus, um Halluzinationen auszulösen, bei denen sie häufig die Geschichten in leuchtend farbigen Textilbildern sehen. In der Abbildung unten erhebt sich ein gehörnter Schamane zur Himmelswelt. Ein weiser Huichol-Ahne kann als Felskristall zu den Lebenden zurückkehren, und seine Seele kann, aufgelöst in einem Gärtrank, von einem lebenden Schamanen getrunken werden.

Der Rest der Welt

Schamanische Motive kommen auf der ganzen Welt vor, jedoch sind sie niemals an einem Ort so vollständig ausgebildet, daß sie einen schamanischen Gesamtkomplex bilden würden. Ein häufig wiederkehrendes Motiv ist das des Baumes oder der Leiter. Die europäische Geschichte von Hans und der Bohnenstange ähnelt der des Jakuten-Schamanen, der eine von den rabenköpfigen Menschen des Himmels als Braut entführte Frau zurückbringt (s. S. 101). Die gefangene Prinzessin wird ins Wolkenschloß der Giganten gebracht. Hans klettert hinauf, kämpft mit den Giganten und rettet die Prinzessin. Der Hauptunterschied ist, daß diese Geschichte nicht das Fundament einer Gesellschaft und eines moralischen Systems ist.

Schamanische Motive bekommen immer dann eine moralische Dimension, wenn sie den Abgrund zwischen dieser Welt und dem Himmel betonen. Die Dinka im südlichen Sudan sagen, daß Himmel und Erde früher dicht beieinander waren, der Himmel sich jedoch durch die Missetaten der Menschen so weit entfernt hätte, daß es ein Problem geworden sei, diese Kluft zu überbrücken. In diesem Licht kann auch Christus, der zum Himmel reist, um die Menschen zu erlösen, als eine Art Schamane gesehen werden.

In den meisten afrikanischen Kulturen reisen die Menschen nicht in die Welt der Geister, sondern die Geister kommen in diese Welt, und Trancezustände ereignen sich, wenn die Menschen besessen sind, besonders dann, wenn sie die Geister rufen und beherrschen, wie im Schamanismus. Wie auch immer, viele Personen bei den Buschmännern der Kalahari klettern zum Himmel, und es ist möglich, daß die schamanische Idee wesentlich verbreiteter ist, als man generell annimmt.

Unter den australischen Eingeborenen wird ein Schamane von Geistern initiiert, die ihn zerstückeln. In einigen Gebieten töten sie ihn, öffnen seinen Körper und legen Felskristalle und andere mächtige Substanzen hinein. Auch im Hochland Neuguineas gibt es Schamanen. Die Sambia sagen, daß schwache Schamanen heilen, wahrsagen und zaubern können und nur starke Schamanen Seelenreisen machen. Im gesamten Hochland sind die Schamanen in die

Bei den Aranta Zentralaustraliens wird der zu Initiierende von den Geistern geköpft, dann in eine Höhle oder unter die Erde gebracht, wo er wieder zusammengefügt wird. Er kehrt im Zustand zeitweiligen Wahnsinns zur Gemeinschaft zurück.

Kämpfe zwischen den Gemeinschaften verwickelt, und ein Großteil ihrer Bemühungen ist darauf gerichtet, Feinde zu töten oder die Mitglieder der eigenen Gemeinschaft von Wirkungen fremder Zauberei zu befreien.

Auch in der europäischen Vergangenheit finden sich Spuren schamanischer Themen. Der germanische Gott

Odin unterzog sich einer Initiation, indem er sich an den Weltenbaum Yggdrasil hängte. Er konnte sich auch in verschiedene Tiere verwandeln und Reisen zu verschiedenen Plätzen unternehmen. Ähnliche Themen tauchen auch in der keltischen und nordischen Mythologie auf. Aber selbst der Religionshistoriker Eliade räumt ein, daß dies nicht zum Gesamtbild eines schamanischen Systems führt.

Schamanische Elemente finden sich auch in der alten griechischen Kultur, und es wurden Versuche gemacht, diese Elemente auf die östlichen Wurzeln der skythischen Stämme der russischen und zentralasiatischen Steppe zurückzuführen. Orpheus ging wie Herkules in die Unterwelt, um die Seele eines früh Verstorbenen zurückzuholen (s. S. 99). Diese Art der Reise beinhaltet typische schamanische Themen, wie das Bezwingen von Wächtern und Hindernissen und Verhandlungen mit dem König der Unterwelt.

Die Jakobsleiter, 1917 gemalt von Sydney Nelson. Die biblische Geschichte betont die Trennung zwischen Himmel und Erde. Sprossen sind als Symbol der zu Gott aufsteigenden Seele sowohl im Christentum wie auch im Islam weit verbreitet.

EIN BUSCHMANN KLETTERT ZUM HIMMEL

Der Buschmann sagt: „Wieder kam die Giraffe und holte mich. Wir kamen zu einem Fluß, und ich schwamm stromabwärts. Dann erklärte mir mein Beschützer, daß ich Menschen heilen und in Trance fallen könnte. Wir gingen an Land und begannen an einem Strick zum Himmel zu klettern. Dort sangen die Geister und die Toten für mich, und ich tanzte. Wenn jemand stirbt, trage ich ihn auf meinem Rücken und tanze, damit Gott mir seinen Geist gibt, und ich lege diesen Geist in seinen Körper zurück. Wenn du Gott näher-

kommst, beißen dich Mambas, Pythons, Bienen und Heuschrecken. Wenn du in deinen Körper zurückkehrst, fühlst du dich: H-e-e-e!"

Alte Felsmalereien der Buschmänner, wie diese Giraffe aus den Erongo-Bergen, weisen auf schamanische Erfahrungen hin.

Verleihung der Schamanenschaft

Die Handlungen eines Schamanen sind eng
mit der Fähigkeit verbunden, das Publikum
durch die Kraft seiner rituellen Aufführungen
zu beeindrucken, Aufführungen, die ihre
Wirkung sowohl auf die Zuschauer als auch
auf den Schamanen haben müssen. Schamanen benutzen viele Requisiten und Symbole,
um ihre psychischen Erfahrungen auszudrücken und ihre Klienten zu beeinflussen.
Magar-Schamanen aus Nepal, wie die hier
abgebildeten, benutzen spezielle Kostüme,
Federn mächtiger Vögel, Trommeln und
Schellen sowie Zaubersprüche und Gebete,
um hypnotische Wirkungen zu erzielen.

Der Schamane wird von den Geistern
auserwählt, in der Zentralerfahrung der Initiation häufig symbolisch getötet und durch die
Geister wiedergeboren. Durch diese Erfahrung wird die Persönlichkeit des Schamanen
erhöht, was durch den Erhalt von Schutzgeistern ausgedrückt wird, die den Schamanen
befähigen, durch den Kosmos zu reisen.
Andere, feindliche Geister verkörpern die
negative Seite des Klienten oder der Persönlichkeit des Schamanen selbst. Der symbolische „Tod" des Schamanen wiederholt sich,
in abgemilderter Form, bei jeder seiner rituellen Vorstellungen.

*Der nepalesische Schamane links erwartet passiv die Ankunft
der Geister seiner Ahnen, während der Schamane rechts seine
eigenen Geister durch das Schlagen der Trommel ruft.*

Wer wird ein Schamane?

Der Schamane ist neurotisch und ein Psychopath. Der Schamane ist die vernünftigste Person der Gesellschaft und äußerst sensibel für die Stimmungen anderer. Der Schamane ist ein Selbstdarsteller, Geisterbeschwörer und Scharlatan. All diese widersprüchlichen Eigenschaften wurden wiederholt von Beobachtern beschrieben und beinhalten viele Vermutungen über die Persönlichkeit und Psyche der Schamanen. Mit Blick auf die Natur der Berufung des

Eine Teleut-Schamanin schlägt eine geschmückte Trommel, um ihre Hilfsgeister zu rufen.

Schamanen mag es wahr sein, daß bestimmte dieser Eigenschaften erwartet werden, doch kann ihre Natur variieren. Sibirische Kulturen verlangten große emotionale und körperliche Stärke, und es heißt, daß ein Mann, der seine Zähne

verloren hatte, nicht länger Schamane sein konnte. Bei den Sora kann selbst ein weinerliches, kleines Kind die Fähigkeit haben, Geister zu sehen und sie zu rufen.

Bei den Eingeborenen Amerikas war schamanische Macht weit verbreitet. In Bereichen des Amazonas-Gebietes sind große Teile der männlichen Population Schamanen, einige mächtiger als andere, und die Initiation stellt häufig einen wesentlichen Abschnitt in der Entwicklung der männlichen Identität dar. Die Suche nach Visionen in Nordamerika hat eine ähnliche Bedeutung, und der Sonnentanz ist ausdrücklich mit den alljährlichen Pubertätsriten verbunden.

Die spezielle Kraft des Schamanen mag der Person angeboren sein und muß

EIN SIBIRISCHER SCHAMANE SCHLÄGT SEINE TROMMEL

„Den Kopf in die Trommel gesteckt, beginnt der Schamane leise zu singen. Er singt langsam und klagend. Er schlägt die Trommel an verschiedenen Stellen mit ruhigen Schlägen. Es scheint, als rufe er jemanden, sammle seine Helfer und rufe sie von weit her. Manchmal schlägt er die Trommel hart und gibt einige Worte von sich. Dies bedeutet, daß einer seiner Helfer eingetroffen ist. Stück

für Stück wird das Lied lauter, und die Trommel ertönt öfter, was bedeutet, daß alle Geister den Ruf ihres Meisters gehört haben und herandrängen. Zum Schluß ertönt die Trommel äußerst mächtig und scheint zu zerspringen. Der Schamane blickt jetzt nicht mehr in die Trommel und singt, so laut er kann. Alle Geister haben sich jetzt versammelt. Ohne sein Lied zu unterbrechen, legt der Schamane seinen Brustharnisch an. Er steht, leicht vorgebeugt, auf einem Fleck und klopft mit

einem Fleck und klopft mit dem Fuß." Die Trommel antwortete auf die Berührung mit dem Schlagholz mit den verschiedensten Klängen, von donnernden Schlägen mit dem scharfen Klang von Eisen bis zu zartem Rascheln, ein beständiges sanftes Summen, begleitet von einem leichten Bimmeln. Der Schamane benutzte die Trommel auch dazu, die Schallwellen umzuleiten, so daß seine Stimme sich in der Dunkelheit von einer Ecke in die andere und von oben nach unten zu bewegen schien.

*Ein nepalesischer Schamane mit seiner Trommel, die er benutzt,
um die Geister seiner Ahnen zu rufen.*

in diesem Fall ans Licht gebracht werden, oder die Person hat eine Veranlagung zur Schamanenschaft und muß diese Kraft irgendwie erwerben. Diese beiden Zustände sind nicht immer klar unterschieden. Der Washo-Schamane

Henry wuchs in der Umgebung von zwei Schamanen auf, seinem Schwager und seinem Onkel, die er beide respektiert und verehrt. Als Kind träumte er, daß ein Bär ihn betrachtete und er darauf in Richtung des Mondes flog. Er wurde später in ein brutales Internat gesteckt, dann zur US-Armee und dann verpflichtet, eingeborene Kinder umzuerziehen. Während eines Traumes dort im Schlafsaal erlangte er die Kraft, die ihn auf den Weg des Schamanen brachte. Seinen Hilfsgeist, das Wasser, erbte er nicht von seinen Verwandten, aber

Ein Jaguar-Schamane aus Südamerika raucht Tabak als Teil seiner Vorbereitungen auf die Trance.

die Neigung zur Schamanenschaft gründet sich sicher auf seiner frühen Berührung mit ihr.

In Sibirien und der Mongolei ist das Element der Erbschaft sehr deutlich, besonders dort, wo die männliche Linie dominiert. Der mongolische Schamane hat ein Erbrecht, *Udkha* genannt, das bis zum heiligen Ursprung seiner Linie zurückreicht. Das *Udkha* ist auch das Kennzeichen des Schamanismus als Profession. Schmiede hatten ein vergleichbares Erbrecht. In der Mongolei und anderen Teilen Asiens wurde zur Zeit der Kaiser das Erbrecht in ähnlicher Weise weitergegeben. Dschingis Khan wurde gezeugt, als ein Lichtstrahl vom Himmel in das Zelt seiner Mutter eindrang und sie schwängerte. Er interpretierte dies später als das Recht, die gesamte Erde zu erobern, so wie sein Vater den Himmel beherrschte.

Bei den Sora ist der Hauptschamane meist weiblich, und ihre Macht leitet sich teilweise von der Art her, wie sie in einer männlich dominierten Ge-

sellschaft handelt. Wie normale Frauen heiratet die Schamanin den Mann einer anderen Linie, und ihre Kinder gehören dieser Linie an. Um aber ihre schamanische Macht zu erlangen, heiratet sie auch einen Geist der Unterwelt, der ihren Bruder verkörpert. Er ist der geistige Sohn ihrer Vorgängerin, die ihre eigene Tante ist. Die amtierende Schamanin bringt einen geistigen Sohn zur Welt, der ihre Nachfolgerin heiraten wird. Da ihre normalen Kinder der Linie des Mannes folgen, ist es dieses Kind, das sie, durch symbolischen Inzest, mit ihrem Geister-Ehemann zeugt, das ihre schamanische Kraft in der eigenen Linie hält.

Die schamanische Kraft kann aber auch gekauft werden, wie in Teilen des oberen Amazonas. Die meisten Traditionen betonen jedoch, daß es der Geist selbst ist, der auswählt, wer zum Schamanen bestimmt ist. Henry wurde auserwählt, bezahlte aber einen alten Schamanen dafür, daß er ihn die Techniken lehrte, die ihm fehlten. Die Wahl durch einen Geist ist entscheidend. Doch selbst bei diesem Prinzip der Erbfolge ist es oft nicht klar, wer die Gabe erhalten soll, da die Verwandtschaft und Nachkommenschaft des Schamanen häufig sehr zahlreich ist. Die Geister des ehemaligen Schamanen wandern, wie bei den Ewenken, oft ziellos

Zwei koreanische Schamanen in einer Pause zwischen der Demonstration ihrer rituellen Techniken.

LEHRJAHRE EINES KLEINEN SORA-MÄDCHENS

Das Mädchen beobachtet seine Lehrerin während der Trance sehr aufmerksam. Die zukünftige Schamanin wird in ihren Träumen von Geistern ins Reich der Toten begleitet. Die Reise ist furchterregend, aber die Geister sind freundlich und beruhigend. Wenn diese Träume regelmäßiger kommen, verlieren sie ihre beängstigende Wirkung. Während der Pubertät wird das Mädchen einen Geist der Unterwelt heiraten und die Fähigkeit entwickeln, die Unterwelt während der Trance durch eigenen Willen zu besuchen.

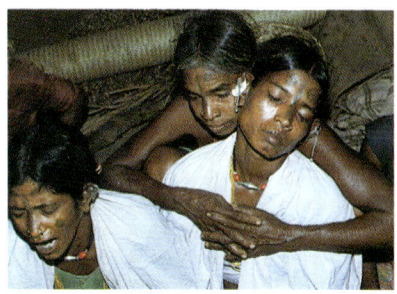

Eine schon erwachsene Sora-Frau erhält die Schamanenschaft, da kein junges Mädchen gefunden wurde.

umher, um einen neuen Wirt zu finden, und verursachen dabei sich weit verbreitende Krankheiten. In vielen Regionen wird der zukünftige Schamane durch Träume oder Visionen, ausgelöst durch Geister, bestimmt. In der Regel wird die Person schwer krank und lernt während der Dauer dieser Krankheit die Absicht der Geister zu verstehen.

Die Jakuten glauben, daß ein Schamane nur die Krankheiten heilen kann, deren Geister während seiner Initiation mit ihm in Berührung gestanden haben. In ganz Sibirien und vielen anderen Regionen können die Personen an einer ganz charakteristischen „schamanischen Krankheit" leiden, durch welche sie scheinbar den Verstand verlieren, wirres Zeug reden und nackt durch die Landschaft rennen, ohne sich um ihre eigene Sicherheit zu kümmern. Wochenlang hocken sie auf einem Baum oder liegen bewegungslos am Boden. Während dieser Zeit weigern sich die Personen, das beschwerliche Leben eines Schamanen zu führen, und werden von Geistern verfolgt und gequält, die sie zum Aufgeben bringen wollen. Fast immer

Ein Tungusen-Schamane aus Sibirien.

gibt die Person nach, aber der Kampf kann heftig sein und Jahre dauern. Die Geister bedrohen den Kandidaten, wenn er fortfährt, sich zu widersetzen, und er oder sie wird von ihnen gequält und möglicherweise getötet. Demgemäß ist das schamanische „Geschenk" und die sogenannte „Herrschaft" über die Geister ein zweischneidiges Schwert: sie wurde nicht aktiv gesucht, sondern dem Schamanen gegen seinen Willen aufgebürdet, und so sehr sie ihm Macht verleiht, so verursacht sie auch lebenslange Qualen. Ähnliche Ansichten finden sich in vielen schamanischen Kulturen. Die Vorstellung, von Geistern verfolgt zu werden, ist häufig sexueller Natur.

Wie wir sahen, erhält die Sora-Schamanin ihre Macht durch eine inzestuöse Heirat in der Unterwelt. Ein männlicher Schamane der Nanai (oder Goldi) nahe der sibirisch-chinesischen Grenze wurde während seiner Krankheit von einer sehr schönen Frau besucht, die sagte: „Ich bin der Geist, der dich erwählt hat. Ich lehrte deine Ahnen, Schamanen zu sein, und jetzt werde ich dich lehren. Der alte Schamane ist gestorben, und nun gibt es niemanden, der die Menschen heilen kann … Ich liebe dich, und du mußt mein Ehemann werden. Ich werde dir Hilfsgeister geben, und sie werden dir helfen zu heilen … wenn du mir nicht gehorchst, werde ich dich töten." Weibliche Nanai-Schamanen werden in ähnlicher Weise von männlichen Geistern besucht. Dieser Aspekt schamanischer Erfahrung ist sehr eng mit sexuellen Phantasien und Frustrationen verbunden. In verschiedenen Teilen der Welt heißt es, daß die Geister-Ehemänner weiblicher Schamanen häufig sehr lüstern sind und die Fähigkeit haben, sie während der Trance oder der Träume zu einem Orgasmus zu bringen. Einige Studien verbinden dieses Phänomen mit der Impotenz der wirklichen

Irubai, eine taiwanesische Schamanin. In ihren Händen hält sie die Krankheit des Patienten, die sie im nächsten Augenblick wegwerfen wird.

Ehemänner. In welcher Art auch immer der Schamane ausgewählt wird, er oder sie muß sich Umständen fügen, die vollkommen von denen des Alltagslebens verschieden sind. So wie bei den Wayapi Schamanen und bestimmte Bäume beide *payé* sind, so sagen die Guajiro im Amazonas-Gebiet, daß Schamanen *pulasu* werden, ein Wort, das ebenfalls „Geist" heißt (unüblich für Südamerika sind die meisten Guajiro-Schamanen Frauen). Es ist nicht so, daß die Schamanin tatsächlich zu einem Geist wird, sondern daß sie mit anderen Phänomenen in der Welt in Verbindung steht, die ebenfalls *pulasu* genannt werden, weil sie verborgenes Wissen enthalten. Ein Zeichen dafür, daß jemand von den Geistern auserwählt wurde, ist eine Allergie gegen das Fleisch bestimmter Tiere, die für ihn als Botschafter in der Unterwelt tätig sind.

DYUKHADE, VON GEISTERN ERWÄHLT

Dyukhade, ein großer Schamane der Nganasan im Nordwesten Sibiriens, erklärte: „Ich wurde Schamane, bevor ich das Licht der Welt erblickte. Bevor meine Mutter schwanger wurde, hatte sie einen Traum, in dem sie die Frau des Pockengeistes wurde. Sie erzählte ihrer Familie, daß ihr Kind durch diesen Geist zum Schamanen werden würde. Als ich heranwuchs, wurde ich für drei Jahre krank. In dieser Zeit wurde ich durch zahlreiche dunkle Plätze geleitet, einmal ins Wasser und einmal ins Feuer geworfen. Am Ende des dritten Jahres war ich für die Welt tot.

Ich war für drei Tage vollkommen bewegungslos. Ich erwachte am dritten Tag, gerade als man mich bestatten wollte. Während dieser drei Tage erhielt ich meine Initiation. Ich erreichte die Mitte des Meeres und hörte eine Stimme: ‚Du wirst deine Gabe vom Herrscher des Wassers erhalten. Dein schamanischer Name wird Loon (Seetaucher) sein.' Ich verließ das Wasser und wanderte die Küste entlang. Dort traf ich eine nackte Frau. Es war die Herrscherin des Wassers. Ich begann an ihrer Brust zu saugen. Sie sagte: ‚So ist mein Kind also erschienen. Ich werde es nähren, denn mein Kind hat gewiß große Not und Entbehrung gelitten.'"

Initiation und Unterweisung

Für einen zukünftigen Schamanen muß der anfänglichen Annäherung an die Geister eine Periode der Unterweisung folgen. Die Krankheit hat die Bedeutung des Lernens und Verstehens, der zukünftige Schamane wird seinen Hilfsgeistern vorgestellt, durch das Reich der Geister geführt, vor möglichen Feinden gewarnt und lernt die wahre Natur von Krankheit und Unglück zu bekämpfen.

Besonders in Sibirien und der Mongolei hat der erste Kontakt mit den Geistern die Form eines gewalttätigen Angriffs, was zur vollständigen Zerstörung der Persönlichkeit des zukünftigen Schamanen zu führen scheint. Darauf folgt die Wiederherstellung des Schamanen, dessen neue Kräfte nicht einfach äußere Beigaben oder Werkzeuge sind, sondern gleichbedeutend mit einer Einsicht in die Natur der Welt und die Formen menschlichen Leidens. Die Verinnerlichung all dieser Erfahrungen führt zur Entwicklung einer neuen Persönlichkeit, und darin liegt die Bedeutung der Zerstörung der alten Natur des Schamanen.

Die psychische Erfahrung des Kandidaten wird durch die Demolierung des Körpers ausgedrückt. Er oder sie kann sich selbst als Skelett sehen, ein in Asien und Amerika weitverbreitetes Thema. In Sibirien wird jeder Knochen und jeder Muskel entfernt, gezählt und anschließend wieder zusammengesetzt. Es gibt aber noch andere Wege, über die der Schamane zu einer anderen Person werden kann.

In einer dunklen Nacht wurde eine Inuit-Frau namens Uvavnuk von einem Meteor in Form eines Feuerballs getroffen. Das Feuer drang in ihren Körper,

Dieses Bild eines ehemaligen Schamanen zeigt einen peruanischen Vegetalista, *der von Schlangen, Huatanruna genannt, auseinandergenommen wird. Die beiden Geister im oberen Teil drehen sich wie Scheiben und fungieren als Schutzgeister für das Herz des Schamanen.*

und sie fühlte sich von innen heraus von einem glühenden Geist, halb Mensch, halb Polarbär, entzündet. Sie wurde für eine Weile bewußtlos, und als sie wieder zu sich kam, betrat sie singend und mit Freude erfüllt ihr Haus. Später war sie für lange Zeit eine ganz normale Person, aber immer wenn sie die Kraft des Meteors in sich fühlte, hatte sie große schamanische Fähigkeiten. Initiation ist nicht immer mit Gewalt verbunden. Bei dem nordamerikanischen Typ der Visionssuche, einem wichtigen Übergangsritus im Leben der Prärievölker, wird der Knabe in der Wildnis ausgesetzt, wo er fasten und beten muß, um einen Schutzgeist zu erhalten. Dieser Geist, häufig ein Tier, stattet den Knaben mit seinen eigenen Charakteristika aus, sagt ihm, was er in seinen Medizinbeutel tun soll,

Skelett eines Schamanen.
Alaskische Schnitzerei.

lehrt ihn Medizinlieder, die ihm erlauben, den Geist herbeizurufen, der ihn in Gefahrenzeiten schützen soll. Die Initiation eines Schamanen kann auch einen Prozeß darstellen, der das ganze Leben anhält. Die Sora-Schamanin beginnt ihre Reisen in die Unterwelt während ihrer Kindheitsträume. Die Besuche des kleinen Mädchens in der Unterwelt sind zwar furchterregend, aber es gibt keine vernichtende Zerstückelung. Als Erwachsene wird sie ihren Geister-Ehemann heiraten und kurz darauf in der Lage sein, in Trance zu fallen. Jedoch ist es schwer zu bestimmen, ab

DYUKHADE WIRD ZERSTÜCKELT UND WIEDERGEBOREN

Die Initiation des sibirischen Schamanen Dyukhade offenbart viele der schamanischen Themen von Tod und Wiedergeburt. Er beschreibt die Prüfung mit seinen eigenen Worten: „Der Ehemann der Herrin des Wassers, der große Herrscher der Unterwelt, sagte mir, daß ich auf dem Pfad jeder Krankheit reisen müsse. Er gab mir ein Wiesel und eine Maus als Führer, und gemeinsam mit ihnen reiste ich weiter in die Unterwelt. Meine Begleiter führten mich an einen hohen Ort, wo sieben Zelte standen. Maus und Wiesel warnten mich, daß die Menschen in den Zelten Kannibalen seien. Trotzdem betrat ich das mittlere Zelt und wurde auf der Stelle verrückt. Es waren die Pocken-Menschen. Sie schnitten mir das Herz heraus und warfen es zum Kochen in einen Kessel. In diesem Zelt fand ich den Meister meines Wahnsinns, in einem anderen sah ich den Meister der Verwirrung und in einem weiteren den Meister der Dummheit. Ich sah mich in jedem Zelt um und wurde vertraut mit dem Weg verschiedener menschlicher Krankheiten.

Danach kam ich an ein weites, endloses Meer. Am Ufer wuchsen einige Bäume und

kurzes Gras. Ich sah sieben flache Felsen, und als ich auf einen von ihnen stieg, öffnete er sich. Innen erschienen Zähne und eine Höhle. Ich bin der Stein, der die Erde niederdrückt, verkündete der Felsen, damit der Wind sie nicht davontragen kann. Der zweite Fels öffnete sich und sagte, laß alle Menschen, getaufte und ungetaufte, einen meiner Steine nehmen und daraus Eisen schmelzen. Ein Felsen nach dem anderen öffnete sich und erklärte, wie er von den Menschen genutzt werden könne. Dann ging ich durch die Öffnung eines anderen Felsens. Dort saß ein nackter Mann und schürte ein Feuer. Über dem Feuer hing ein Kessel, so groß wie die halbe Erde. Als der nackte Mann mich sah, nahm er eine Zange, so groß wie ein Zelt, und hielt mich fest. Er schnitt mir den Kopf ab, zerteilte meinen Körper in kleine Stücke und warf sie in den Kessel. Er kochte meinen Körper drei Jahre lang. Dann legte er mich auf einen Amboß, schlug mit einem Hammer auf meinen Kopf, steckte ihn in eiskaltes Wasser, um ihn zu härten. Er nahm den großen Kessel, in dem mein Körper gekocht worden war, und goß den Inhalt in einen anderen Behälter. All meine Muskeln waren jetzt von den Knochen getrennt. Ich kann jetzt, wo ich in meinem normalen wann genau sie eine voll initiierte Schamanin ist, und einige Kandidatinnen schaffen es gar nicht. Eine koreanische Schamanen-Lehrerin sagt, daß nicht mehr als drei von zehn Kandidatinnen es schaffen, eine voll entwickelte Schamanin zu werden.

Das Todesthema bei der Initiation des Schamanen wird ergänzt durch das der Wiedergeburt. Die Reise des Schamanen durch den Kosmos ist manchmal ausdrücklich verbunden mit der Rückkehr in die Gebärmutter. Der sibirische Schamane wird von einer Geister-Mutter gesäugt und manchmal von den Geistern in einer eisernen Wiege auf einem Ast des Weltenbaumes gewiegt. Bei den Eskimo Alaskas symbolisiert der unterirdische Verbindungsgang in den Iglu ganz deutlich den Weg durch die Vagina in die Gebärmutter, und das Wort ani bedeutet sowohl „den Iglu verlassen" als auch „geboren werden". Während der Schamane auf seine Wiedergeburt wartete, hatte er das Gefühl, daß das Innere seiner Mutter einem kleinen Iglu ähnelte, daß aber der Ausgang so schmal war, daß er Schwierigkeiten haben würde hinauszugelangen. Erst wenn er eine Stimme hört, die ihn auffordert herauszukommen, schafft er sich einen Weg durch den schmalen Durchgang.

Es sind diese Darstellungen, die einige Psychoanalytiker dazu veranlaßt haben, schamanische Initiation und Trance als infantile Regression zu interpretieren (s. S. 141). Natürlich ist nicht jede Rückkehr in die Gebärmutter eine Rückentwicklung, da der Schamane als

---

Bewußtseinszustand zu euch spreche, nicht sagen, aus wieviel Stücken mein Körper besteht, aber wir Schamanen haben zusätzliche Muskeln und Knochen. Ich nahm also zwei Muskeln und einen Knochen und kletterte heraus. Dann sagte der Schmied zu mir: ‚Dein Knochenmark hat sich in einen Fluß verwandelt', und tatsächlich sah ich in der Hütte einen Fluß, auf dem meine Knochen schwammen. ,Sieh, da schwimmen deine Knochen davon', sagte der Schmied und begann sie mit der Zange aus dem Wasser zu fischen. Als er all meine Knochen ans Ufer gezogen hatte, setzte er sie wieder zusammen, sie überzogen sich mit Fleisch, und mein Körper bekam sein ehemaliges Aussehen. Das einzige, was noch fehlte, war mein Kopf. Der Schmied überzog meinen Schädel mit Fleisch und setzte ihn wieder auf den Körper. Bevor er mich gehen ließ, ersetzte er meine alten Augen durch neue. Er durchbohrte meine Ohren mit seinem eisernen Finger und sagte: ‚Jetzt bist du in der Lage, die Sprache der Pflanzen zu verstehen.' Dann fand ich mich auf einem Berg wieder und erwachte nach kurzer Zeit in meinem eigenen Zelt. Neben mir saßen meine bekümmerten Eltern."

Darstellung der Zerstückelung eines Jakuten-Schamanen

Die rituelle Geburt einer jungen Frau in Tollo Sera in Nepal. Im Moment ihrer spirituellen Geburt sitzt die junge Frau auf einer Plattform auf einer Kiefer, die den Lebensbaum repräsentiert. Ihre Augen sind, als letzter Test ihrer Begabung, verbunden. Die Schamanen, die sie bis hierher begleitet haben, verlassen sie jetzt und begeben sich zu einem ausgedehnten Fest in ihrem Haus. Wenn sie bis zu ihrer Rückkehr nicht heruntergefallen ist, helfen sie ihr herunter und befragen sie über ihre Visionen.

außergewöhnlich mächtiger und ausgeglichener Erwachsener zurückkehrt. In dieser Hinsicht ähnelt die schamanische Initiation den Initiationsprüfungen der Pubertätsriten vieler Gesellschaften, in denen jeder Heranwachsende durch die Rückkehr in die Gebärmutter wiedergeboren wird.

Nicht alle Initiationen sind erfolgreich, denn die soziale Erwartungshaltung kann so hoch sein, daß sie den Kandidaten veranlaßt, zu lügen. Ein junger Indianer vom Stamm der Win-

Anstatt bei der Initiation zerstückelt zu werden, kann ein Schamane auch von einem mächtigen Tier verschlungen werden. Auf diesem Bild wird ein zukünftiger Schamane in Grönland von einem riesigen Polarbären verschlungen.

nebago berichtete: „Sie sagten, daß jemand, der vier Nächte bei dem Nest des schwarzen Falken fastet, mit der Gabe des Sieges gesegnet werde und die Macht erlange, Kranke zu heilen. Also fastete ich dort. In der ersten Nacht wartete ich darauf, daß etwas passierte, doch nichts geschah. In der zweiten Nacht kam mein Vater, und wir sangen und beteten gemeinsam, und ich weinte während der Gebete. Am dritten Tag war ich allein, und am Abend kehrte mein Vater zurück, und wieder beteten wir, doch es geschah nichts Ungewöhnliches. Am vierten Tag kehrte ich nach Hause zurück und erzählte allen, daß ich gesegnet worden sei und daß die Geister mir gesagt hätten, ich solle essen. Aber ich sagte nicht die Wahrheit. Ich war hungrig, und sie gaben mir Speisen, die sorgfältig für die zubereitet werden, die gesegnet sind. Alles, was ich wollte, war, in ihren Augen etwas darzustellen." Jahre später besuchte er einen *Peyotekult*. Auch hier spürte er zunächst keine Wirkung, doch schließlich: „Ich blickte auf den *Peyotekaktus,* und dort stand ein Adler mit ausgestreckten Flügeln und sah mich an. Dann sah ich einen Löwen dort liegen, auch er sah mich an. Dann betete ich zum Schöpfer und sagte viele Dinge, die ich normalerweise nie sagen würde." Zum Schluß also hatte er die Vision, nach der er gesucht, sie aber bisher nie erreicht hatte.

DIE ERSTE TRANCE EINES KLEINEN SORA-MÄDCHENS

Die Fotografie (rechts) zeigt Sumbaris erste Trancesitzung. Bei dieser Gelegenheit gingen 28 Geister durch sie hindurch, ohne jedoch zu sprechen. Zur gleichen Zeit wandten sich die Geister, die ihren Vater durchwanderten, an die stummen Geister, die Sumbari durchwanderten. Sie gaben genaue Informationen über die Verwandtschaft und die sozialen Beziehungen in der Welt der Vorfahren, ein Wissen, das schließlich die Grundlage ihrer späteren Praxis bilden sollte. Erst einige

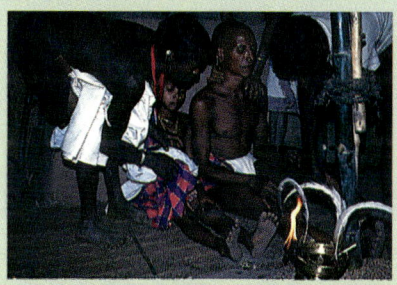

Jahre später begannen die Geister auch zu ihr zu sprechen.

Trance und Ekstase

Zittern, Schaudern, Gänsehaut, Ohnmacht, Gähnen, Lethargie, Krämpfe, Schaum vor dem Mund, heraustretende Augen, intensive Hitze, Kälte oder Schmerzen, Zucken, lautes Atmen, gläserne Starre ... das sind einige der Merkmale der Trance. Wie können diese Verhaltensweisen Zeichen eines göttlichen Zustandes sein? Obwohl sie häufig als Störung empfunden werden, sind sie ein wesentlicher Bestandteil vieler schamanischer Aktivitäten auf der Welt.

Der Geisteszustand des Schamanen während der Initiation und während der Aufführungen ist geheimnisvoll. Der Trancezustand scheint mit einer gesteigerten Aufmerksamkeit bei gleichzeitiger Verminderung der bewußten Wahrnehmung verbunden zu sein. Moderne Diskussionen über Trance verwenden oft Begriffe wie „höherer Bewußtseinszustand" oder auch „schamanischer Bewußtseinszustand" (s. S. 146–149). Einige Arten der Trance sind beiden –

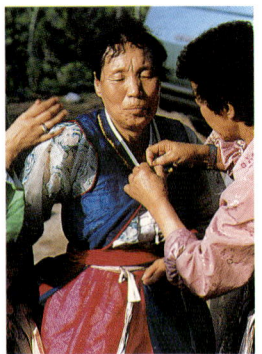

Koreanische Schamanin während einer Bestattung. Sie wird das Lied einer Reise in die Unterwelt singen, um dem Toten bei seiner eigenen Reise beizustehen.

Schamanismus und Besessenheit – gemeinsam, jedoch ist schamanische Trance, im Gegensatz zu der besessener Personen, in hohem Maß kontrolliert, was vielleicht mit der Natur der Initiation zusammenhängt, die durch rituelle Aufführungen wiederholt und entwickelt wird.

Das kleine Sora-Mädchen, das in seinen Träumen in die Unterwelt klettert, und der zukünftige sibirische Schamane, der in seiner Vision entführt, gefoltert und zerstückelt wurde, wiederholen beide Teile ihrer Initiationserfahrungen immer dann, wenn sie auf Grund ihrer Tätigkeit eine Reise unternehmen müssen. Während der Initiation hat der zukünftige Schamane noch nicht das Wissen und die Mittel, den Anforderungen seiner Unternehmungen gerecht zu werden, und die Gewalt dieser Erfahrung wurde seiner Unfähigkeit, diese zu kontrollieren, zugeschrieben. Wenn die Initiation den Tod des Selbst, des Ego markiert, so handelt der Schamane jetzt, während seiner regelmäßigen Aufführungen, als neu gebildete und entwickelte Person.

Trance steht in enger Beziehung zur Ekstase. Diese beiden Worte werden

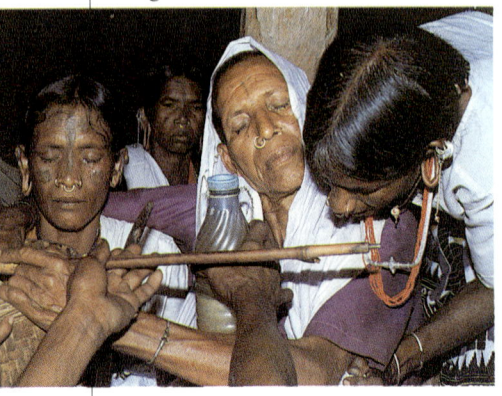

Eine Sora-Schamanin fällt in Begleitung ihrer Assistenten in Trance. Während ihrer Trance wird sie in die Unterwelt reisen, um die Geister der Toten zurückzubringen.

häufig ohne Unterschied verwendet, Trance wird als medizinischer Begriff, verbunden mit dem physischen Zustand der Person, benutzt, und Ekstase als religiöser Begriff mit im wesentlichen gleichen Phänomenen.

Der Anthropologe Rouget argumentiert, daß zwischen Trance und Ekstase unterschieden werden müsse, da sie zu verschiedenen Arten religiöser Empfindung gehören. Während Ekstase Stille, Schweigen und Einsamkeit erfordert, ist Trance abhängig von Bewegung, Lärm und Gesellschaft. Ekstase beinhaltet sensorische Deprivation, Trance dagegen sensorische Überstimulation. Selbst wenn wir diesen Unterschied akzeptieren, können Trance und Ekstase in vielen Religionen und selbst in Individuen nebeneinander existieren.

Ein Wana-Schamane aus Indonesien versucht die Seele eines Patienten zu fangen.

Zwar benutzen Schamanen manchmal Kontemplation, doch erklärt die Idee der kosmischen Reise selbst, mit ihrem Ringen darum, Hindernisse und Feinde zu überwinden, weshalb die schamanische Erfahrung zu großer Vitalität tendiert, besonders im klassischen Schamanismus der Jagdgesellschaften.

BEWUSSTSEIN ZWEIER WELTEN

Die Berichte, inwieweit der Schamane sich an die Erfahrungen der Trance erinnern kann, variieren. Ein Jakuten-Schamane erzählte einem Reisenden, daß er sich an überhaupt nichts erinnern könne. Andererseits verkündete ein Altai-Schamane, der handelte, als wäre er gerade aus tiefem Schlaf erwacht: „Eine sichere Reise. Ich wurde gut aufgenommen!" In einem anderen Bericht unterbrach ein Selkup-Schamane seine Reise, rauchte, trank Tee und setzte sie dann fort. Da Trance eine kulturelle Aktivität ist, die vor Publikum stattfindet, müssen die Schamanen ihre Reise entweder darstellen, während sie passiert, oder nachher darüber berichten. Schamanen können das Bewußtsein dieser beiden Welten gleichzeitig an den Tag legen. Als das Baby einer Sora-Schamanin in Trance zu schreien begann, versuchte die Person, die das Baby hielt, es der Schamanin an die Brust zu legen. Aber der Geist in ihr sagte: „Nein, ich bin ein männlicher Geist, warte, bis ein weiblicher eintrifft."

Ein Kung-Buschmann der Kalahari im Zustand der Trance, die als „kochende Energie" oder Kia wahrgenommen wird.

Helfer und Lehrer

Schamanen können nicht ohne Hilfe handeln und hängen bei ihren Aufführungen von Helfern ab, so daß ihre Leistungen weniger übermenschlich als vielmehr überunterstützt sind. Im Unterschied zu den lebenden Assistenten, die die Ausstattung vorbereiten und Musikinstrumente spielen, können die Hilfsgeister von einem einzelnen weisen Ahnen über eine Truppe bewaffneter Geistersoldaten bis zu halluzinogenen Pflanzen reichen.

Hilfsgeister können den Schamanen auf seiner Reise begleiten. Ist der Helfer ein Tier, dient es oft als Träger, das den Schamanen auf seinem Rücken trägt. Helfer können den Schamanen vor Hindernissen und Feinden warnen und ihm helfen, sie aus dem Weg zu räumen oder zu bekämpfen. Oft statten sie den Schamanen mit magischen Fähigkeiten und Kräften aus, die den ihren ähnlich sind. Werkzeuge und Waffen können ihre eigenen Geister besitzen, die ihre Wirkung repräsentieren. Schamanen können die hilfreichen Geister auch als Abgesandte oder Diener schicken, ohne selbst zu reisen.

Ein Halsschmuck aus Grizzlybärkrallen, getragen von einem Medizinmann, der persönliche Erfahrung mit dem gefährlichen Bärengeist gemacht hatte.

Das vielleicht Wichtigste jedoch ist, daß die Hilfsgeister den Schamanen unterrichten. Sie unterweisen ihn in magischen Techniken und schärfen seine Wahrnehmung, auch enthält diese Lehre einen Prozeß moralischen und geistigen Wachstums. Es ist nicht einfach so, daß der Initiierte noch zu unerfahren darin ist, Dämonen zu bekämpfen, sondern daß der junge Schamane noch ein begrenztes Verständnis dafür hat, wie die Wirklichkeit funktioniert. All diese Aspekte der Entwicklung finden sich in der sibirischen Darstellung des Schamanen, gewickelt in Windeln und gewiegt in einer eisernen Wiege auf einem Ast des Weltenbaumes, oder gesäugt von der Herrin des Reiches, über das er etwas zu lernen hat.

Hilfsgeister sind häufig Menschen, ein Vorfahre oder ein verstorbener Schamane. Wenn eine Sora-Schamanin in Trance fällt und ihre Seele zur Unterwelt fährt, erscheint die Stimme ihrer Vorgängerin und verspricht, daß sie eine Reihe von Geistern, einen nach dem anderen, durch den Mund der Schamanin sprechen lassen wird. Die Seele der Schamanin bleibt während der Trance abwesend, und ihre Vorgängerin fungiert als Leiterin der Zeremonie. Sora-Schamaninnen haben noch eine andere Art von Helfer, einen Hindu der Oberkaste, der in der Unterwelt residiert.

Ein Eskimo aus Alaska, umgeben von seinen Hilfsgeistern.

Das Mädchen Taleelayo, gemalt von einem Inuit-Schamanen, wurde, nachdem sie aus dem Boot ihres Vaters geworfen worden war, eine Meeresgöttin, die Macht über Tiere hatte.

Durch die Heirat mit einem von ihnen er- und behält die Schamanin ihre Kraft. Diese Geister waren niemals lebendig, repräsentieren jedoch trotzdem Nachbarn des „wirklichen" Lebens.

Die Grenze zwischen lebenden und toten menschlichen Lehrern muß nicht streng sein. Koreanische Schamanen-Novizinnen werden von einer lebenden „Geister-Mutter" gelehrt, die ihnen Unterricht im Singen und Tanzen erteilt. Bei den *Vegetalistas*, den pflanzeninspirierten Schamanen Perus, steht dem Lehrling ein älterer Schamane bei, der ihn vor bösen Geistern und Zauberern schützt und ihn in den Regeln der Prozeduren und Ernährung unterweist. Andere menschliche Hilfsgeister sind verstorbene Schamanen anderer Stämme, spanische, englische und japanische Ärzte und Bewohner anderer Sonnensysteme und Galaxien. Viele Hilfsgeister

sind Tiere, die beseelt und mit nützlichen Fähigkeiten ausgestattet sind, die Menschen nicht haben. Ein Jaguargeist macht den Schamanen stark und wild, während ein Maus- oder Wieselgeist ihn in die Lage versetzt, durch schmale Löcher zu schlüpfen.

Inuit-Schamanen werden gelegentlich von einem mächtigen Polarbären zum Meeresgrund begleitet. Er ermöglicht es dem Schamanen, seinen Körper zu verlassen und zu fliegen, wie der Bär zu fliegen scheint, wenn er durchs Wasser gleitet.

Ein Schamane der Siberut-Insel in Indonesien breitet Pflanzen und Federn aus, um seine Helfer aufzuwecken.

Vogel- und Fischgeister ermöglichen dem Schamanen, sich frei im Wasser und in der Luft zu bewegen. Andere Lehrer sind Pflanzen, besonders solche mit medizinischer, giftiger oder narkotischer Wirkung (s. S. 85–87). Dies ist besonders im oberen Amazonas üblich. Bei den *Vegetalistas* ist die halluzinogene Pflanze *Ayahuasca* selbst ein Arzt und ein intelligentes Wesen mit starkem Geist. Die *Vegetalistas* glauben

Wenn einem Crow-Medizinmann in seinen Visionen ein Adler erscheint, wird dessen Macht gesichert, indem seine Haut zu einem Medizinbeutel gebunden wird.

auch, daß Maler und Musiker von Pflanzen unterrichtet werden.

Ob in den Teilen des Amazonas, wo es unter der Bevölkerung viele Schamanen gibt, oder in Sibirien, wo Schamanismus eine seltene und mächtige Begabung ist – immer ist der Schamane eine Person, die außerordentliche Erfahrungen und Kräfte besitzt. Die Initiationsprüfung verändert den Schamanen dauerhaft, und danach sind seine Kräfte und Erfahrungen integraler Bestandteil seiner oder ihrer neugebildeten Persönlichkeit.

Die Identität des Schamanen

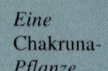

DER RITT AUF EINER WEISEN AMEISE

Ein *Vegetalista* war unter dem Einfluß halluzinogener Pflanzen in der Lage, in einer sichtbaren, „dreidimensionalen Sprache" mit einer großen Ameise, die ihn einlud, auf ihrem Rücken zu ihrem Heim zu reiten, zu kommunizieren. Es war keine normale Ameise, sondern eine weise Ameise, und der *Vegetalista* lernte später, daß der Staub und die Pollen, die als stinkende Substanz den Körper der Ameise verließen, sich in *Ayahuasca* verwandeln. Als die beiden

Eine Chakruna-Pflanze

einen Baum hinaufkletterten, erklärte die Ameise ihrem Passagier, daß die Ameisen vor Tausenden von Jahren intelligente Wesen waren, aber nach dem Zusammenstoß mit einem Asteroiden degeneriert seien. „Die

Ameisen wurden immer kleiner, verloren ihre intellektuellen Qualitäten und wurden wie Roboter." Nachdem die Ameise ihn zurückgebracht hatte, öffnete sich ihr Bauch, und eine *Chakruna*-Pflanze erschien.

Obwohl die Internatsschule den Geist des Washo-Schamanen Henry reglementieren und seine ihm eingeborene Kultur rauben sollte, wurde er trotzdem in seinen Träumen von Geistern besucht.

scheint oft mit seinem Hilfsgeist zu verschmelzen. Der Beistand eines Tieres oder der Ritt auf seinem Rücken sind Wege, dessen Eigenschaften zu übernehmen, und sie führen dazu, ähnlich zu denken und zu fühlen. An diesem Punkt bleiben die verschiedenen Eigenschaften noch außerhalb der eigenen Person, und es ist nur ein kleiner Schritt weiter, um zu diesem Tier zu werden und seine Eigenschaften voll in die eigene Person zu übernehmen.

Doch bleiben die Hilfsgeister gleichzeitig in einigen Bereichen für den Schamanen nur äußerlich erfahrbar.

Das ist eine Tatsache, die der Schamane respektieren muß, da er sie sonst verlieren könnte oder sie ihn verletzen könnte. So wurde eine der größten Sora-Schamaninnen vom Geist ihrer Vorgängerin und Lehrerin getötet, weil sie ihr alten Reis der Vorjahresernte vorsetzte. Der Washo-Schamane Henry erhielt seine Kräfte nach einem Traum im Schlafsaal einer Internatsschule. Er träumte von einem Bock, dem Tier, das „Herr des Regens" ist, und da es regnete, als er erwachte, interpretierte Henry den Traum dahingehend, daß er die Fähigkeit hatte, das Wetter zu kontrollieren und zu beherrschen.

Bei seinem ersten Versuch wollte er Schnee verschwinden lassen, machte dabei aber etwas falsch, und es kam zu einer Überschwemmung. Bei seinem zweiten Versuch rief er wieder den Regen, um den Schnee zu schmelzen, warf aber einen Medizinbeutel in den Fluß. An diesem Abend erwärmte sich das Wasser, und es regnete. Wie auch immer, Henry hatte die Bockshaut seiner Rassel für diesen Medizinbeutel benutzt und die Haut durch Garn ersetzt. Der Geist des Bockes wurde geopfert, und Henry verlor für immer die Macht, das Wetter zu kontrollieren.

DIE GÖTTLICHE INSPIRATION DER DICHTER

Die Vorstellung, daß Inspiration jenseits der normalen Fähigkeiten einer Person, von außen kommt, reicht weit über den Schamanismus hinaus. Im alten Griechenland waren Dichtung, Musik und die anderen Künste Geschenke der Musen. Große Dichter bekannten, nichts anderes als die Stimme der Muse zu sein. Die Odyssee, Homers Epos über die Reisen des Helden Odysseus nach dem Fall von Troja, beginnt mit den Worten:

Den Mann nenne mir, Muse, den vielgewandten, der gar viel umgetrieben wurde, nach-

dem er Trojas heilige Stadt zerstörte. Von vielen Menschen sah er die Städte und lernte kennen ihre Sinnesart; viel auch erlitt er Schmerzen auf dem Meer in seinem Mute, bestrebt, sein Leben zu gewinnen wie auch die Heimkehr der Gefährten.

(Übersetzung: Wolfgang Schadewald, 1958)

Dieses Idiom ist in Europa für Tausende von Jahren lebendig geblieben. Obwohl griechische Götter und Geister keinen Platz in Miltons Theologie fanden, durchziehen sie mit zwingenden Bildern seine literarischen Visionen. Auch „Paradise Lost", seine Dichtung über das Duell zwischen Gott und Satan, beginnt mit dem Anrufen der Muse.

Reisen zu anderen Reichen

Eine Sora-Schamanin fastet am Morgen ihrer Reise, trinkt jedoch Alkohol und raucht. Ein Assistent entzündet eine Lampe, die während der Reise der Schamanin die Dunkelheit erhellt. Die Schamanin sitzt mit geschlossenen Augen, die Beine vor sich ausgestreckt, schlägt dann vielleicht mit einem Stock oder einem Messer einen regelmäßigen Rhythmus oder bläst mit einem Blasebalg Getreidekörner umher und beginnt ein Lied zu singen, um eine Reihe toter Schamanen zu rufen. Die Reise, die sie zu unternehmen beginnt, ist für normale Menschen unmöglich; diese machen sich tatsächlich nur einmal auf diesen Weg, nämlich wenn sie sterben, und dann ohne jegliche Hoffnung auf Rückkehr in ihre Körper.

Die Erde und die Unterwelt sind durch einen riesigen Baum verbunden, den sie hinunterklettern muß. Es gibt schwindelerregende Abgründe beim Abstieg in die verschiedenen Länder, z. B. ins „Land der dunklen Sonne". Um diese Reise machen zu können, wird die Seele der Schamanin ein Affe, wie die jener Schamaninnen, die diese Reise vor ihr unternahmen. Nachdem sie einige Minuten gesungen hat, versiegt ihre Stimme, und ihr Kopf sinkt auf die Brust, was bedeutet, daß ihre Seele sie verlassen hat.

Sora-Schamaninnen führen ihre Reisen häufig und sehr ruhig durch. In Sibirien sind die Reisen wesentlich seltener und dramatischer, da die Schamanen z. B. zu den Sternen geschossen werden oder zwischen Felsen in der Unterwelt stürzen. Ein Jakuten-Schamane mußte in der Einsamkeit nach tiefer Meditation suchen. Er bekam nervösen Schluckauf, während er ins Feuer starrte. Nachdem das Feuer erloschen war, legte er seinen Reisekaftan an und nahm einige tiefe Züge aus seiner Pfeife. Der Schluckauf wurde stärker, während er nach seiner Trommel griff. In Sibirien gab es verschiedene Wege in die Oberwelt. Der Khant-Schamane kletterte einen Ast hinauf, der vom Himmel herunterhing, und wischte die Sterne mit seinen Händen weg. Der Nenets-Schamane ging über eine Brücke aus Rauch, und der Tschuktsche stieg entweder zu Fuß oder ritt auf einem Rentier hinauf. Bei ihrem Aufstieg mußten sich die Schamanen manchmal ihren Weg durch das Eis hacken.

In Sibirien war der Eingang zur Oberwelt oft eine dünne Haut oder ein schmales Loch, was mit der Interpretation der Schamanenreise als einer Reise in die Gebärmutter übereinstimmt.

Oft benutzen Schamanen Träger, z. B. Vögel, um zum Himmel zu fliegen, oder Fische, um zum Meeresgrund zu tauchen, oder sie werden selbst zu einem Tier, in derselben Art, wie die Sora-Schamanin zum Affen wird. Träger drücken die außerordentliche Fortbewegungsfähigkeit des Schamanen aus, die ohne Hilfeleistung nicht möglich wäre. Schamanen reisen manchmal auch in Zügen oder Flugzeugen, besonders wenn sie sich die überragen-

Diese Schnitzerei zeigt den Moment, in dem die Seele eines Eskimo-Schamanen seinen Körper verläßt.

SCHAMANENREISEN IN DER LITERATUR

Die Schamanenreise mit ihren Versuchungen, Hindernissen und Ungeheuern ist der Prototyp vieler Abenteuergeschichten, in denen das Meistern solcher Schwierigkeiten das Kennzeichen des Helden ist. Odysseus z. B. erlitt Schiffbruch durch den Meeresgott, segelte durch eine Meerenge und passierte die Sirenen (rechts, Odysseus und die Sirenen auf einem Gemälde von Herbert Draper, 1909), deren schöner Gesang jeden in den Tod trieb, wurde von einem einäugigen Giganten in eine Höhle gesperrt, von einer Zauberin, die seine Begleiter in Schweine verwandelte, als Sexsklave gehalten und besuchte die Toten in der Unterwelt. Während seiner gesamten Reise schützten ihn seine eigene List und die Göttin Athene, die bezeichnenderweise die Göttin der Weisheit war. Gegenstand seiner Reise war seine Rückkehr zu Frau und Heim. Auf dieser Reise, die sowohl Selbstentdeckung wie Entdeckung der Welt war, erscheint Odysseus als beides, als Schamane und als Patient. Eine ähnliche Kombination von Abenteuer und spiritueller Suche erscheint in fast allen Arten von Geschichten, die während der Entwicklung der Erzählung Konflikt und Lösung untersuchen. In Norton Justers Erzählung „Das Phantom Tollboth" wird ein gelangweilter, verwöhnter Knabe auf eine mysteriöse Reise mit einem Hund als Helfer geschickt. Anfänglich ist der Knabe der Patient, der Erleidende, im Verlauf des Buches wird er aber zu seinem eigenen Schamanen.

den technischen oder sogar politischen Kräfte zunutze machen wollen.

Das Kanu wird von den Salisch im Staat Washington benutzt und ist als Gefährt besonders gebräuchlich in Teilen Indonesiens und des Pazifik. Bei den Wana sammeln die Hilfsgeister starke Kletterpflanzen, um die Planken des Kanus zusammenzuhalten, und testen dann, ob es hält. Das Wort, das hier für „zusammenbinden" verwendet wird, ist

Lampe einer Sora-Schamanin, die den Weg in die Unterwelt erhellt. Sie erbt die Lampe während ihrer Initiation.

dasselbe wie beim Hausbau oder bei der Heirat. Die Geistermannschaft rudert kniend, verbunden durch gemeinsames Kauen von Betel, einem milden Narkotikum. Das Kanu „segelt durch den Himmel, ausgerüstet mit Fahnen, Musikinstrumenten und Vögeln auf der Reling". Während der Reise spricht die Besatzung über den Kurs, die verlorenen Seelen und die Feinde, die sie zu Gesicht bekommt. Sie überqueren die Grenze zwischen Licht und Dunkelheit, landen an einem Aussichtspunkt, von wo aus sie all die Reiche überblicken können, die unter ihnen liegen, und erreichen zum Schluß das Reich des Pue, des Herrn oder Besitzers, um über das Leben und die Gesundheit ihrer Patienten zu verhandeln. Bei einer dieser Reisen waren die Patienten zwei Frauen und ihre Kinder, und es bestand die Angst, daß die Menstruationskleidung der Frauen, die zum Trocknen aufgehängt und verschwunden war, in einen Wald geweht worden war, der gerade niedergebrannt wurde. Da aber das Menstruationsblut die Quelle allen Lebens ist, darf es nicht durch Feuer vernichtet werden, auch nicht zufällig. Bei dem Gespräch mit Pue stellte sich heraus, daß die Kleider nicht verbrannt waren, die Geister der Schamanen waren in der Lage, die Seelen der Frauen in ihre Körper zurückzubringen. Natürlich kommt es gelegentlich vor, daß der Schamane und seine Helfer dazu nicht in der Lage sind.

Während Reisen nach oben zwar furchterregend, aber belebend und erheiternd sein können, sind Reisen nach

Während der Reise einer Sora-Schamanin in die Unterwelt achtet ein Assistent auf ihre Lampe.

unten voller Bedrohungen und tödlicher Hindernisse. In vielen Kosmologien ist die Unterwelt das Reich der Toten und die Reise des Schamanen dorthin eine Art Tod. In der Unterwelt der Sora dürfen die Schamaninnen nichts von dem essen, was ihnen die Toten anbieten, oder mit den Kindern dort spielen, wie verlockend es auch ist. Wenn sie der Versuchung erliegen, können sie nicht zurückkehren.

Die psychische Reise des Schamanen kann auch völlig in Bereichen der realen Welt stattfinden. Ein Beispiel ist der Desana-Schamane, der zu einigen nahegelegenen Felsen reist, um dort mit dem Meister der Tiere zu verhandeln, der dort eine Höhle besitzt (s. S. 107–108). Ein anderes ist ein alaskischer Eskimo, der über die Beringstraße flog, um nach einer vermißten Person zu suchen. Diese Reise des Geistes rekonstruiert eine Reise, die normale Personen gewöhnlich auf dem Meer machen (s. S. 105). In Nepal reichen die Reisen des Geistes durch bekannte Landschaften vom Tal von Katmandu bis zu den Schneefeldern Tibets. Der Schamane passiert Wälder, Flüsse, Berge und Weggabelungen und berichtet seine Erlebnisse Schritt für Schritt seinem Publikum.

Selbst seine Hilfsgeister weiden auf der Oberfläche der Erde, und wenn der

Diese Skizze eines Tschuktschen zeigt eine kosmologische Landkarte für Reisen in den Himmel. Solche Reisen stehen oft mit dem Fliegenpilz in Verbindung.

SCHAMANEN UND ASTRONAUTEN AUF DEM MOND

Anthropologen wurden manchmal gefragt, ob es stimme, daß die Amerikaner auf dem Mond waren, doch fügten die Fragesteller hinzu: „Aber warum brauchten sie dafür solch eine Ausstattung, unsere Schamanen brauchen nichts dergleichen!" Einige Dorfbewohner Nepals halten den Mond für das Land der Toten, und es tauchte die Frage auf: „Haben sie dort oben unsere Toten getroffen?" Eine in Sibirien weitverbreitete Geschichte ist, daß der US-Astronaut John Glenn auf dem Mond einen alten weißhaarigen russischen Arzt traf, der am Ende seines langen Lebens von der Erde dorthin gelangt war.

AUSSERKÖRPERLICHE UND TODESERFAHRUNGEN

Außerkörperliche Erfahrungen ähneln in mancher Beziehung der schamanischen Reise. Eine Person hat z. B. das Gefühl, als schwebe sie in der Luft und blicke auf den eigenen Körper herunter oder reise zu anderen Reichen und treffe Geister. Todeserfahrungen gehen weiter. Jemand, der dem Tod nahe ist, scheint über dem eigenen Körper zu schweben und dann durch einen Tunnel auf ein gleißendes weißes Licht zuzutreiben. Die Person hat ein ungeheures Glücksgefühl, fühlt sich genötigt, umzukehren (jedoch widerstrebend) und erlangt dann das Bewußtsein wieder. Diese Art der Erfahrung scheint nach der Einführung von Wiederbelebungsgeräten weit verbreitet zu sein. Zwar hat die Person im allgemeinen keine oder nur wenig Kontrolle während dieser Erfahrung, sie mag jedoch einen ersten Schritt auf dem Weg, dem der Schamane folgt, darstellen, der ja seine ersten Erfahrungen auch nicht kontrollieren kann.

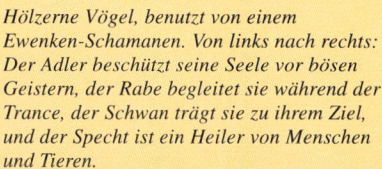

Schamane sie ruft, reisen sie durch die lokale Landschaft über Wege herbei, die auch eingehend beschrieben werden. Im Unterschied zu den Reisen in die Unterwelt oder durch den Kosmos haben solche Reisen eine besondere Wirkung auf den Patienten, da sein oder ihr körperlicher und emotionaler Zustand anhand einer Landschaft dargestellt wird, mit der er oder sie eng vertraut ist. Manchmal findet die Reise des Schamanen vollständig innerhalb des Körpers des Patienten statt. Zur Symbolik dieser Reise s. S. 156–159.

In den meisten Teilen Nordamerikas und Ostasiens unternehmen die Scha-

Hölzerne Vögel, benutzt von einem Ewenken-Schamanen. Von links nach rechts: Der Adler beschützt seine Seele vor bösen Geistern, der Rabe begleitet sie während der Trance, der Schwan trägt sie zu ihrem Ziel, und der Specht ist ein Heiler von Menschen und Tieren.

manen während des Trancezustandes keine Reisen. Einen Kompromiß stellen die Salisch-Schamanen dar, die an Stelle des eigentlichen Trancezustandes eine Kanureise zum Land unter der Erde darstellen. Einige moderne schamanische Bewegungen haben diese Technik für ihre Workshops übernommen (s. S. 150–153).

Schlachten mit feindlichen Geistern

Ein westlicher Besucher bemerkte einem nepalesischen Schamanen gegenüber, wie schön es sein müsse, in Harmonie mit dem Kosmos zu leben. Der Schamane entgegnete: „Der Hauptbestandteil meiner Arbeit ist es, Hexen und Zauberer zu töten, und ich habe jedesmal große Angst, bevor ich mit dem Ritual beginne, da ich weiß, daß jedesmal einer von uns sterben muß."

Die Heilung des Opfers eines Zauberers kann einen Kampf mit dem Aggressor, aber auch den Schutz des Patienten beinhalten. Zusätzlich zu Pfeilen und anderen schmerzbringenden Objekten kann der Zauberer seine eigenen Geister schicken, um das Opfer anzugreifen oder sogar dessen Seele aufzufressen. Ernste Gefahr droht nicht nur von beseelten Feinden, sondern auch, weil die Seele des Schamanen ohne den Schutz des Körpers wandern muß.

Wie die Kanureise der Wana (s. S. 71–72) zeigt, kann die Vorstellung dieser Gefahren stark variieren, und tatsächlich hat ein Anthropologe sie ein „langsames Boot zum Himmel" genannt. Im Unterschied dazu ist das Gefühl für Gefahren in Sibirien und Zentralasien besonders ausgeprägt. Der Tradition der Nenets zufolge ist es gefährlich, zu nahe an der Sonne oder dem Mond vorbeizufliegen, da ihre Anziehungskraft es unmöglich machen kann, sich daraus zu befreien. Der Mann im Mond ist ein Schamane, der dort steckengeblieben ist. Die Reise zur Unterwelt beinhaltet gewöhnlich das Zwängen durch schmale, gefährliche Spalten. Die Altai-Schamanen durchquerten öde, unbelebte Steppen zu einem dunklen Metallberg, der den Himmel stützte. Der Weg dorthin war übersät mit den Knochen der Schamanen und ihrer Pferde, die es nicht geschafft hatten. Der Himmel krachte und klatschte beständig gegen den Gipfel des Berges, und der Schamane konnte nur in dem Moment, wenn dieser aufbrach, mit einem gezielten Sprung hineinschlüpfen. Von hier aus ging er in den „Rachen der Erde" zu einem unterirdischen See, überspannt von einer Brücke, die die Breite eines einzelnen Haares hatte. Er hangelte sich an diesem Haar hinüber, begleitet vom fahlen Schimmer der Knochen abgestürzter Schamanen. Hindernisse wie diese wiederholen sich in ähnlicher Form in anderen Regionen der Welt. In Venezuela muß der Warao-Schamane ebenfalls die bleichen Knochen seiner Vorgänger überqueren, be-

Ein Schamane aus Grönland bei der Befreiung eines entführten Babys. Seine Hilfsgeister sind ein Falke und ein Steinwerfer.

Gemälde einer Schlacht zwischen Vegetalistas *in Peru. Ein Schamane der Schipibo wird von einem feindlichen Schetebo-Schamanen angegriffen, der die Form einer Vampirfledermaus hat, deren Strahlen Schlafsucht verursachen und durch glänzende Strahlen bekämpft werden müssen.*

vor er durch eine Öffnung in einen riesigen Baumstamm gelangt.

Die unbeseelte, unpersönliche Natur der Gefahren, die den Altai-Schamanen bedrohen, wirkt eben dadurch beängstigend. Doch kann Angst ebenso durch eine aggressive, stark beseelte Landschaft hervorgerufen werden. Der Warao-Novize muß sich an einer Kletterpflanze über einen mit hungrigen Jaguaren, Alligatoren und Haien bevölkerten Abgrund schwingen, eine glitschige Gasse mit Speeren bewaffneter Dämonen durchqueren und an einem Schamanen fressenden Falken vorbeigehen. Verschiedene Traditionen sprechen unterschiedlich

von Ungeheuern, Kannibalen, Dämonen, wilden Tieren, unüberwindlichen Abgründen und zahllosen anderen Prüfungen, die der Schamane bestehen muß.

Geister haben Bewußtsein und Intelligenz, nach dem Vorbild des Menschen, und können so den Schamanen in körperliche und geistige Kämpfe verwickeln. Die Idee der Schlacht entstammt der Kriegsführung und der Jagd, und ihre Darstellung beinhaltet Blut oder das Fangen der Seele in einer Falle. Der männliche Assistent einer Sora-Schamanin singt bei einem Begräbnis davon, wie sie sich auf den Kriegspfad begeben und die Seele des

Verstorbenen von einem schlechten Platz im Kosmos zurückholen: „Laßt uns unsere Äxte bereithalten, laßt uns unsere Äxte greifen. Laßt uns unsere Schwerter schwingen, laßt uns unsere Messer zücken." In einer typisch schamanischen Episode der griechischen Mythen versucht Oedipus die Stadt Theben vor einer Plage zu retten und wird mit einer Sphinx konfrontiert, die den Reisenden Rätsel stellt und sie tötet, wenn sie sie nicht lösen können. Oedipus löst das Rätsel, worauf die Sphinx sich selbst vernichtet und die Plage vorüber ist.

Die Abbildung zeigt den Kampf eines Affen gegen einen Weißknochen-Dämon aus einer Parabel des chinesischen Buddhismus.

Ein Dolgan-Schamane aus Sibirien, der den Geist, der seinen Patienten krank machte, nicht finden konnte, lud einen Sänger heroisch epischer Geschichten zur Heilungszeremonie ein. Als der Sänger den Teil seiner Geschichte erreichte, an dem der Held auf den feindlichen Geist trifft und dieser zu unterliegen droht, hielt es der Geist, der den Patienten quälte, nicht länger aus und verließ den Körper seines Opfers, um seinem Kollegen zu helfen. In diesem Moment verwickelte der Schamane den Geist in einen Kampf und bezwang ihn. Der hungrige Warao muß während der Initiation das gebratene Fleisch von Wildschweinen, Tapiren und Alligatoren ausschlagen und den sexuellen

GEFÄHRLICHE REISEN INS WELTALL

Science-fiction-Erzählungen basieren auf Reisen durchs All und auf Schlachten gegen mächtige Feinde und fungieren als moderne Fortsetzung schamanischer Themen. Der Film „Krieg der Sterne" ähnelt stark einem schamanischen Kampf, mit Luke Skywalker als Lehrling, Obi Kenoby als Meister, Darth Vadar als Beherrscher des Bösen und Prinzessin Leia als zu rettender Seele. Der Schamane hat seine Assistenten, z. B. den freundlichen Geist Chewbacca, während die Masse böser Geister durch die Sturmtruppen des Herrschers repräsentiert wird. Das Böse legt dem Helden ein Hindernis nach dem anderen in den Weg, das nur durch den heldenhaften Schamanen und seine Begleiter überwunden werden kann. Die mächtigen Waffen zeigen in ihrer Vermischung von hochentwickelter Technologie und alter Magie einen Zusammenhang mit dem Schamanismus.

KAMPF EINES SCHAMA-NEN GEGEN DEN POCKENGEIST

In Sibirien wurden manchmal ganze Clans durch die Pocken vernichtet. Die Ewen glaubten, daß der böse Geist der Pocken auf den Wanderwegen der Rentiere, in Gestalt einer Frau mit hellem Haar, wie das der Russen, erschien. Normalerweise tauchte sie, unbemerkt von allen anderen, auf einem Schlitten sitzend, am Ende einer Karawane auf. Doch der Schamane sah sie und bereitete sich auf einen Kampf vor. Für die meisten Schamanen war es unmöglich, allein gegen den Pockengeist zu kämpfen, der sie in Gestalt eines riesigen roten Bullen angriff. War der Schamane stark genug,

Ein Pfauenfederbogen der Sora, der zum Wegfegen der Pocken dient.

diesen Kampf zu gewinnen, rettete er das Leben aller, verlor er ihn jedoch, mußten alle einschließlich ihm sterben. Nur zwei Verwandte blieben am Leben, um die Toten zu begraben.

Annäherungsversuchen verführerischer Geisterfrauen widerstehen.

Der Bock im Traum des Washo-Schamanen Henry stand im Westen, blickte aber nach Osten. Für die Washo wohnten die bösen Seelen im Osten, und Henry nahm dies als Botschaft dafür, daß er schwarze Magie, die ein normaler Bereich schamanischer Praktiken war, vermeiden sollte. Ebenso wie die Hilfsgeister können auch die feindlichen Geister als etwas der Psyche des Schamanen Entsprechendes interpretiert werden. Die Wälder, die Wildnis oder die Unterwelt sind Gegenden jenseits der menschlichen Zivilisation und entsprechen vielleicht dem Unbewußten in der Psychoanalyse (s. S. 145). Die Trennung zwischen guten und bösen Geistern ist nicht so strikt wie in sehr dualistischen Religionen. Wie die Naturkräfte können Geister hilfreich oder zerstörerisch sein. Aufgabe des Schamanen ist es, ihre

Eine taiwanesische Schamanin reinigt ihr Haus von Geistern.

Häufig üben Schamanen, bevor sie sich in eine Schlacht auf Leben und Tod begeben. Hier übt ein Arzt der Sitka-Quan-Indianer, eine Hexe zu fesseln.

Hilfe zu erlangen, sie zu überzeugen und, wenn sie sich weiter gegen den Schamanen wehren, ihre Pläne zu durchkreuzen. Der Kampf zwischen freundlichen und feindlichen Geistern spiegelt die ambivalente Natur nicht nur der Welt, sondern des Schamanen und der Menschheit selbst wider.

Musik, Tanz und Worte

Am Anfang der Bibel sagt Gott: „Es werde Licht!", und es ward Licht. In Befehlen, Gebeten, Flüchen und Zaubersprüchen lassen Worte Dinge entstehen. Sie erschaffen Realität, indem sie die Absicht des Sprechers verkünden. „Durch die Kraft der Lieder können wir die Wüste durchqueren", sang ein Altai-Schamane, der zur Unterwelt reiste. Eine schamanische Aufführung stellt jene Sprache zur Verfügung, mit der es möglich wird, unausdrückbare psychische Zustände zu beschreiben, und es kann sein, daß Schamanen besonders begabt sind, vieldeutige, unklare Eindrücke in verständliche Bilder zu übersetzen. Der Schamane benutzt Erzählungen in erster Linie, um seine Erfahrungen zu einer epischen Reihe von Initiationen, Reisen und Kämpfen zu ordnen. Was passiert, spiegelt nicht nur die gegenwärtige Situation des Schamanen oder seines Patienten wider, sondern ist ebenso Teil einer Geschichte. Die Entwicklung der Erzählung schreitet vom Problem zu dessen Lösung. Hindernisse werden nur beschrie-

Eine koreanische Schamanin tanzt freudig als Verkörperung des Kriegsgeistes.

Ein Orchester spielt, während eine Sora-Schamanin zur Unterwelt hinabsteigt.

ben, um sie zu beseitigen, und darin besteht eine Analogie zum psychoanalytischen Begriff der „Gesprächstherapie" (s. S. 144–145).

Die Macht der Worte liegt nicht nur in ihrer Bedeutung, sondern auch in ihrer musikalischen Wirkung. Die *Vegetalistas* benutzen eine Reihe magischer Gesänge, *icaro* genannt, die von halluzinogenen Pflanzen stammen und die Kraft des Schamanen verkörpern. Singen wird, wie der Schamanismus selbst, als Gipfel des menschlichen Entwicklungspotentials angesehen: „Ein Mann ist wie ein Baum. Unter günstigen Umständen bekommt er Äste. Die Äste sind die *icaros*."

Im Schamanismus ist die Erfahrung der Geisterreiche eng mit Musik verknüpft. Insbesondere gibt es mächtige Verbindungen zwischen Trance und der

A tunhuai   ra va po rin —chi   Sha muiri   munpaicaya   yari yari   yari

Chapima   ya shamuiri   mun   Tu cula   ya doctorci   to cu naca   ya

mundo tucu   na mantashi   ya ri   shamuirimun   Paica ya ri   ya ri

Chipimaya   shamuirincon   muisa pana   Adahuarmi   sita cuna ca   ya yari

Das große Dampfschiff des Windes kommt.
Es kommt vom Ende des Kosmos.
Es kommt wie dies.

Alle Arten mystischer Heiler kommen mit ihm,
auch Elfen und Ärzte
aus fremden Städten.
Starke Heiler kommen.

OBEN *Das Lernen der vielen* icaros *bildet einen großen Teil des Trainings der* Vegetalistas. *Die Gesänge werden gelernt, indem man die geeignete Pflanze schluckt. Der Geist des Bobinanza-Baumes ist ein wunderbar gekleideter Prinz, und sein* icaro *kann die Liebe einer Frau gewinnen. Der Geist des Oje-Baumes läßt Nebel um einen bösen Schamanen entstehen.*
UNTEN *Tsimschian-Indianer beim Ziegentanz, um einen neuen Totempfahl einzuweihen.*

rhythmischen Regelmäßigkeit von Schlaginstrumenten. Tatsächlich ist in den meisten Regionen der Welt, wo man auf Schamanismus trifft, die Trommel das schamanische Instrument par excellence.

In Nord- und Südamerika ist auch die Rassel weit verbreitet. Sora-Schamanen schlagen manchmal mit einem Stock gegen die Hörner eines enthaupteten Büffels. Die symbolische Bedeutung eines Instrumentes kann weit über den Klang hinausgehen, den es erzeugt. Im Norden Sibiriens kann die Trommel für das wilde Rentier stehen, aus dessen Fell sie gemacht wurde. Sie kann auch als Boot benutzt werden oder als Behälter, um Geister hochzuheben, und viele sind mit Bildern von Tieren und der Familie des Schamanen dekoriert, damit sie sich vermehren und gesund bleiben.

Auch die Melodie kann wichtig sein. In den Gesängen der Sora-Schamaninnen werden alle Melodien aus ein und derselben pentatonischen Skala gebildet, jedoch hat jeder Geist seine eigene Kennmelodie, die von der Schamanin gesungen werden muß, um ihn anzuru-

DIE TROMMELN DER SCHAMANEN

Diese Diagramme zeigen Vibrationslinien auf der Oberfläche runder Trommeln in verschiedenen Frequenzen. Die Harmoniemuster auf der Trommelmembran sind sehr komplex. Untersuchungen von alten Trommeln der Samen zeigen, daß jede Trommel an einer begrenzten Anzahl von Stellen geschlagen wurde, vermutlich wegen der Klangcharakteristik jedes Instruments. Die Trommeln der Samen trugen Bilder von Menschen, Tieren und des Kosmos. Schamanen benutzten ihre Trommeln zum Wahrsagen, indem sie die Bewegungen eines Zeigers, der über diese Bilder lief, beobachteten, während sie die Trommel schlugen. Ein typischer Zeiger war ein Bündel aus Metallringen, „Frosch" genannt. Seine Sprünge hingen von der Vibration des Fells ab, und moderne Experimente legen nahe, daß es unmöglich ist, die Bewegungen zuverlässig vorauszusagen.

fen. Nachdem die Schamanin in Trance gefallen ist und die Geister durch ihren Mund zu sprechen beginnen, singen sie ihre Antworten in derselben Kennmelodie, wodurch die Identität des gerufenen Geistes bestätigt wird.

Jedoch wird das entscheidende Lied bei einem Begräbnis, das den Verstorbenen retten soll, indem es alle Kategorien von Geistern, die ihn oder sie gefangen haben, entweder verneint oder sich ihnen widersetzt, monoton, ohne jede Andeutung einer Melodie vorgetragen.

Die Beziehung des Schamanen zu Geistern ist ebenso körperlich wie spirituell. Es ist manchmal schwer zu entscheiden, wo die ruckartigen Bewegungen eines Schamanen in Trance enden und der Tanz beginnt. Die Tänze der sibirischen Schamanen imitieren die Bewegungen von Tieren, und generell drücken Tänze jene Qualitäten aus, von denen angenommen wird, daß sie dem Schamanen seine Macht verleihen. Während die sibirischen Tänze die Beziehung zu wilden Tieren betonen, betonen die Tänze koreanischer Schamanen die Macht, die von königlichen Geistern stammt. Hier tanzt auch nicht nur der Schamane, sondern sowohl der Patient als auch seine Familie und seine Freunde. Jeder von ihnen hat einen persönlichen, den Körper regierenden Gott, der diese Person beherrscht und mit ihrem Körper tanzt. Für den Patienten ist dieses Tanzen Teil der Therapie, während es den anderen Teilnehmern eine glückliche Zukunft verspricht.

Auch wenn der Schamane selbst nicht tanzt, kann Tanz dennoch eine zentrale Rolle seiner Arbeit bleiben. Der *Yurupari*-Tanz der Desana wird nicht von Schamanen ausgeführt, doch mit seinen phallischen Flöten und Warnungen vor Inzest stellt er Mythen und Themen dar, die die Grundlage der Kosmologie bilden, innerhalb derer der Schamane operiert. Bei den Begräbnissen der Sora bleibt die Schamanin bewegungslos, umgeben von weinenden Verwandten inmitten wirbelnder Tänzer, während die Geister durch ihren Mund sprechen. Die Bewegungen der Tänzer spiegeln sowohl den Kriegstanz als auch den Sexualakt wider, aus dem ein Kind entsteht, das möglicherweise den Namen der toten Person tragen wird. Das neue Interesse an diesen

„verschiedenen Zuständen des Bewußtseins" hat zu Theorien über die neurophysiologischen Wirkungen von Musik geführt, besonders beim Trommeln. Experimentelle Untersuchungen legen nahe, daß das Trommeln die neurale Aktivität des Gehirns durch die vibrierenden Frequenzen des Klanges harmonisiert.

In neo-schamanischen Bewegungen nimmt das Trommeln einen zentralen

Afrikanische Buschmänner der Kalahari tanzen, um die zur Heilung notwendige Energie herbeizurufen.

Platz ein, und es heißt, daß eine Folge von ungefähr 200 Schlägen pro Minute viele unerfahrene Personen sehr schnell zu anderen Bewußtseinszuständen führen kann. Wie auch immer, die Rhythmen, die bei Schamanen zur Trance führen, haben anderswo keinerlei Wirkung. Tatsächlich fallen

Brasilianische Xingu-Flöten übertragen die Stimmen der Geister.

die Zuhörer einer schamanischen Vorführung, obwohl sie dieselben Rhythmen hören, nicht in Trance, außer wenn es von ihnen erwartet wird. Es scheint also, daß Musik und Tanz zwar mächtige Wirkungen haben, aber nicht zur Trance führen, sondern nur, wenn diese in Beziehung zu einem Glaubenssystem stehen.

DYUKHADE ERHÄLT SEINE TROMMEL VOM WELTENBAUM

Der sibirische Schamane Dyukhade beschreibt, wie er seine Trommel erhielt: „Die Geister führten mich zu einer Lärche, die so hoch war, daß sie den Himmel berührte. Ich hörte Stimmen: ,Es wurde angeordnet, daß du eine Trommel aus dem Ast dieses Baumes erhalten sollst.' Ich hatte das Gefühl, mit den Vögeln des Sees durch die Luft zu fliegen. Sobald ich den Boden verließ, rief mir der Herr des Baumes zu: ,Mein Ast ist abgebrochen, … nimm ihn und mache daraus eine Trommel, sie wird dich für den Rest deines Lebens beschützen.' Ich sah den fallenden Ast und fing ihn mit einem Flügel auf."

Auf diesem Bild vollzieht ein Magar-Schamane ein dem Dyukhade bemerkenswert ähnliches Ritual. Er benutzt seine Trommel, um einen Ast des Lebensbaumes zu fangen, was ihn zum Lehrer und Beschützer macht.

Kostüme und Ausstattung

Das Kostüm eines Schamanen betont die expressive Arbeit, die von Tanz und Gebärdenspiel eingeleitet wird. Musikinstrumente sind Objekte oder sogar Tiere mit eigenem Willen sowie Klangerzeuger: die sibirische Trommel ist ein Rentier oder ein Pferd, auf dem man reiten kann, während die amazonische Flöte ein Penis ist.

Eine Medizinrassel aus dem Nordwesten Amerikas.

Schamanen benutzen viele solcher Objekte, die sie als Kraftzentrum betrachten. Felsen werden oft für Behälter gehalten, in denen Geister leben, vielleicht wegen ihrer Langlebigkeit. Kristalle werden von Amerika bis Borneo benutzt und für die kristallisierten Tränen oder den kristallinen Samen von Himmelsgeistern gehalten. Auch Pflanzen- und Tierteile wurden häufig benutzt. Wie die Hilfsgeister statten sie den Schamanen mit Teilen ihrer eigenen Fähigkeiten aus und können das Verhalten des Schamanen beeinflussen.

Die Ausstattung des Schamanen ist nicht nur eine Erweiterung seiner Person, sondern besonders seiner Handlungsfähigkeit. Der geschnitzte, einem Wiesel ähnliche alaskische *Kikituk* ebenso wie die Rentiere und Vögel auf dem Kostüm des sibirischen Schamanen fassen die speziellen geistigen Kräfte des Besitzers zusammen und teilen sie dem Publikum mit. Ein *Kikituk* befähigt den Alaska-Schamanen, seinen Patienten zu heilen, indem er den kranken Geist im Patienten beißt oder einen Feind tötet. Das Rentier auf seinem Kostüm hilft dem Schamanen, zum Himmel zu reisen, wenn er es wünscht.

Diese vielfältige Bedeutung trifft auf eine ganze Reihe von Objekten zu: Fe-

Halskette eines Haida-Schamanen (oben) und das mondgesichtige Brustschild eines Tsimschian-Schamanen (unten), beide aus dem Nordwesten Amerikas.

Das Kostüm eines sibirischen Schamanen, wie dieser Mantel vom Goldi-Stamm (links), repräsentiert die geheimnisvollen Erfahrungen des Schamanen und ist die Wohnung der Geister. Die erste Frage, die man hört, wenn ein neuer Schamane auftaucht, ist: „Ja, aber hat er auch ein Kostüm?" Wie das Geschenk des Schamanentums selbst muß der Schamane ein Kostüm besitzen. Das Kostüm eines sibirischen Schamanen wurde in den 50er Jahren von der Staatsmacht vernichtet, und er fertigte sich im geheimen ein neues an, das er seiner Tochter vererbte. Sie wurde Chirurgin, und es wird behauptet, daß das Kostüm ihr die Kraft zu einer ansehnlichen Karriere verliehen hat.

OBJEKTE DER KRAFT

Bei den Alaska-Eskimo nahmen die Schamanen die bildliche Darstellung eines Hermelins oder Wiesels als Kraftobjekt. Diese Darstellung wurde *Kikituk* genannt und war aus Holz oder Elfenbein. Der Schamane trug es in seinem Parka oder in seinem Körper, wo es durch seinen Mund oder seine Achselhöhle hinein- und herausschlüpfte. Er konnte es sowohl dazu benutzen, um Patienten zu

heilen, indem es die bösen Geister biß, als auch um Feinde zu töten, indem es sich in deren Herz bohrte. Von einem Schamanen namens Asatchaq wird berichtet, daß er sein *Kikituk* dazu benutzt hatte, einen Feind zu töten. Geschmeidig

Ein Kikituk *aus einem Walknochen.*

begann das *Kikituk* aus dem Mund, unter den Armen und zwischen den Rippen des Opfers hervorzugucken, und es verschwand einige Male, bevor Asatchaq es fangen und schlucken konnte.

dern an einer Trommel, Kräuter im Medizinbeutel oder eine getrocknete Bärentatze.

Nicht alle Teile der Ausstattung haben Museumscharakter. Der Ankleideraum einer koreanischen Schamanin wirkt vor einer Vorstellung wie die Garderobe eines Pantomimen. Die Schamanin kommt mit einem Koffer voll kitschiger Kostüme an. Diese Roben und Kronen werden in einem speziellen Ausstattungsgeschäft verliehen, wo man sogar während eines Rituals anrufen kann, wenn die Geister etwas Besonderes verlangen, was die zum Teil „reale", zum anderen Teil bühnenmäßige Ausstattung des Schamanen unterstreicht.

Die Rasseln der Schamanen haben oft die Form von Tieren, wie die eines Fisches (oben) oder eines Kranichs (rechts).

SCHMIEDE

In Sibirien und der Mongolei war der Schmied generell mächtiger als der Schamane. Er besaß eine ähnliche Meisterschaft esoterischer Techniken, hatte aber die größere Meisterschaft über das Feuer und fertigte die Ornamente an, die ein wichtiger Bestandteil des Kostüms des Schamanen waren (links). Er war auch der Herr der Initiation, wie die Erzählung Dyukhades belegt (s. S. 60–61). Schamanen und Schmiede entstammen demselben Nest, jedoch war der Schmied der ältere Bruder des Schamanen. Er hatte keine Angst vor den Geistern, und der Schamane konnte ihm nichts anhaben, da die Seele des Schmiedes vom Feuer beschützt wurde.

Irdener Metallgießer, der bei der Herstellung schamanischer Ornamente benutzt wird.

Schamanische Botanik: Halluzinogene

Peyote-kaktus

Halluzinogene Pflanzen zeigen zweifelsfrei, daß es eine physiologische Grundlage für schamanische Bewußtseinszustände gibt, obgleich, wie beim Trommeln oder Tanzen, Fasten oder Schlafentzug, die Sache selbst weder den Inhalt noch die emotionale Stimmung der Zustände des Schamanen erklärt. Obwohl man psychotrope Pflanzen auf der ganzen Welt findet, ist ihr Gebrauch in der Neuen Welt, besonders in Südamerika, sehr hoch entwickelt.

Für Schamanen sind Pflanzen geistige Lehrer, und durch ihre Einnahme übernimmt der Schamane ihre geistigen Fähigkeiten. Was die Pflanzen offenbaren, ist keine Abweichung von der Realität, sondern eine Wirklichkeit, die im normalen Bewußtseinszustand verborgen bleibt. Die Desana sind

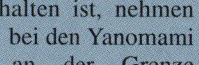

Ein Yanomami-Schamane.

nicht in der Lage, sich irgendeinem Geist, etwa dem Herrn der Tiere, zu nähern, ohne vorher durch den Geist Viho-Mahse zu gehen, der Herr der Viho-Pflanze ist. Mit anderen Worten, es ist die Einnahme der Pflanze, die den Zugang zur Welt der Geister ermöglicht. Die Drogen-Wirklichkeit ist eine geteilte sozia-

Yanomami-Schamanen inhalieren Ebene.

le Wirklichkeit. Die Einnahme von Drogen ist nicht Teil einer Entfernung von der Gesellschaft, wie es so häufig vorkommt, sondern bedeutet eine größere Integration des Individuums. Während bei einigen Indianerstämmen Kolumbiens das Schnupfen von *Ebene* den Schamanen vorbehalten ist, nehmen bei den Yanomami an der Grenze zwischen Brasilien und Venezuela alle Männer und Knaben jenseits der Pubertät *Ebene* regelmäßig, und der Gebrauch kann als eine Art von Initiation betrachtet werden.

Nicht-Schamanen nehmen Drogen oft gemeinsam mit dem Schamanen. Etwa fordert bei den Huichol der Schamane die Laien auf: „Iß Peyote, damit du weißt, was es heißt, Huichol zu sein." Manchmal ist die Grundlage der Therapie die Interpretation der Visionen des Patienten, der unter dem Einfluß der Droge sein gesamtes Leben

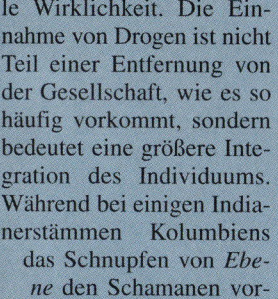

Ein Fliegenpilz, der von Schamanen in Teilen Sibiriens benutzt wird.

Einige südamerikanische Stämme stellen einen Altar aus Peyoteasche in der Form eines Vogels her, der den zum Himmel fliegenden Geist des Schamanen repräsentiert.

Yanomami-Schamanen blasen sich gegenseitig große Mengen von Ebene *in die Nase, um zu Jaguaren zu werden.*

und seine sozialen Beziehungen kritisch überblicken kann.

Da es sowohl freundliche als auch feindliche Geister gibt, können auch die Visionen beruhigend oder beängstigend sein. Obgleich die Eingeborenen darauf bestehen, daß diese Visionen von den Geistern kommen, sind jene von ihnen, die an das Unbewußte glauben, offen für eine Interpretation in diese Richtung, namentlich, daß die Quelle der Visionen innen liegt und daß das, was jemand aus einer Vision herausliest, das ist, was er einbringt. Eingeborene drücken diese Haltung durch Begriffe des Respektes aus und betonen nachdrücklich, wie gefährlich der Mißbrauch dieser Drogen sein kann. Ein junger Mann, der eine „schwache Seele" hatte, nahm die halluzinogene Pflanze *Ayahuasca*, gierig und ohne an die anderen zu denken, die

Ipomoea treten in milder und mächtiger Form auf und werden von mexikanischen Schamanen und ihren Patienten genommen.

den Trank mit ihm teilen wollten. Kurz darauf sah er, wie jedem um ihn herum Hörner und Schwänze wuchsen und ein riesiger Arzt erschien, der ihm sagte: „Wenn du die schwangere Frau, die in dem Haus dort schläft, tötest, ihr Kind rausholst, dessen Kopf aufbrichst und dessen Gehirn trinkst, wirst du in der Lage sein, durch die Luft, unter die Erde und unter dem Wasser zu reisen." Der junge Mann tat, was der Geist ihm vorgeschlagen hatte. Daraufhin rief jemand die Polizei, und die ganze Gruppe wurde zu einer langen Haftstrafe verurteilt.

Als Religionshistoriker betrachtete Eliade den Gebrauch von Halluzinogenen als Degenerationserscheinung des reinen Schamanismus, bei dem Visionen spontan auftraten. Obwohl keine Aussagen über Bewußtseinszustände in der Steinzeit gemacht werden können, haben Archäologen Schnupfröhren und andere Gegenstände gefunden, die belegen, daß der Gebrauch von Halluzinogenen in Amerika sehr alt ist. Der Anthropologe La Barre behauptete sogar, daß die Religion selbst den Visionen der Schamanen entstammt und daß Schamanen als Agenten der Götter vor den Göttern existierten (s. S. 132–135), die nichts anderes sind als Schamanen, die nach ihrem Tod als Götter wiedergeboren wurden.

Umrühren des Ayahuasca-Gebräus. Die Pflanze, deren Name in Quechua ,Liane der Toten' heißt, wird zerschnitten, zerstampft und fast zum Kochen gebracht. Andere halluzinogene Pflanzen können der Mixtur später hinzugefügt werden.

DAS TÖDLICHE URTEIL DER PILZE

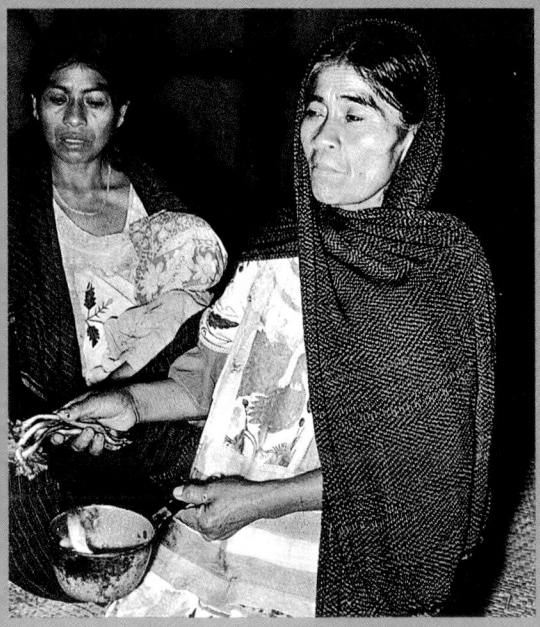

*Maria, eine Mazatek-Schamanin
mit psilocybinen Pilzen.*

Bei den Mazatek in Mexiko werden psilocybine Pilze im Wald gesammelt, vorsichtig zubereitet und von Patient und Schamanin geschluckt. Obwohl die Droge gemeinsam genommen wird, bleibt die Interpretation der Sitzung der Schamanin überlassen.

Es gibt einen sehr bewegenden Bericht über einen schwerkranken Jungen, der zu einer Untersuchung gekommen war. Die Sitzung beginnt damit, daß die Schamanin Maria, der Junge und die Zuschauer Pilze nehmen. Manchmal spricht Maria mit ihrer eigenen Stimme, dann mit der Stimme der Pilze, die auch mit Christus identifiziert wird, da sie dort wuchsen, wo sein Blut oder sein Speichel hintropfte. Der Junge fragte: „Geht es mir gut?" Maria erwiderte: „Du bist übel dran", worauf er antwortete: „Ich habe auch das Gefühl." Zunächst spricht Maria tröstliche Worte mit ihrer eigenen Stimme, dann zunehmend mit der Stimme der Pilze: „Er hat keine normale Krankheit. Jetzt ist unser Sohn gestorben, weil ein Puma ihn gefressen hat, er hat sein Tierdoppel gefressen, der Puma hat ihn gefressen."

Ein Tierdoppel ist gleichzeitig ein normales, reales Tier und eine Art äußere Seele der Person. Sie leben parallele Leben, und der eine kann ohne den anderen nicht leben. Diese Botschaft wird so lange untermauert, bis der Junge die volle Bedeutung versteht. Es gibt keine Hoffnung für ihn. Sein Tierdoppel wurde gefressen und kann nicht zurückgebracht werden, weshalb er sterben muß. Es gibt keine Heilung, sagt Maria. Die Zuschauer drängen den Jungen, gegen den Tod anzukämpfen, aber:

Maria: „Es ist ein heiliger Mann, sagt der Pilz. Es ist eine heilige Frau, sagt der Pilz. Es ist wahr, sagt der Pilz."
Zuschauer (zu dem Jungen, aber ohne Überzeugung): „Dir wird nichts geschehen."
Maria: „Ein Frau, die wartet, bin ich, eine Frau, die es versucht, bin ich, sagt der Pilz, auch Christus sagt es."
Kranker Junge: „Dann stimmt es also."
Maria: „Christus sagt es."
Kranker Junge: „Ja" (er wird blaß und kollabiert später). „Und was wird geschehen? Gibt es keine Medizin?"

Der Junge starb einige Wochen später.

Eine Schamanin mitten in einer psilocybinen Vision.

Die Tricks der Branche

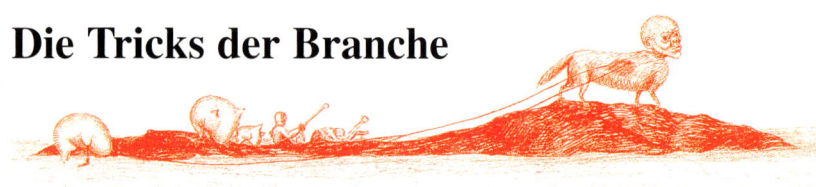

„Der große Khan sitzt in seinem Thronsaal, die mit Wein und Milch und anderen herrlichen Getränken gefüllten Becher sind gut zehn Schritte entfernt, diese *Bakschi* verstanden es, durch Zauberei diese Becher ohne jegliche Berührung zum Platz des großen Khan schweben zu lassen, um sich beliebt zu machen." In diesem Bericht aus dem 13. Jhd. erzählt Marco Polo, daß Schamanen auch Stürme entfesseln können. Skeptiker haben lange die Meinung vertreten, daß Schamanen sich auf Zaubertricks verlassen. Zweifellos benutzen Schamanen manchmal spektakuläre Effekte, aber sie behaupten, daß ihre Tricks, wie z. B. ihre Ausstattung, nicht die Hauptsache sind. „Ich benutze meine Rasseln und Federn nur, um die Aufmerksamkeit einer kranken Person zu gewinnen", sagte der Washo-Schamane Henry. Der Angelpunkt dieser Tricks ist, den anderen durch äußere Eindrücke die innere Kraft des Schamanen bewußt zu machen. Jakuten-Schamanen pflegten oft ihren Kopf abzunehmen, ihn auf ein Regal zu stellen, von wo aus er weitersprach. Die Abtrennung des Kopfes war eine starke Erinnerung an den zentralen Moment der Initiation des Schamanen. Beim ersten Mal war der Schamane passiv und hilflos, jetzt aber kann er die Erfahrung willentlich und unter voller Kontrolle wiederholen.

Ein Gauner zu sein ist ein wesentlicher Zug in der Veranlagung des Schamanen, der zwischen dem Kampf und dem Überlisten der Geister hin und her wechseln mußte. Ursprünglich benutzten Schamanen ihre Gaunereien, um die Sonne zu fangen und den Menschen das Tageslicht zu geben oder um die Geheimnisse des Feuers, der Jagd, des Ackerbaus von eifersüchtigen Geistern zu stehlen. Manchmal benutzen Schamanen ihre Tricks auch bei ihren Klienten. Ein männlicher Sora-Schamane behandelte eine attraktive Witwe. Der Geist ihres verstorbenen Ehemannes sprach durch seinen Mund und erklärte ihr, daß das einzige, was er vermisse, eine Nacht mit ihr sei und daß er es sich noch einmal wünsche. Sie war einverstanden, doch der einzige Weg, mit ihrem Ehemann zu schlafen, war durch den Körper des Schamanen. Der Schamane schlief mit der Frau, die makellos blieb. Der Schamane wurde für seinen phantastischen Trick bewundert.

Eine Person, die die Geister dazu bewegen kann, jemanden zu heilen, kann sie auch dazu

Grönländische Tupilaks *(oben, Mitte, unten). Figuren, die feindlichen Schamanen Schaden zufügen sollten.*

KLÄNGE ANKOMMENDER UND ABREISENDER SCHAMANEN

„Das Feuer war gelöscht, und es war dunkel und vollkommen still. Der Schamane saß in einer Ecke seines Birkenrinden-Zeltes, spielte leise auf der *Domra* (einer Art Balalaika) und sang lange, um seine Geister zu rufen. Plötzlich begann der Klang der *Domra* herumzuwirbeln. Zuerst hörte es sich an, als komme der Klang aus der Mitte des Zeltes, entspringe im Fußboden, dann tönte er vom Dach herunter, und schließlich schien es, daß sich der Klang entferne, völlig verstumme, dann wieder hörbar war, aber als käme er von weit her. Mein Nachbar flüsterte mir zu, daß der Schamane herumfliege, um seine Geister zu rufen.

Dann, plötzlich, schien in der Dunkelheit jemand davonzufliegen (wie sie mir später erklärten, war es der Schamane, der aus dem Zelt flog). Das Zelt begann sich mit einem faszinierenden Rascheln zu füllen, und plötzlich waren die verschiedensten Klänge von Tieren und Vögeln zu hören. Zuerst hörten wir den Ruf des Kuckucks: Kuckuck, kuckuck, klang es aus allen Ecken des Zeltes. Dann wurde aus dem sanften und feinen Lied des Kuckucks das Flügelschlagen einer riesigen Eule. Huh, huh, huh, huh! Dieses unheilverkündende Schreien füllte buchstäblich das ganze Zelt und hatte eine mächtige Wirkung auf die Stimmung des Publikums, besonders bei dieser Dunkelheit. Dann war der Schrei eines Wiedehopfs zu hören, und mein Nachbar flüsterte ängstlich: ‚Oh, meine Güte, ein Wiedehopf.‘

Plötzlich wurde dieses grausige Bild durch das fröhliche Geschrei aufgeschreckter Enten vertrieben. Die Stimmung des Publikums wechselte augenblicklich, es flüsterte glücklich und stieß Zeichen der Erleichterung aus. Dann hörte man das Keckern eines Eichhörnchens, das von Baum zu Baum zu springen schien. Das Publikum im Zelt war umgeben von einer Menge von Geistern in Gestalt von Tieren und Vögeln.

Jetzt war der Moment der Prophezeiung. Als das Eichhörnchen erschien, sagte jemand: ‚Eichhörnchen, ich erschieße dich – fall herunter!‘ Das Geräusch eines herabfallenden Eichhörnchens versprach eine gute Jagd. Wurde sein Gekecker hingegen lauter und sprang es mehr herum, war dies ein Zeichen für schlechten Jagderfolg.

Und plötzlich schien jemand von oben ins Zelt hineinzufliegen, und man hörte die *Domra* und den Gesang des Schamanen wieder. Dies bedeutete, daß er von seiner geheimnisvollen Reise zurückgekehrt war, und wieder schien die *Domra* aus verschiedenen Teilen des Zeltes – vom Dach, aus dem Boden, von rechts und links – zu klingen. Völlig unerwartet, unter der sanften Begleitung der *Domra*, erhob sich das wundervolle Lied eines Mädchens, das langsam aus der Ferne näherzukommen schien …“

Ein russischer Reisender namens Schatilov beschreibt eine Séance der Khant.

---

bewegen, ihn anzugreifen, und in vielen Traditionen gehen Heiler und Zauberer ineinander auf. Ein Eskimo-Schamane aus Alaska „ertränkte“ das steinerne Abbild seines Rivalen, und während der nächsten Walsaison wurde dieser Rivale von der Leine einer Harpune unter Wasser gezogen. Solche Schamanen pflegten die Knochen, die Haut und die Muskeln toter Tiere zu sammeln, ihnen Leben einzuhauchen und sie auf tödliche Missionen zu schicken. Diese Zauberei wurde *Tupitkaq* genannt, ein Wort, das auf den positiven Prozeß hinweist, die aus Walknochen erbauten Wohnstätten

Ein nepalesischer Schamane heilt mit Feuer, indem er den Patienten mit einem brennenden Busch schlägt.

während der Walsaison zum Leben zu erwecken, eine Aktion, die die Wale dazu brachte, sich jagen zu lassen.

Die Geschichte des Quesalid, eines Kwakiutl aus Kanada, enthüllt die Unsicherheit, die Schamanen ihren eigenen Tricks gegenüber spüren können. Quesalid war überzeugt, daß Schamanen hauptsächlich Betrüger waren, und wollte sie durch den ungewöhnlichen Weg, daß er bei ihnen in die Lehre ging, demaskieren. Und tatsächlich brachten sie ihm bei, sich zu verstellen, in Ohnmacht zu fallen, zu erbrechen und Kundschafter zu nutzen, um medizinische und persönliche Details über den Patienten zu erfahren. Auch brachten sie ihm bei, ein Federbüschel im Mund zu verstecken, am Körper des Patienten zu saugen, sich dabei auf die Zunge zu beißen, so daß sich das Büschel mit Blut vollsaugte. Darauf erbrach der Schamane das blutige Büschel und präsentierte es dem Patienten als Wurm, der seine Krankheit verursacht hatte.

Der schamanische Gauner überlebte in der Volkskultur als Harlekin.

Wie auch immer, bestimmte Ereignisse zwangen Quesalid, als Schamane zu praktizieren, und er war völlig entnervt, als er entdeckte, daß er erfolgreich war. Und obwohl er berühmt wurde, hielt er daran fest, ein Betrüger zu sein, der nur erfolgreich war, weil die Patienten an ihn glaubten. Immer wieder siegte er in Wettbewerben mit anderen Schamanen und heilte deren unheilbare Patienten. Seine Rivalen deckten ihre Tricks auf, wurden gedemütigt, verrückt und starben. Quesalid aber setzte seine Karriere als großer Schamane fort. Aber seine eigene Haltung hatte sich verändert. Er betrachtete die Schamanen, die die „Blutiges-Büschel-Technik" nicht anwendeten, als größere Scharlatane als sich selbst, da er dem Patienten etwas Greifbares lieferte, und sie nichts.

Schamanen können auf viele Arten eine äußere Demonstration ihrer inneren Kräfte geben. Hier demonstriert ein Huichol-Schamane aus Mexiko sein spirituelles Gleichgewicht, indem er von Fels zu Fels „fliegt".

Die mehrfache Natur der Schamanen

Schamanen sind zentrale Figuren innerhalb ihrer Gesellschaften, obwohl sie Außenseiter sind, die sich von anderen durch die außerordentliche Natur ihrer Erfahrung und Persönlichkeit unterscheiden. Aber selbst wenn Schamanen normale Jäger, Hausfrauen oder Bauern, also „dienstfrei" sind, behalten sie doch das Potential, andere Welten zu besuchen und sich in andere Wesen zu verwandeln. Ihre verschiedenen Identitäten treten sich während der Rituale oft als Paar gegenüber: der Schamane ist beides, Heiler und Zauberer, menschlich und göttlich, Mensch und Tier, männlich und weiblich, und die Verbindung dieser begrifflichen Paare weist auf den ganzheitlichen Charakter schamanischen Seins hin.

Der Schamane besitzt eine doppelte Natur, ist menschlich und göttlich, da er oder sie die Geister im eigenen Körper personifiziert. Dies unterscheidet ihn von einem Priester, für den Allah, Jehovah oder der Heilige Geist unfaßlich sind. Der Schamane wird zum Geist, wie eine besessene Person, hat jedoch völlige Kontrolle über die jeweilige Personifizierung.

Auf ähnliche Weise wird der Schamane Fisch, Vogel, Rentier oder Wal. Im Amazonas-Gebiet kann ein Schamane durch die Einnahme einer außerordentlich großen Dosis von *Viho* zum Jaguar werden. Stirbt er, kann der Schamane sich für immer in einen Ja-

Der Geweihhut eines sibirischen Schamanen, der getragen wurde, um mit den Kräften des Rotwildes zu wetteifern.

guar verwandeln. In ähnlicher Weise vermögen Schamanen zwischen sozialen Klassen und ethnischen Gruppen zu vermitteln.

Die sozial weniger hochgestellten Sora-Schamanen erhalten ihre Kräfte durch die Heirat mit Hindu-Geistern einer höheren Kaste, was ihnen erlaubt, die Spannungen in ihren Beziehungen zu ihren Nachbarvölkern zu erforschen und zu entwirren. Insbesondere in Lateinamerika scheint Schamanismus mit dem Trauma des Kolonialismus und den gewalttätigen Beziehungen zwischen Indianern und Weißen belastet zu sein.

Auf Grund der Dramatik seiner Vorstellungen hat der Schamane eine äußerst komplexe Persönlichkeit. Er leidet nicht unter einer Persönlichkeitsspaltung im Sinne einer psychischen Erkrankung. Ebenso wie er seine eigenen Geister personifiziert, personifiziert er die Götter, die Naturgeister, Wasserfälle und Ahnen der gesamten Gemeinschaft und drückt Angst und Schmerz sowie das Mitgefühl der Zuschauer aus. Der weitverbreitete Gebrauch von Masken, Verkleidungen und Tierkostümen unterstreicht, bis zu welchem Grad die dargestellte Person nicht die des Schamanen selbst ist. Eine Sora-Schamanin und ihr Lehrling können einstimmig ein Lied singen, das sowohl auf einen „Seiltanz" als auch auf den „vierfüßigen Affengang der Großmütter" anspielt. Die „Großmütter", auf die das Lied hinweist, sind Hilfsgeister, die vormals lebende Schamaninnen waren. Diese ehemaligen Schamanen werden zu Affen und helfen dem gegenwärtigen Schamanen auf dem schwierigen Weg in die Unterwelt.

Schamanische Gesellschaften kennen viele Elemente, die eine Person bilden und die nicht einfach mit den europäischen Komponenten Körper, Geist oder Seele gleichgesetzt werden können. Z. B. hat in der Mongolei jeder Körperteil seinen eigenen, geistigen Meister oder Besitzer. In modernen psychologischen Begriffen ausgedrückt, ähneln die geistigen Helfer des Schamanen dem Alter ego. Sie können daher als Aspekte des totalen Selbst interpretiert werden, die der persönlichen Geschichte und den Beziehungen mit anderen entstammen und als äußerlich erfahren werden.

Solche Schamanen schicken oft befreundete Geister, die an ihrer Stelle eine Arbeit verrichten, heilen oder zaubern sollen. Während die Seele der Sora-Schamanin in Trance in der Un-

Ein Vegetalista-*Schamane mit Ara-Hut, Schlangenhaut-Jacke, Schuppenhosen und Gürteltier-Füßen, die seine Fähigkeit repräsentieren, sich zwischen den Reichen der Luft, der Erde und des Wassers zu bewegen. Er steht auf einer Glaskugel, eingeschlossen von einem Glaszylinder. Das Loch im Boden zeigt die verschiedenen Schichten der Unterwasserwelt.*

Den kanadischen Inuit zufolge begegnen sich die Tierwesen (Menschen) in Harmonie, wenn mit der Welt alles in Ordnung ist. Zeichnung eines Schamanen vom Baker-See.

terwelt weilt, wird ihr Platz von der Stimme ihrer Lehrerin und Vorgängerin eingenommen, ausgestattet mit all der Autorität, die dies mit sich bringt.

Der Washo-Schamane Henry besuchte ein Gymnasium, das das Skelett eines Hindu besaß. Eines Tages „schlüpfte" dessen Geist in Henrys Körper und wurde darauf einer seiner wichtigsten Helfer und veränderte allmählich das Bild, das Henry von sich selbst hatte. Während er neben dem Patienten saß, erschien er sich selbst als Skelett, das mit einem Turban auf dem Kopf den Patienten umkreiste.

Die Kanu-Reise der Wana kann zwei verschiedene Formen annehmen, die zeigen, wie auswechselbar die Identität des Schamanen und seiner Hilfsgeister sein kann. In der einen Form berichtet der Schamane in Liedern von der Reise, es ist jedoch der Hilfsgeist, der das Boot lenkt, die Verhandlungen führt und die Seele zurückbringt. In der anderen Form führt er seine Hilfsgeister selbst auf dem Weg des Windes, eines Augenblinzelns oder eines Blitzes.

Ob wir die geistigen Helfer als äußerlich oder dem Schamanen innewohnend begreifen, hängt von unserer Einstellung zur Realität ab. In jedem Fall bedeuten diese Geister eine Vergrößerung der Persönlichkeit. Die Psychologie, die die Geister als Metapher für etwas dem menschlichen Geist Innewohnendes betrachtet, überspannt unsere Idee, daß sie die Person umgeben, während Schamanen und ihre Gesellschaften sie als vollkommen äußerlich begreifen.

Der sibirische Schamane ruft Geister aus allen Himmelsrichtungen mit dem Klang seiner Trommel herbei, die er dann dazu benutzt, sie einzusammeln. Die Geister stellen verstreute Aspekte des schamanischen Selbst dar oder vielmehr besondere Aspekte seiner wesentlich ausgeprägteren Persönlichkeit, die seine eigene Vergangenheit sowie die Vergangenheit aller anderen und deren Gefühle und Empfindungen umfaßt. Nicht immer scheint der Ausdruck „Herr der Geister" gerechtfertigt, da die Beziehung zwischen Geistern und Schamanen sehr unsicher sein kann und die Angst des Schamanen zu intensiv sein mag, um den Namen „Herr der Geister" zu rechtfertigen.

SCHAMANEN ALS TRANSVESTITEN

Transvestismus ist in vielen Teilen der Welt eng mit dem Schamanismus verbunden. Das Kostüm des männlichen sibirischen Schamanen enthält weibliche Symbole, und bei den Tschuktschen im Nordosten Sibiriens werden einige Schamanen ihren weiblichen Geistern ähnlich, kleiden sich wie Frauen und benutzen eine besondere Sprache, die nur von Frauen gesprochen wird. Dies kann als Eheschluß mit den Geistern betrachtet werden, zieht jedoch eine wesentlich stärkere Identifikation nach sich. In Alaska wollte der Eskimo-Schamane Asatchaq sein *Kikituk* zur Welt bringen. Während jemand trommelte, rieb er sich seinen Bauch, bis er anschwoll, zog seine Hose aus, kniete sich in die Geburtsposition und preßte das *Kikituk* heraus.

Der Berdache *We-Wha steht zwischen den Männern und den Frauen.*

Bei den nordamerikanischen Indianern gibt es eine starke Tradition männlichen Transvestismus, *Berdache* genannt. Bei den Navajo ist das Wort dafür *Nadle*, was bedeutet, „jemand, der umgewandelt ist". Wenn *Berdachen* Schamanen werden, werden sie für außerordentlich mächtig gehalten. Die Mohave glaubten, daß weibliche Schamanen mächtiger seien als männliche, *Berdachen* jedoch mächtiger als alle. Bei den Navajo hatte der *Berdache* besondere Lieder, um Krankheiten zu heilen und Geburtshilfe zu leisten. Lakota und Cheyenne hatten ähnliche Vorstellungen. Wissen und Bewußtsein der *Berdachen* hatten bedeutenden Einfluß auf die Homosexuellen-Bewegung in den USA.

Tod eines Schamanen

In vielen Teilen der Welt stirbt der Schamane während der Initiation symbolisch, gefolgt von einer Wiedergeburt. Der Jakuten-Schamane kann dreimal sterben und wiedergeboren werden. Ein Schamane namens Kein-Kiefer wurde in Teile zerschnitten, in alle Winde zerstreut und anschließend von seinen Geistern ins Leben zurückgebracht. Dies geschah zweimal. Beim dritten Mal versuchte er wegzulaufen, verhedderte sich aber in einer Baumwurzel. Sein Feind zerstückelte ihn nicht nur, sondern warf auch seinen Kieferknochen ins Feuer. Der Schamane kehrte ins Leben zurück und bekam den Namen Kein-Kiefer. Möglicherweise stirbt der Schamane auf ganz normale Weise, doch ist er nicht einfach ein Individuum. Er oder sie ist Träger derjenigen Kräfte, die der Welt erhalten bleiben müssen. Der Schamane erhielt diese Kräfte von seinem Vorgänger und muß sie an seinen Nachfolger weitergeben, was nur geschehen kann, wenn ein jüngerer bereit ist, sie zu empfangen. Wenn eine Sora-Schamanin vor ihrem Tod keine Nachfolgerin finden kann, wird sie Jahre nach ihrem Tod ein kleines Mädchen aussuchen und es in seinen

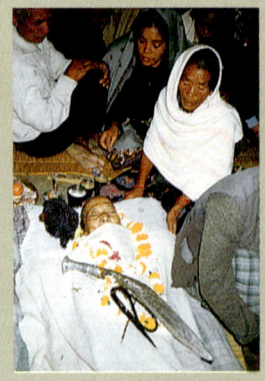

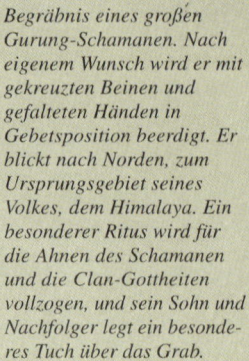

Begräbnis eines großen Gurung-Schamanen. Nach eigenem Wunsch wird er mit gekreuzten Beinen und gefalteten Händen in Gebetsposition beerdigt. Er blickt nach Norden, zum Ursprungsgebiet seines Volkes, dem Himalaya. Ein besonderer Ritus wird für die Ahnen des Schamanen und die Clan-Gottheiten vollzogen, und sein Sohn und Nachfolger legt ein besonderes Tuch über das Grab.

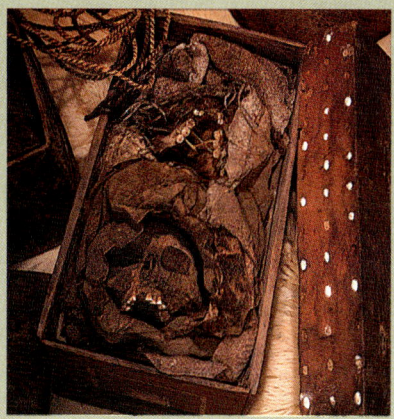

Sarg eines amerikanischen Tlingit aus Zedernholz mit seinen Knochen und den Werkzeugen seiner Zunft.

Träumen belehren. Die Aufgabe, einen passenden Nachfolger zu finden, kann sehr schwierig sein, und die Geister eines toten Schamanen können sich verheerend auf die ganze Gemeinschaft auswirken.

In einem Dorf in Sibirien starb der letzte Schamane im Jahr 1992. Während seiner letzten Lebensjahre hörte zwar die Verfolgung durch den Kommunismus auf, dennoch konnte er keinen seiner Nachkommen bewegen, sein Amt zu übernehmen. Mit seinem Tod starb die ganze Tradition aus.

Ebenso wie seine Macht fortbesteht, kann der Schamane zum Schutzgeist eines Teiles der Landschaft werden. Bei den Schwarzhut-Mongolen wurde der Schamane aus seiner Jurte getragen und an seinen Lieblingsplatz gelegt. Man ließ ihn auf einer Trage am Boden liegen, und es war 49 Tage lang verboten, diesen Platz zu besuchen. Nach drei Jahren verwandelte er sich von einem gefährlichen in einen hilfreichen Geist. Dann stellte ein anderer Schamane dort einen Opfertisch auf und verhielt sich wie der tote Schamane, um diesen zu

ermutigen, ihm zu folgen. War er sicher, daß dies geschehen war, führte der lebende Schamane den Geist in eine Puppe, *ongon* genannt, die als Beschützer in einen Schrein gehängt wurde.

War der Schamane gefürchtet, spiegelten die Begräbnisriten diese Furcht wider. Bei dem Begräbnis eines „gefährlichen schwarzen" Schamanen wurde die Haut seiner Trommel zerstört, da man annahm, daß er auf seiner Trommel durch die Luft ritt und ihn dies bewegungsunfähig machte. Als der Jakuten-Schamane Kein-Kiefer im Sterben lag, sollte sein Sohn ihn auf einem Schlitten an eine bestimmte Stelle am Fluß ziehen. Als sie sich dieser Stelle näherten, verschwand er plötzlich und wurde nicht mehr gesehen.

Grabhügel eines nepalesischen Schamanen, neben dem der Körper sitzt und sich am Lebensbaum festhält (s. S. 62), in dem seine Werkzeuge hängen. Seine Trommel wurde aufgeschlitzt und zum Schweigen gebracht.

Schamanen und Klienten

Die Erfahrung des Schamanen ist nicht nur eine persönliche Entdeckungsreise, sondern auch Dienst an der Gemeinschaft. Durch die Prüfungen der Initiation wird der Schamane befähigt, sich in die Leiden und Wünsche anderer einzufühlen. Schamanentum ist möglicherweise die älteste Profession, die die in Industriegesellschaften getrennten Rollen von Arzt, Psychotherapeut, Kämpfer, Wahrsager, Priester und Politiker abdeckt.

Bei den Sora Indiens kann der Geist eines toten Jungen vom Schamanen Besitz ergreifen und durch seinen Mund zu seiner Mutter und seinen Verwandten sprechen. Vom Resultat dieser Konversation hängt nicht nur die Bewältigung der Trauerarbeit der Mutter ab, sondern auch die Erbschaftsangelegenheiten. Der Schamane fungiert also nicht nur als Therapeut, sondern auch als Anwalt und erfüllt beide Rollen in einer Art Psychodrama.

Fotografie einer Sora-Gruppe. Die alte Frau in der Mitte ist eine Schamanin. Der Geist eines toten Knaben hat von ihr Besitz ergriffen und spricht mit seiner Mutter, links neben der Schamanin. Die Mutter zeigt dem Geist den silbernen Halsschmuck und den rotgefransten Lendenschurz des toten Knaben.

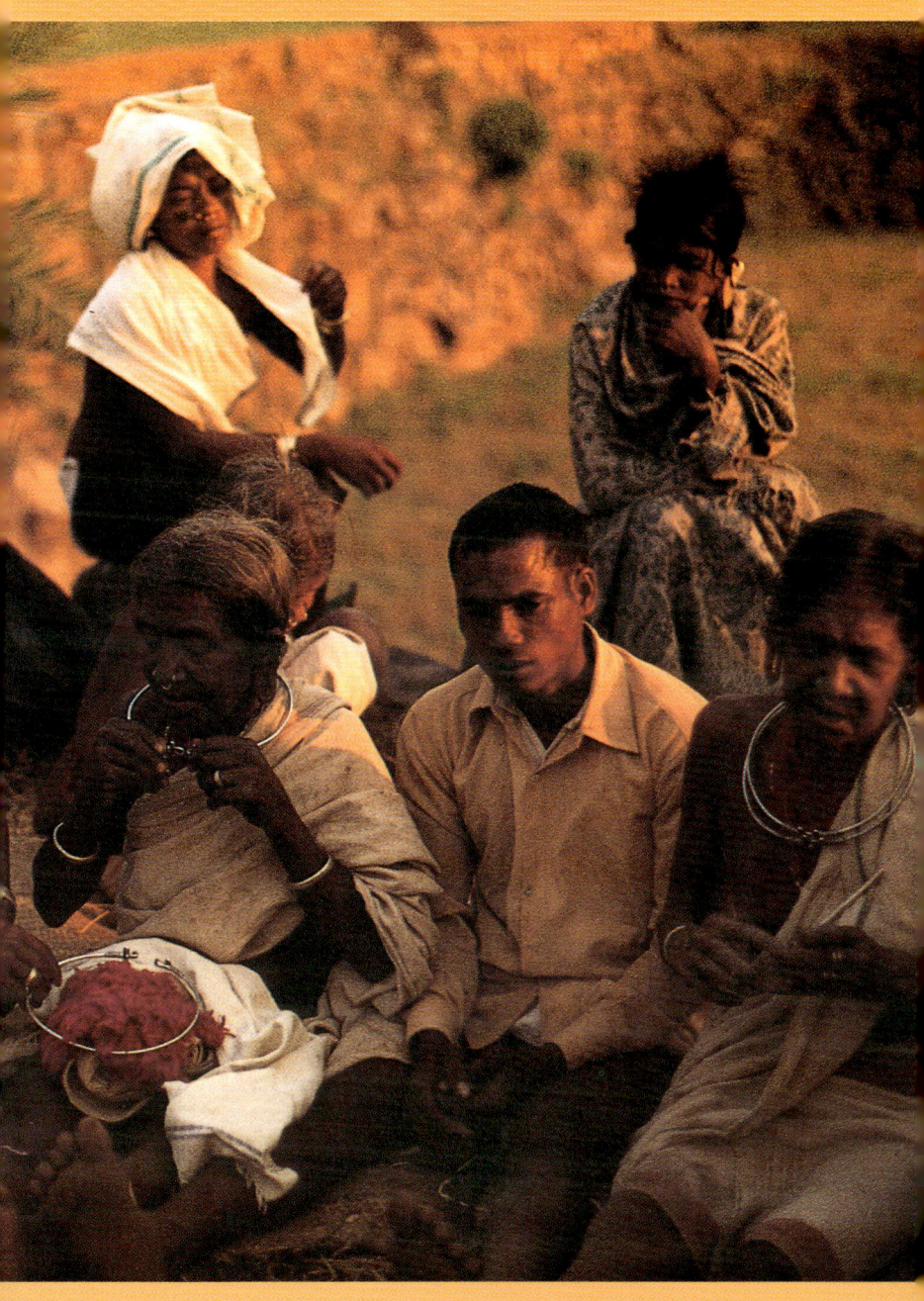

Krankenheilung und Seelenrettung

Der Seelenfänger eines Tlingit-Schamanen, der die wandernde Seele seines Patienten zurückbringt.

In der schamanischen Weltsicht hat Krankheit nur eine beschränkte Anzahl von Ursachen. Eine oder mehrere Seelen einer Person können verlorengehen, und in diesem Fall muß der Schamane zu den Reichen der Geister reisen und sie zurückbringen. In anderen Fällen können sich fremde Objekte, wie haari-

ge Raupen oder Knochensplitter, im Körper des Leidenden befinden. Diese können von Geistern oder, wie bei den magischen Pfeilen, von Zauberern stammen. In diesem Fall enthält der Körper des Patienten etwas, das der Schamane entfernen muß. Zwar wird unter diesen Umständen möglicherwei-

Das Gesicht eines nepalesischen Schamanen, vor Anstrengung und Konzentration verzerrt, während er die Trommel schlägt, um die Seele eines schwerkranken Kindes zu retten. „Mein Patient hat gehungert, mein Patient hat gedürstet. Willst du ihn sterben lassen? Dann bring seine Seele zurück.“

ORPHEUS UND EURYDIKE

Der griechische Musiker Orpheus, dessen Harfenspiel so vorzüglich war, daß ihm selbst die Bäume folgten, stieg in die Unterwelt hinab, um seine Geliebte Eurydike zurückzuholen, die an einem Schlangenbiß gestorben war. Er benutzte seine Musik dazu, den Fährmann Charon, den dreiköpfigen Höllenhund Cerberus und die drei Richter des Todes zu entzücken. Er entzückte auch Hades, den Herrscher der Unterwelt, so daß dieser Eurydike freigab, jedoch nur unter der Bedingung, daß Orpheus sich auf dem Weg an die Oberfläche nicht nach ihr umdrehen dürfe. Eurydike folgte ihm durch die Dunkelheit, geführt von seiner Musik. Im letzten Moment, kurz bevor sie das Sonnenlicht erreichten, wurde er so sehr von seiner Liebe übermannt, daß er nicht widerstehen konnte zurückzublicken. In diesem Augenblick verschwand Eurydike für immer.

---

se Trance benutzt, jedoch sind Seelenreisen unüblich, da das Problem nicht im Reich der Geister, sondern in der physikalischen Welt liegt.

Wenn ein lebender Feind die Ursache der Krankheit ist, wird der Schamane versuchen, diesen durch Zauberei zu verletzen, um den Patienten zu stärken. Besessenheit und Exorzismus, bei denen ein Geist den Körper des Opfers kontrolliert, sind gewöhnlich nicht Bestandteil schamanischer Heilung.

Krankheit kann auch durch das Brechen von Tabus verursacht werden, von denen angenommen wird, daß sie die Grundlagen der Moral und Lebensqualität bilden. Solche Handlungen schwächen den Patienten durch das Abziehen der Lebenskräfte. Dieses Unglück sucht manchmal ganze Gemeinschaften heim und führt zu Katastrophen wie Mißernten oder dem Fehlen von jagdbarem Wild. In diesen Fällen beinhaltet die Therapie das Bekenntnis der Missetaten.

Die schamanische Wahrnehmung von Wohlbefinden umfaßt nicht nur physische Gesundheit im medizinischen Sinn, noch beschränkt es sich auf mentale Gesundheit in psychiatrischem Sinn. Es beinhaltet gute Ernährung, Freundschaft, Wohlstand, erfolgreiche Geschäfte und Kriegsglück. All diese Dinge fußen auf der Idee der Balance und dem Gleichgewicht innerhalb der

Umwelt und der Idee von Geben und
Nehmen.

Wann immer eine Seele verlorengeht,
verhält sie sich auf eine Art, die an Tiere erinnert. Sie mag nicht mehr im Ein-
klang mit sich selbst stehen, fortgelockt
oder gefangen worden sein. Wenn sie
von Geistern entführt worden ist, wurde
sie vielleicht in andere Reiche gebracht.
Ist die Seele das Opfer einer gewaltsamen Entführung, muß der Entführer bekämpft oder überlistet werden. Manchmal aber ist es die gefangene Seele
selbst, die getäuscht werden muß, um
zurückgebracht werden zu können. Eine
Wanafrau erzählte, wie die Hilfsgeister
des Schamanen als sie einmal krank
war, ihre Seele entdeckten. Die Seele
wurde vom Klang ihrer Trommelschlä-
ge attackiert, entwischte ihnen aber. Die
Patientin war eine berühmte Tänzerin,
und die Hilfsgeister ermunterten ihre
Seele zu tanzen, um ihre Geschicklich-

*Ein Jaguar-Schamane untersucht seinen
Patienten, bevor er in Trance fällt.*

keit zu beweisen. Schritt für Schritt
konnten sie die Seele für sich gewinnen.
Letztlich wurde sie „zahm" und erlaubte, daß man sie zu ihrer Besitzerin
zurückbrachte.

Manchmal hat die Seele auf Grund
einer erotischen Anziehung eine Abnei-
gung dagegen, zurückgebracht zu werden. Die *Vegetalistas* behaupten, daß
die Wasser-Menschen am Grund des
Amazonas in einer wunderbaren Welt
leben, wo sie Alligatoren als Kanus,
Schildkröten als Sitzgelegenheiten und
Delphine als Polizisten benutzen. Es

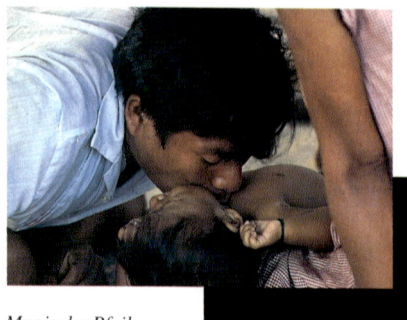

*Magische Pfeile
gelten im Amazo-
nas-Gebiet als
Krankheitserreger
(rechts) und
müssen vom Scha-
manen entfernt
werden. Die
normale Technik
ist, sie direkt aus
dem Körper zu
saugen (oben).*

DIE FLUCHT VOR DEN RABENKÖPFIGEN MENSCHEN IM HIMMEL

Die Vorstellung einer Öffnung im Himmel war in Sibirien weit verbreitet, und der Schamane mußte diesen Weg nehmen, um zum Reich der Geister zu gelangen. Die Tschuktschen und Ewenken lokalisierten dieses Loch beim Polarstern. Schaut man durch dieses Loch hinunter, kann man die Siedlungen der Erdenbewohner beobachten. Den Jakuten zufolge scheinen in der Oberwelt eine eigene Sonne und ein eigener Mond, und die Häuser und Ställe waren aus Eisen. Die Bewohner des Himmels hatten Rabenköpfe und Menschenkörper. Einmal sagte ein älterer Himmelsbewohner zu seinem Sohn: Gehe zur Mittelwelt und hole dir eine Frau. Der rabenköpfige Sohn ging und kam mit einer Frau zurück, die er an ihren Haaren heraufzog. Alle waren zufrieden und feierten, während die Frau in einem eisernen Stall eingeschlossen wurde. Dann hörten sie den Klang einer Schamanentrommel, gefolgt von Gesang. Der Klang wurde lauter, und ein Kopf erschien in der Öffnung des Himmels. Es war der Schamane, der die Seele der Frau zurückholen wollte, die auf der Erde krank geworden war. Er hielt sich seinen Trommelstock an die Stirn und verwandelte sich darauf sofort in einen Bullen mit nur einem Horn in der Mitte seiner Stirn. Mit einem Stoß öffnete er die Tür des Stalles und kehrte mit der Seele der Frau zurück. Nicht immer war der Schamane erfolgreich. Bei einer anderen Gelegenheit zündeten die Geister der Oberwelt ein Feuer in der Nähe der Öffnung an, und als der Schamane erschien, schlugen sie ihn mit brennenden Scheiten und trieben ihn auf die Erde zurück.

SCHAMANEN UND ANDERE HEILER IN SIBIRIEN

Bei den Ewen in Sibirien wurde der Schamane nur auf die Reise geschickt, wenn alle anderen Methoden und Formen der Volksmedizin versucht worden waren. Die Funktion des Arztes wurde von verschiedenen Heilern und Familienmitgliedern wahrgenommen, und bei jeder Behandlung war es üblich, eine Vielzahl von Medizinen pflanzlichen oder tierischen Ursprungs zu benutzen. Das Geweih eines jungen Rentiers war ein generelles Stärkungsmittel, und das Blut einer jungen Geweihsprosse, die das erste Mal beschnitten wurde, hielt man für besonders wertvoll. Andere populäre Medizinen waren eine Art Farn, Oir genannt, Ginseng und bestimmte Knospen, die schmerzstillende Wirkung hatten. Gegen Leber- und Magenerkrankungen, Gelb-

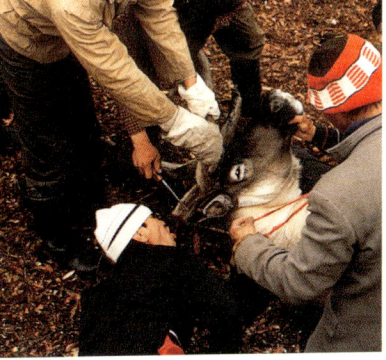

Tungusische Rentierhirten trinken das frische Blut aus der Geweihsprosse eines jungen Rentiers.

sucht, Ruhr, Rheumatismus, Abszesse und Geschwüre benutzten die Heiler Bärengalle und Moschus, ein Magensekret des männlichen Moschustieres. Die Dienste des Schamanen wurden nur als letzter Ausweg in Anspruch genommen. Schamanen waren und sind nicht die einzigen Heiler in der Gemeinschaft. Sie arbeiten gemeinsam mit Kräuterkundigen, Hebammen und Knocheneinrichtern. Auch kann es unter den Schamanen selbst eine Hierarchie geben. Bei den Jakuten hatten die „weißen" Schamanen nur mit den günstigen Göttern des Himmels zu tun, während die „schwarzen Schamanen" mit den Dämonen der Unterwelt verhandelten. Die weißen Schamanen beteten, anstatt in Trance zu fallen, und töteten keine Opfertiere, sondern weihten sie während bestimmter Feste.

Die Rettung der Seele kann nach dem Tod fortgesetzt werden. Ein Sora-Schamane benutzt einen Flaschenkürbis, um Wasser auf die glühende Asche des Begräbnis-Scheiterhaufens zu gießen. Ist die Seele der verstorbenen Person abgekühlt, kann man sie einfangen, damit sie durch den Mund des Schamanen zu den Trauernden spricht.

mane drückt dem Mann ein Kreuz auf die Brust, und nach und nach gewinnt er sein Bewußtsein wieder. Der Patient wird mit einer Reihe von Pflanzen und Liedern behandelt, die seine Seele ans Land fesseln, und obwohl er sich an nichts, was ihm dort unten zugestoßen ist, erinnern kann, darf er niemals mehr fischen gehen.

Die *Vegetalistas* behandeln Krankheiten, die durch magische Pfeile, *Virote* genannt, verursacht werden. Sie befinden sich in einer besonderen Art von Phlegma (Schleim), das der Schamane oder Zauberer hochwürgen kann und welches auch das Wesen seiner Kraft

gibt dort Meerjungfrauen, die die Fischer verführen. Wenn diese Fischer der Verführung unterliegen, müssen sie schnell zurückgebracht werden, da sie sonst beginnen, sich in Wasser-Menschen zu verwandeln. Der Schamane schluckt ein vorbereitetes Halluzinogen und singt das *icaro* (s. S. 78–79) eines Insekts. Um das Gelände erkunden zu können, verwandelt sich der Schamane in dieses Insekt, steigt ins Wasser und findet das Opfer in der Umarmung der Meerjungfrau. Der Schamane kehrt an Land zurück, trifft dort einen Kollegen. Beide nehmen ein Halluzinogen und steigen gemeinsam ins Wasser. Während der Kollege die Nixe mit einem speziellen *icaro* ablenkt, bringt der erste Schamane den Fischer an Land. Der gerettete Mann schreit und möchte ins Wasser zurückkehren, aber der Scha-

Die meisten San-Buschmänner können den Zustand heilender Trance erreichen, doch nur wenige eine Trance, um in den Himmel zu reisen.

DIE FRAU, DIE VON EINEM AFFEN-INKUBUS VERFÜHRT WURDE

Bei den Iban Borneos werden viele Krankheiten einem Inkubus zugeschrieben, der die Seele des Patienten ent- oder verführt. Inkuben sind Tiere, die menschliche Gestalt annehmen und ihre Opfer bezaubern (vorzugsweise verheiratete Frauen mit einer Vorliebe für Liebeslieder). Eine kranke Frau namens Rabai träumte, daß sie Sex mit ihrem Mann hatte; als sie aber im fahlen Licht der Dämmerung erwachte, hörte sie, wie die Tür sich öffnete, und bemerkte, daß ihr Ehemann neben ihr schlief. Sie war von einem Inkubus besucht worden, der die Gestalt ihres Gatten angenommen hatte. Ihr empörter Gatte schickte nach einem speziellen Schamanen, der die Macht hatte, böse Geister zu rufen und sie in einen Kampf auf Leben und Tod zu verwickeln. Nach langwierigen Vorbereitungen stellte der Schamane eine Falle im Inneren des Hauses auf. Durch eine Öffnung in der rückwärtigen Hauswand hängte er einen Köder aus Eiern und Reis. Dann wartete er, versteckt hinter einem Vorhang, umklammerte seinen Speer und sang mit der Stimme der Frau ein Lied, in dem sie sich nach ihrem dämonischen Liebhaber sehnte:

Rufend und weinend wie ein klagender Vogel
Mit der beharrlichen, verführerischen
Stimme einer Liebenden
Rufen dich diese sanften Hügel,
dir süßen, frisch gekochten Reis anzubieten.

Du Herzallerliebster, den ganzen Tag
fleht sie dich an, zu kommen, Oh Pati Merigi,

dir süß schmeckende Leckerbissen anzubieten
und flüstert ihre Sehnsüchte in dein wartendes Ohr.

Dann hörte man ein schwaches Knacken durch den Vorhang. Der Inkubus war gekommen, und das Lied des Schamanen veränderte sich so, als säße die Kreatur essend vor ihm. Der Schamane lehnte sich, soweit er das Publikum ihn sehen konnte, mit äußerster Vorsicht vor den Vorhang, um den Inkubus nicht zu stören. Seine Stimme blieb sanft und einschmeichelnd, doch seine Bewegungen waren die eines Jägers auf der Jagd. Für einen kurzen Augenblick kehrte er hinter den Vorhang zurück, dann hörte man plötzlich den gequälten Schrei eines Affen. Das Publikum drängte hinter den Vorhang und fand den Raum verwüstet vor. Das Essen lag verstreut herum, und eine Blutspur führte zum Fenster, dessen Läden halb herausgerissen waren. Auch schien der Affe in seiner Panik uriniert zu haben. Er war tödlich getroffen worden und zum Sterben in den Dschungel zurückgekrochen. In der Mitte des Raumes stand der keuchende Schamane mit seinem Speer, an dem Blut und Haare klebten.

In den folgenden vier Nächten wurden weitere Inkuben, die Frauen belästigt hatten, getötet. Ein anwesender Anthropologe nahm Haar- und Blutproben dieser Gemetzel und schickte sie zur Analyse. Er erhielt die folgende Antwort: „24. Januar 1951. Einige Haare und Blutflecken auf Glasscherben wurden von Dr. Wallace untersucht. Die Untersuchung ergab, daß das Haar Affenhaar und das Blut Affenblut ist. Die Proben werden an Sie zurückgesendet."

---

enthält (s. S. 24). *Virote* sind Pfeile oder Knochensplitter, die der Schamane aus seinem Mund heraus in seine Opfer schießen kann.

Ein katholischer Prediger, der von solchen Pfeilen durchbohrt worden war, suchte monatelang nach Heilung, ehe er zu einem *Vegetalista* namens Don Emilio kam, der ihn erfolgreich behandelte. Nachdem die beiden die Umstände besprochen und Don Emilio den Puls des Predigers gefühlt hatte, rieb er Kamp-

fer, blies Tabakrauch auf die in Mitleidenschaft gezogenen Bereiche und tastete nach den Pfeilen. Er stellte eine Mixtur aus drei Pflanzen her, „die einander gut kannten", und begann dann das magische Phlegma aus seinem Magen hochzuwürgen. Nachdem das Phlegma in seinem Mund war, saugte er etwa eine Stunde an der Stelle, an der der Pfeil steckte, und spuckte die Splitter, die er heraussaugte, in die Richtung, aus der der Pfeil gekommen war.

Wahrsagen

Eine nepalesische Wahrsage-prozedur, bei der die Trommel befragt wird.

Wahrsagen ist ein Mittel, Informationen zu enthüllen, die auf normale Weise und mit normalem Bewußtseinszustand nicht erreichbar wären. Obwohl Schamanen im allgemeinen Wahrsager sind, erfordert die Wahrsagekunst nicht notwendig schamanische Kräfte. Viele Gesellschaften haben Wahrsager, jedoch keine Schamanen. Dies können einfach erfahrene Laien sein, die, wie etwa im Westen, aus Kristallkugeln oder dem Kaffeesatz lesen. Bei den Ewen Sibiriens achtet jeder auf das Verhalten der Tiere, bevor er eine Reise unternimmt, und sie wird abgebrochen, falls sich irgendwelche negativen Zeichen zeigen. In ähnlicher Weise betrachten sie oft ihre Träume als prophetisch oder hören aus dem Knacken des Feuers heraus, was der nächste Tag bringen wird. Es scheint, daß, nachdem der sowjetische Staat seine Schamanen eliminiert hatte, die Wahrsagekunst zunahm, um dieses Vakuum zu füllen.

Der Prozeß des Wahrsagens kann auch integraler Bestandteil einer See-lenrettung oder Seelenreise sein. Im Norden Südamerikas macht sich der Schamane auf, nach Hinweisen seiner Hilfsgeister auf das Heilverfahren für seinen Patienten zu suchen. Der Paviotoso-Schamane unternimmt seine Reise, um nach einer Diagnose zu suchen, und interpretiert den Fall nach den Bildern, die er gesehen hat. Sah er den Patienten inmitten blühender Blumen, war die Prognose gut, sah er ihn inmitten welkender Blumen, war der Tod unausweichlich. Sah

Knochen werden zum Wahrsagen von so verschiedenen Völkern wie mongolischen Nomaden (unten) und den Batak Sumatras (rechts unten) verwendet.

er, daß die Krankheit durch ein eingedrungenes Objekt ausgelöst worden war, begann er sofort, es herauszusaugen.

Sowohl die Träume des Patienten als auch die des Schamanen haben häufig prophetischen Charakter. Wenn ein Jakuten-Schamane träumte, daß er Sex mit einer geistigen Liebhaberin hatte, wußte er, wenn er erwachte, daß er an diesem Tag einen Fall haben und auch erfolgreich sein würde. Träumte er von einem blutüberströmten Geist, der die

Ein taiwanesischer Schamane bei der Vorbereitung einer Wahrsagezeremonie.

Seele des Patienten schluckte, wußte er, daß der Patient verloren war, und lehnte an diesem Tag jeden Auftrag ab.

Wahrsagen wird aber nicht nur dazu benutzt, zu heilen oder die Zukunft vorauszusagen, sondern auch, um herauszufinden, was irgendwo anders in der Gegenwart vorgeht. Da es sicher zu sein scheint, daß Wahrsager äußerst sensitiv sein müssen, um Hinweise über die Umgebung und das Verhalten der Menschen geben zu können, benutzen auch Schamanen Techniken wie das Befragen der Geister. Dyukhade wurde beauftragt, einen Mann wiederzufinden, der in einem Blizzard verschwunden war. „Die Grashalme und die Büsche um mein Zelt herum wußten nichts", erklärte er später. „Zum Schluß fragte ich den Geist eines Flusses, und am dritten Tag zeigte er mir den Mann, und ich fand ihn, völlig von Eis bedeckt, aber lebendig."

ASATCHAQ FLIEGT VON ALASKA NACH SIBIRIEN

Ein junger alaskischer Eskimo war lange unterwegs, um in Sibirien Handel zu treiben. Sein Vater machte sich Sorgen und bat den Dorf-Schamanen um Hilfe. Zuerst ließ der Schamane eine bunte Perle über jene Gegend fliegen, in der der junge Mann zuletzt gewesen sein sollte. Die Perle kehrte zurück und berichtete dem Schamanen, daß sie rote Flecken, wie von Blut, gesehen hätte und daß der junge Mann daher wohl tot sein müsse. Ein zweiter Schamane stellte durch Hellsehen dasselbe fest. Ein dritter, sehr mächtiger Schamane namens Asatchaq aus einem anderen Dorf entschloß sich, selbst zu fliegen.

In dieser Nacht waren seine Hände auf seinem Rücken gebunden, und aus den Achselhöhlen wuchsen ihm Flügel. Als die Lampen gelöscht wurden, flog er durch die Abzugsöffnung hinaus in Richtung Sibirien. Während seines Fluges kam er an der sibirischen Küste an einer Gruppe von Zelten vorüber. Dort sah er einen anderen Schamanen, der ebenfalls die Hände auf dem Rücken gebunden hatte. Asatchaq versuchte ihn nach Informationen über den Vermißten zu fragen, doch seine Worte verwandelten sich in Flammen, und der andere Schamane floh. Eine Weile kreisten die beiden über dem Dorf, doch Asatchaq fürchtete einen Gegenangriff und flog schnell weiter zu dem Camp, in dem der junge Mann verschwunden war. Er blickte durch die Öffnung im Dach eines Zeltes und sah dort den jungen Mann liegen. Er steckte den Kopf so weit durch die Öffnung, daß der Mann ihn erkennen konnte. Als er wieder zu sich kam, sagte er: „Deine Schamanen haben dich zum Narren gehalten. Ich habe deinen Sohn in einem Zelt liegen gesehen und ihm mein Gesicht gezeigt." Und tatsächlich kehrte der Sohn am nächsten Tag zurück und sagte zu Asatchaq: „Letzte Nacht konnte ich nicht schlafen, und als ich aufblickte, hatte ich eine Vision – ich sah dein Gesicht in der Dachöffnung des Zeltes."

Jagderfolg

In Jagdgesellschaften ist das Fangen und Töten von Wild von so grundlegender Bedeutung, daß sogar behauptet wurde, es könne älter sein und eine wesentlich fundamentalere Funktion besitzen als das Heilen. Die Bewegungen der Tiere zu beobachten kann dieselbe Art von Ortsbestimmungstechnik einschließen, wie sie von dem Eskimo-Schamanen Asatchaq benutzt wurde, um einen Vermißten wiederzufinden (s. S. 105).

Diese Praktiken scheinen besonders in nördlichen und arktischen Gegenden üblich, wo Tiere in der Regel die einzige Nahrungsquelle darstellen. Einige schamanische Völker der Tropen, für die die Jagd ebenfalls wichtig ist, benutzen praktisch keine Jagdmagie, sondern verlassen sich auf ihr Wissen über das Verhalten der Tiere. Andere wiederum, wie die Völker des Amazonas, haben hochentwickel-

Ein Inuit-Lockhelm in der Form eines Seehundes.

te Vorstellungen über Schamanentum und Tiergeister.

Ein Schamane kann in der Lage sein, Wild aufzuspüren oder anzulocken, da er oder sie tatsächlich schon einmal selbst ein jagdbares Wild gewesen ist. Während ein Eskimo-Mann an der Küste Alaskas entlangwanderte, wurde seine Seele von einem Haufen von Geistern entführt und ins Land der Wale gebracht. Den ganzen Winter über lag sein Körper bewußtlos in seinem Haus. Im Frühling kehrte seine Seele in Gestalt eines Wales zurück und erlaubte seinen Verwandten, sie zu harpunieren.

Er kehrte nach Hause zurück und erlangte sein Bewußtsein wieder. Diese Erfahrung war seine Initiation zum Schamanen. Er wurde nicht nur ein Meister darin, Wale zu rufen, sondern auch darin, sie von feindlichen Dörfern fernzuhalten und diese dadurch auszuhungern.

Für die meisten dieser Völker war die Fruchtbarkeit der Menschen und Tiere eng miteinander verbunden. Diese Verbindung kann als analog betrachtet werden, was impliziert, daß Fruchtbarkeit im Prinzip etwas Grenzüberschreitendes ist oder, in Fällen der Wiedergeburt der Seele, daß der Vorrat an Lebenskraft endlich ist. Schritte in die erste Richtung zeigen sich in Teilen Sibiriens, wo die Vervielfältigung jagdbaren Wildes durch Tänze und mimische Darstellungen, welche die Brunft

Steine aus der Prärie, um die Büffel zu rufen.

Ein kanadischer Inukshuk – Steine, in menschlicher Gestalt aufgeschlichtet, um die Bewegungen der Karibus zu kontrollieren.

die Beine derjenigen zu schlagen, die in ihren Bemühungen nachließen. Die Betonung lag sowohl auf der Potenz (Kraft) der Gemeinschaft als auch auf der der Tiere, von der diese Gemeinschaft abhing. Die Handlungen des Schamanen und der Jäger sollten die Geister erfreuen und dazu ermuntern, es ihnen gleichzutun.

Was den zweiten Fall, die Begrenztheit der Lebenskraft (der Ressourcen), betrifft, kann es sein, daß, wie bei den Eskimo, die bestimmte Organe der erlegten Beute zurückgeben, dadurch die Seele innerhalb der gleichen Spezies wiedergeboren wird. Andererseits muß bei den Desana des Amazonas das Wild um den Preis eines menschlichen Lebens erkauft werden. Der Schamane inhaliert ein Halluzinogen einer Schnupfdroge und besucht die weit entfernten Hügel des Vai-Mashe, dem Besitzer der Tiere. Dort hängen die Tiere in Trauben vom Dachbalken herab, der in der Vorstellung das Aussehen einer Tiergebärmutter hat. Der Schamane handelt um eine abgemachte Anzahl von Tieren für die Jagdsaison, entsprechend der Aufträge, die ihm die Jäger seines Dorfes gegeben haben, verspricht dafür aber eine bestimmte Anzahl menschlicher Seelen, die dafür sterben müssen. Während der Schamane durch das Haus geht, rüttelt er die

und Paarung repräsentierten, unterstützt wurde. Auf Veranlassung des Schamanen wurde ein Ritual, „Erneuerung des Lebens" genannt, vollzogen. Alle Tänze, ob gemischt oder nur von Männern getanzt, hatten eine ausdrücklich sexuelle Bedeutung, da *Ein Karibu* sie das Brunftverhalten *oder Rentier.* des männlichen Elchs oder Karibus zu imitieren suchten. Während des gesamten Rituals schlug der Schamane die Trommel und benutzte seinen Trommelstock dazu, auf

Frauen in Grönland geben dem Meer die Nieren eines erlegten Seehundes zurück. Dieses Ritual wird sehr still vollzogen. Während die Frauen die Nieren ins Meer gleiten lassen, murmeln sie Danksagungen und Wünsche nach mehr Seehunden. In verschiedenen Regionen werden unterschiedliche Organe zuückgegeben – in Alaska z. B. die Harnblase.

Tiere wach, die dann in den Dschungel gehen. Der Preis eines Tieres wird nach diesem „Rütteln" kalkuliert, und weckt der Schamane mehr Tiere auf, als er bezahlt hat, muß er neu verhandeln und mehr Tote versprechen. Die Personen, die auf diese Art sterben müssen, verwandeln sich nicht in Kolibris, wie die normalen Toten, sondern ergänzen die Vorräte der Tiere Vai-Mahses, die er zur Jagd freigegeben hat.

Obwohl dieser Austausch von Seelen überlebenswichtig für die Gemeinschaft ist, verursacht er Angst, weil der Schamane die Seelen derer verhandeln könnte, die er nicht mag. Tatsächlich bietet er meist die Seelen anderer Stämme an. Manchmal werden Epidemien, die benachbarte Völker betreffen, solchen Verhandlungen zugeschrieben.

Die Rolle des Schamanen beim Jagderfolg ist offensichtlich. Einige Tierschützer haben Schwierigkeiten, die zentrale Rolle der Jagd bei Eingeborenen zu verstehen, und in einigen Eskimo-Gesellschaften hat die Anti-Jagd-Bewegung zu sozialem Desaster und ökonomischer Verarmung geführt.

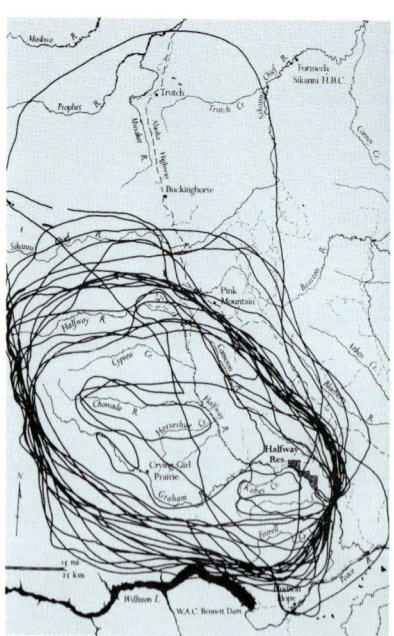

Diese Jagdrouten spiegeln eine Mischung aus schamanischem Glauben und lokalem Wissen. Der Wechsel der Routen trägt den verschiedenen Jagdsaisons Rechnung.

ASATCHAQ REIST ZUR WALJAGD AUF DEN MOND

Als Asatchaq zum Mond reiste, wurde sein Körper mit einer Steinaxt verankert, damit er nicht mit der Seele davonfliegen konnte. Als er den Iglu des Mondgeistes erreichte, sah er winzige Karibus um das Haus laufen. Es war üblich, bei Neumond um Karibus zu bitten, und der Mondgeist ließ dann diese kleinen Karibus auf die Erde fallen. Es gab auch einen riesigen Topf mit kleinen Walen auf dem Mond. Wollte ein Walfänger erfolgreich sein, mußte seine Frau einen Topf mit Wasser, das das Menstruationsblut einer mythischen Frau symbolisierte, hochhalten, und der Mondgeist ließ dann einen kleinen Wal hineinfallen. Tatsächlich besaßen die Frauen kleine Walfiguren in ihren Töpfen, von denen es hieß, daß sie innerhalb des Topfes trächtig würden, und die während der Jagdzeit äußerst sorgfältig behütet wurden.

Angehörige der Jaguar bieten Geistern der Tiere, die sie jagen wollen, Maniok-Bier an, um sie anzulocken.

DYUKHADE TRIFFT DIE GEBIETERIN-
NEN DER RENTIERE

Während der Initiation des sibirischen Schamanen Dyukhade führten ihn seine Hilfsgeister, eine Maus und ein Wiesel, auf einen
hohen Hügel. Dort entdeckte er einen
Eingang und ging hinein. Innen saßen zwei
Frauen, die mit Fell bedeckt waren und wie
Rentiere aussahen. Auf ihren Köpfen wuchsen Geweihe, und das Geweih der einen war
aus Eisen.

Diese Frauen waren die Gebieterinnen der
Rentiere. Jede gebar vor den Augen Dyukhades zwei Rentierkälber. Die erste ließ die
zwei Kälber frei und erklärte, daß dies seine
heiligen Opfertiere sein sollten. Das eine
sollte den Bedürfnissen der Ewenken, das
andere den der Nganasanen dienen. Auch die
zweite Rentierfrau ließ ihre Kälber laufen
und sagte, daß das eine ein wildes, das
andere ein domestiziertes Rentier sei.

Diese weiblichen Gottheiten erklärten
Dyukhade, daß die Fruchtbarkeit aller
Rentiere von diesen Kälbern abhänge. Sie
erlaubten ihm, jedem ein Haar auszureißen,
und sagten: „Stecke ein Haar in deine rechte,
das andere in deine linke Tasche und mache
dir daraus ein Schamanenkostüm für deine
Vorstellungen."

*Eine Vision, gemalt von einem Angehörigen des südlichen Barasana-Stammes, der zum Volk
der Tukano in Kolumbien gehört. Die Vision wurde durch die Einnahme einer halluzinogenen
Pflanze ausgelöst. Der untere Teil zeigt den ersten Tanz des Menschengeschlechts.
Sie tragen Kopfschmuck aus Ara-Federn und Körperbemalung. Die roten und blauen Tupfen
stellen Zeugungskraft dar. Das obere Band zeigt drei Gebieter der Tiere, die das
Tierreich in die Bewohner des Wassers (rechts) und die Bewohner der Erde (links) unterteilen.
Unmittelbar über den Tieren ist die Milchstraße zu sehen.*

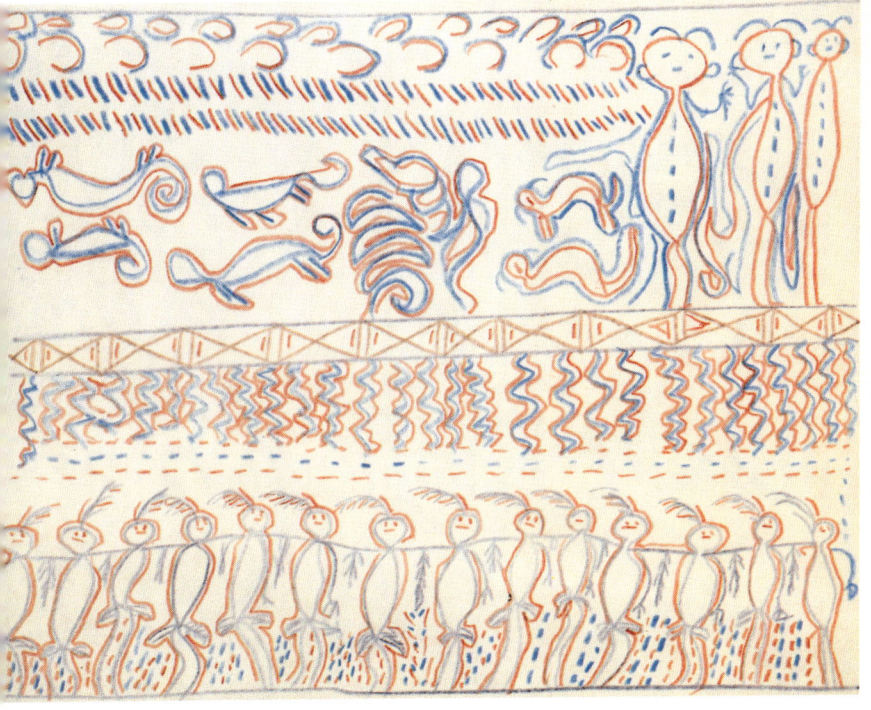

Schutz für die Gemeinschaft

Der Schamane ist kein privater Mystiker, sondern existiert, um der Gemeinschaft zu dienen. Für den Schamanen ist die Gemeinschaft eine Gesellschaft im kleinen, in der sich die Ideen über die Seele mit den zyklischen Naturprozessen verbinden, so daß es ein wichtiger Teil der Rolle des Schamanen ist, die Seelenkraft der Gemeinschaft zu bewahren. Die Ewenken Sibiriens glaubten an einen Clan-Fluß, der um die Erde, über den Himmel und durch die Unterwelt floß und die verstorbenen Clanmitglieder zurückbrachte, damit sie im selben Clan wiedergeboren werden konnten. In einigen Eskimo-Kulturen ist der Name der Seele unterschieden von den anderen Seelen der Person und kehrt mit ihrem Namen in ein anderes Lebewesen zurück, ob es mit ihm verwandt ist oder nicht. Bei den Sora ist der Träger des neuen Namens nicht eine Reinkarnation, besitzt aber einige Charakterzüge des vorherigen Besitzers. Jede Linie hat ein Reservoir von Namen, die entweder lebenden Personen zur Verfügung gestellt werden oder von den Ahnen in der Unterwelt aufbewahrt werden, bis ein passendes Kind geboren wird, dem sie diesen Namen geben können.

Die Verbindung zwischen dem Schamanen und der Gewalt ist während eines Krieges der Gemeinschaft offensichtlich. Nur wenige Gesellschaften scheinen häufigen Gebrauch von aggressiven Geistern zu machen, und diesen fehlt es meist an einer formalisierten Sozialstruktur und einer starken Häuptlingschaft.

Eine dieser Gesellschaften sind die Achuar an der peruanisch-ecuadorianischen Grenze. Dort gibt es keine festen

Gemeinschaften, sondern weit verstreute einzelne Haushalte, die permanent miteinander in Konflikt stehen. Es gibt keine Ursachen für Krankheit oder Unglück, außer durch die Aggression der anderen, gewöhnlich in der Form magischer Pfeile, und die Kraft zu heilen ist identisch mit der Kraft zu töten. Eine Behandlung kann nur erfolgreich

RECHTS *Ein indonesischer Schamane heilt ein Baby. Kleinkinder bilden den Großteil der Patienten eines Schamanen, und wie bei den Dorfärzten des Westens bindet ihn seine Arbeit mit aufeinanderfolgenden Generationen stark an die Gemeinschaft und umgekehrt.*

LINKS *Eine Begräbnisprozession der Sora begleitet die Seele einer toten Frau sicher vom Haus ihres Gatten ins Dorf ihres Vaters, zu ihrer zweiten Geburt.*

Ein Tupilak, *eine Figur, die Feinden Schaden zufügen sollte.*

sein, wenn der Schamane die gleichen Pfeile besitzt wie der Aggressor, der sie in den Körper des Patienten gebohrt hatte, und die ihre Gefährten wiedererkennen und ins Freie ziehen. Diese Pfeile können niemals zerstört oder aus ihrer Bahn geworfen werden. Ihr Impuls setzt sich unbegrenzt fort, und der einzige Weg, sie aus dem Patienten zu entfernen, ist, sie in jemand anderen zu bohren.

Bei den Baruya im Hochland Neuguineas findet sich eine ähnliche Situation. Krankenheilung und Krieg bedingen einander in einem endlosen Kreislauf, da Krankheit durch magische Pfeile ausgelöst wird, die aus einem feindlichen Dorf stammen, und ein Kranker nur geheilt werden kann, wenn diese Pfeile dorthin zurückgeschickt werden. Schamanen arbeiten Nacht für Nacht daran, Knochensplitter, Steine oder Straußenfedern zu entfernen und sie in das Dorf zurückzuschießen, aus dem sie kamen. Als Person mit außerordentlichen Kräften muß der Schamane von der Gemeinschaft, der er oder sie dient, in Schach gehalten werden. Sowohl bei den Baruya als auch bei den Achuar werden Schamanen für unzuverlässig gehalten, und bei den Achuar werden mehr Schamanen von ihren Nachbarn als von den Pfeilen ihrer Rivalen getötet, während die Baruya-Schamanen oft nicht die volle Kontrolle über ihre magischen Pfeile haben, so daß sich diese manchmal gegen die eigenen Leute richten. In beiden Gesellschaften können Schamanen es nicht vermeiden, Menschen zu attackieren, da dies auf eine Weigerung zu heilen hinauslaufen würde.

Viele traditionelle Gesellschaften betrachten Zauberei als integralen Bestandteil der Heilung. In anderen wiederum sind die Rollen von Heiler und Zauberer voneinander getrennt. Ein Sora-Zauberer ist die Umkehrung des heilenden Schamanen. Die Technik des Schamanen als solche ist moralisch neutral, aber innerhalb der Gemeinschaft befassen sich seine Handlungen mit moralischen Problemen, und viele Bereiche sozialen Verhaltens werden vom Schamanen geregelt und entschieden. In dieser Hinsicht ist der Schamane nicht so sehr Psychotherapeut als Soziologe. Als der Patient des *Vegetalista* der Seejungfrau entrissen und zu seiner Familie zurückgebracht wurde, war die Diagnose und Behandlung eine Erinnerung daran, daß es die Pflicht

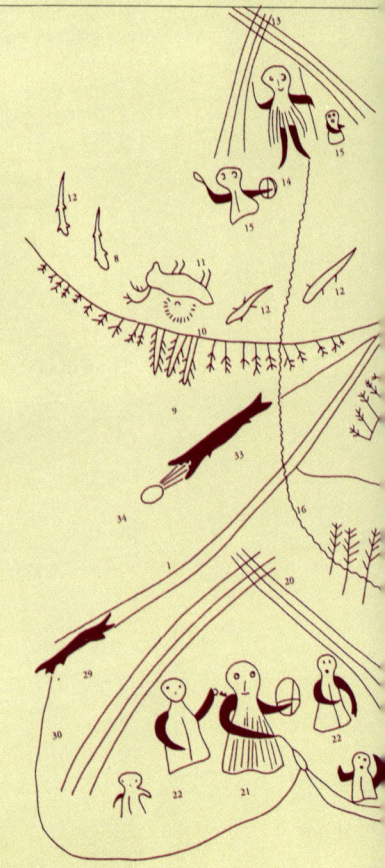

DIE SICHTWEISE EINES EWENKEN-SCHAMANEN FÜR ANGRIFF, BEHANDLUNG UND GEGENANGRIFF

Durch das Zentrum des Bildes fließt der Tunguska-Fluß (1) mit seinen Nebenflüssen (2). Das Gebiet der Momol ist durch (3) gekennzeichnet, mit dem Himmelsbaum des Clans (4), der Herrscherin des Gebietes (5) und dem Schutzgeist der Rentiere (6). Das ganze Gebiet wird von einem Zaun von Bewachungsgeistern beschützt (7). Jenseits des Flusses, bis zum Kopf des Bildes, befindet sich das Gebiet des Nyurumnal-Clans (9), mit seinem eigenen Himmelsbaum, einer eigenen Gebietsherrin und Schutzgeistern der Rentiere (10,11). Auch dieses Gebiet besitzt einen Zaun aus Bewachungsgeistern (12).

Die Aktion beginnt im Zelt des Nyurumnal-Schamanen (13). Wir sehen den Schamanen und seine Assistenten (14, 15), die einen Geist ins Gebiet der Momol schicken, um diese zu vernichten. Die gewellte Linie (16) stellt den Weg dieses Geistes dar, der unbemerkt und unangefochten den Geisterzaun der Momol überwindet (7), sich in einen Holzwurm verwandelt, in die Eingeweide eines Momol-Clanmitgliedes schlüpft und beginnt, dessen Körper zu zerstören (17). Das Opfer ist gemeinsam mit seiner Frau (19) in seinem Zelt (18) dargestellt. Jetzt verlagert sich die Aktion zum Zelt des Schamanen (20). Umgeben von Clanmitgliedern (21, 22) beginnt er mit der Wahrsage-Zeremonie, um den Grund

des Mannes ist, bei seiner Familie zu bleiben. Aber auch der Schamane ist nicht geschützt gegen die moralische Kontrolle seines eigenen Systems. Die Zaubergeister der Sora sind immer hungrig nach Opfern und verschlingen manchmal den Zauberer selbst, was als moralische Gerechtigkeit interpretiert wird.

Zwei äußerst wichtige moralische Mechanismen sind Tabu und Bestrafung. Bestrafungen fallen, auch bei geringfügigen Übertretungen, häufig unverhältnismäßig hart aus, denn die Handlung bedeutet mehr, als sie zu sein

Um einen schadenbringenden Tupilak *herzustellen, verwendet der Schamane menschliche Knochen und häufig einen Kinderschädel. Er packt alles zusammen in eine Haut und erweckt ihn zum Leben.*

für die Krankheit herauszufinden. Der Schamane schickt einen Gänse- und einen Schnepfengeist (23, 24) zum Patienten (25), mit der Aufgabe, den Wurm herauszuziehen. Sie bohren ihre Schnäbel in die Eingeweide des Patienten, doch der Geist springt heraus und versucht zu fliehen. Der Schamane schickt weitere Helfer, um ihn zu fangen. Ein zersplitterter Pfahlgeist hält den Geist fest, während ein Messergeist bereitsteht (26). Der Schamane befiehlt dann einem Eulengeist, den feindlichen Geist zu schlucken, ihn zum Abgrund der Unterwelt zu bringen und dort in eine anusähnliche Öffnung zu werfen (28).

Jetzt folgt die Rache. Der Momol-Schamane schickt einen zweiköpfigen Hecht (29), um die Nyurumnal anzugreifen (30). Im Innern eines Nyurumnal-Zeltes (31) attackiert der Hechtgeist sein Opfer (32) und schleppt die Körperseele der Person fort (33, 34). Währenddessen stellt der Momol-Schamane die Verteidigungskraft seines Volkes wieder her, indem er einen weiteren Zaun aus Lärchengeistern errichtet (35), beaufsichtigt von Wachen aus großen Pfählen (36). Zum Schluß werden den Clan-Geistern der Momol Tiere geopfert und deren Felle aufgehängt (37, 38).

Dieses Bild zeigt beides, die normale und die schamanische Realität. Darüber hinaus belegt es, daß Schamanismus auch zur Kriegsführung dienen kann und seine heilenden Aspekte unablöslich mit dem verbunden sind, was wir Zauberei nennen.

scheint. Das Menstruationsblut einer Wana-Frau darf nicht verbrannt werden, da es die Quelle menschlichen Lebens ist. In einigen Eskimo-Siedlungen darf die Seehundblase nicht gegessen werden, sondern muß ins Meer zurück, denn nur dadurch erneuert sich der Seehundbestand. Diese Handlungen verkörpern sowohl ein ästhetisches Gefühl als auch den Respekt vor der Kostbarkeit des Lebens, da man glaubt, daß die menschlichen Handlungen dieses Leben beeinflussen. Es liegt in der Natur eines ganzheitlichen Blicks auf das Universum, das falsche Handlungen in dem einen Bereich, negative Konsequenzen in einem anderen nach sich ziehen. Mord oder Inzest zerstören die einzigartige Struktur, die Lebende, soziale Gruppen, Vorfahren, Geister, Tiere, Pflanzen, Landschaften und Elemente einschließt. Diagnose und Behandlung stellen dieses einzigartige moralische Universum wieder her, und dieser Akt wird als „Reinigungsprozeß" betrachtet. Folglich ist eine kranke Person ein Zeichen für einen Fehler im Kosmos, und beide müssen gemeinsam geheilt werden.

ASATCHAQS DUELL

Nachdem er nach Sibirien geflogen war, um den vermißten jungen Mann zu finden (s. S. 105), wurde Asatchaq in diesem Teil Alaskas sehr berühmt. Es war auf einer späteren Reise dorthin, die er mit seiner Frau unternahm, als sie auf einen sibirischen Schamanen auf einem Hundeschlitten trafen. Dieser wollte ihn zu einem Wettkampf herausfordern. Am Abend begann der sibirische Schamane mit seiner Vorstellung. Er schnitt sich die Zunge ab, schluckte Teile von ihr und warf den Rest den Hunden vor. Dann stach er sich ein Auge aus und aß alles auf, bis auf die Iris, die er den Hunden vorwarf. Wind wehte durch das Haus, und der Schamane brachte die Teile seine Körpers wieder an ihre richtige Stelle.

Dann begann er zu trommeln, und die Lichter wurden gelöscht. Er rief seine Hilfsgeister, und Asatchaqs Frau wurde sterbenskrank. Asatchaq begann sie wiederzubeleben, während der Sibirier prahlte, daß er töten könne, wen immer er wolle. Darauf fertigte Asatchaq einen *Kikituk* an und umkreiste damit das Haus. Nachdem der sibirische Schamane seinen Schutz verloren hatte, stach Asatchaq seinen *Kikituk* mehrmals in dessen Rücken. Am nächsten Tag hörte Asatchaq, daß der Schamane gestorben war, aber die Dorfbewohner wußten, daß er schon oft gestorben und nach einigen Tagen wieder zum Leben erwacht war. Asatchaq wollte es nicht darauf ankommen lassen und ließ seinen *Kikituk* einen halben Monat im Körper des Schamanen, bevor er ihn wieder entfernte.

Visionäres Gemälde eines Vegetalista *aus Peru, das drei Vegetalistas zeigt, die sich versammelt haben, um eine halluzinogene Droge zu nehmen. Der Mann links, gekleidet in Stahlschuppen und mit einer roten Aura, ist ein Zauberer, der niemals heilt, sondern nur tötet. Der Mann in Grün ist ein Zauberer, der durch seine Zaubersprüche andere gefangenhalten und mit ihnen machen kann, was er will. Der Mann in Blau ist ein „perfekter Meister", der ausschließlich heilt. Er trägt Glaspfeile und einen Bogen, für den Fall, daß er sie braucht. Sollte er jedoch seine Waffen jemals benutzen, wird er zu einem Kriminellen.*

In einigen Sora-Dörfern steuern alle Nachkommen einer verstorbenen Person Reismehl bei, aus dem der Schamane dann eine Figur formt, die den Verstorbenen darstellt. Der Schamane erfüllt die Figur mit Teilen der Seele des Verstorbenen, dann wird sie von den Nachkommen gekocht und verspeist. Durch diese Art von symbolischem Kannibalismus wird der Name des Verstorbenen an einen seiner Nachkommen weitergegeben.

Schamanen und Staat

Ebenso wie der Schamane seine Funktion nicht ohne Gemeinschaft erfüllen kann, handelt er nicht in einem politischen Vakuum. Schamanimus ist nicht zeitlos. Alle bekannten Formen von Schamanismus waren durch den Kontakt mit anderen Völkern, durch Gebietskämpfe, Stammeskriege, Wachstum und Zusammenbruch von Kaiserreichen sowie durch Kolonialismus ständigen Veränderungen unterworfen.

Diese Fakten sind unbestreitbar, werden aber häufig ignoriert. Das einflußreichste Buch über Schamanismus, jenes von Eliade, beschreibt Schamanismus als Archetypus mit offenkundig zeitloser Qualität. Obwohl er Religionshistoriker ist, schließt seine Darstellung den Schamanismus von politischen Entwicklungen aus. Dieser Standpunkt erlaubt es ihm, bestimmte Formen des Schamanismus als mehr oder weniger authentisch zu bezeichnen, z. B. werden Techniken, die Halluzinogene einschließen, als degenerativ beschrieben.

Ein näherer Blick auf den politischen Kontext zeigt jedoch, daß Eliades archetypische Formen auf unterschiedliche, konkurrierende politische und religiöse Praktiken zurückzuführen sind. Nur die Initiation und den Werdegang des Schamanen in den Mittelpunkt der Betrachtung zu stellen leugnet jegliches Geschichtsbewußtsein.

Politische Macht liegt in der Fähigkeit, andere kontrollieren zu können, so daß es nicht nur spirituelle Kräfte sind, die auf den Vorstellungen von Fruchtbarkeit, Ahnenkult und Hilfsgeistern fußen. In den Gesellschaftsformen, in denen die Menschen an solche Dinge glauben, bilden sie das Fundament politischer Macht. Dschingis Khans Rechtfertigung für den Versuch, die Welt zu erobern und Völker auszulöschen, die ihm dabei im Weg waren, lag in seiner Annahme, daß er vom Gott des Himmels abstammte. Tatsächlich waren die archetypischsten Regionen für Eliades klassischen Schamanismus, die Mongolei, Südsibirien und Zentralasien, besonders tief in Aufstieg und Fall der Kaiserreiche involviert. Während die Stämme der tungusischen Jäger durch die Wälder Nordasiens

Kaiser Pu Yi war der letzte Kaiser der Mandschu-Dynastie, die China mehr als 250 Jahre lang beherrschte. Obwohl Pu Yi sich dem westlichen Lebensstil anzunähern wünschte, erforderte es seine Funktion als Kaiser, die Rolle eines schamanischen Orakels zu übernehmen. Unter der Herrschaft Maos wurde er als Krimineller behandelt.

nomadisierten, saßen ihre nahen Verwandten, die Mandschu, von 1644 bis 1911 auf dem Thron des Himmels in Peking und versuchten am Hof das schamanische System ihrer Vettern in den Wäldern zu reproduzieren.

Welche politischen Zusammenhänge sind es nun, in denen Schamanen arbeiten? Gesellschaften ohne Staat, wie solche von Jägern, können sowohl einen Häuptling wie auch einen Schamanen haben, oder der Schamane selbst ist ein charismatischer Führer und Krieger. Die Achuar des Amazonas und die Baruja Neuguineas zeigen eine Mischung dieser beiden Typen von Führern. Sie haben „große Männer" und berühmte Krieger, doch es ist die Instabilität dieser Art von Häuptlingsschaft, die die ständigen Kämpfe anheizt und den magisch-aggressiven Kräften des Schamanen solche Bedeutung verleiht.

Kriege finden zwischen Dörfern oder Clans statt, selbst innerhalb großer Staaten, wie bei den Ewenken innerhalb des russischen Reiches und der Sowjetunion. Ein Grund, weshalb der Schamanismus der Sora diese Art von kriegerischer Zauberei ausschließt, mag sein, daß die Sora in sehr engem Kontakt mit der Außenwelt stehen, so daß sie einander über Anwälte der nahegelegenen Städte oder die Polizei bekämpfen können.

Wo die politischen Verhältnisse eines Volkes mit dem Staat verbunden sind, ist auch dessen Zugang zum Göttlichen über ähnlich bürokratische Idiome definiert. In ganz Asien sind Helfer manchmal Geister der Wildnis, jedoch dort, wo Identitätsnachweise und Genehmigungen gebraucht werden, sehr oft auch Könige, Polizisten, Generäle und Staatsangestellte. Jenseits staatlicher Macht finden die Kämpfe oder Verhandlungen des Schamanen zwar mit

mächtigen, ihnen jedoch in bestimmter Weise vergleichbaren Wesen statt, wie etwa zwischen Jäger und Beute. Ist die Gemeinschaft stärker in den Staat eingegliedert, wird die Beziehung durch demütige Bittschriften an den Herrscher des Himmels oder der Unterwelt ersetzt. Kaum eine schamanische Gemeinschaft hat ein Bewußtsein für staatliche Macht entwickelt, und dort, wo ein enger Kontakt zwischen schamanischen Gemeinschaften und dem Staat bestand, wurden solche Gemeinschaften oft von der dominierenden Kultur an den Rand gedrängt. In diesen Situationen steht der Schamanismus, wie die Besessenheits-Kulte, einer etablierten Priesterschaft gegenüber, was im indischen Kulturkreis besonders deutlich wird (s. S. 38–41).

Eine andere Reaktion des Schamanismus auf politische Dominanz ist es, als Kennzeichen ethnischer Identität oder als Kern des Widerstandes zu dienen. In Fällen wie diesen erscheint der Schamanismus weniger schwach als eher subversiv.

Einem wesentlich stärkeren Widerstand begegnen wir im Geistertanz der Prärieindianer und der Indianer des großen Beckens der Jahre 1889–1890.

Ein Sora-Idtal oder schamanisches Gemälde. Beamte und Geister tragen Gewehre.

Darstellung eines Sonnentanzes der Prärieindianer.

Dieser war, unter dem Druck der Umstände, teilweise eine Übertragung in religiöse Erfahrungen und Darstellungen. Nach dem Ansturm der US-Kavallerie und der Vernichtung der Bisons durch weiße Jäger verlor der Sonnentanz seine Funktion als Suche nach übernatürlicher Hilfe bei Krieg und Jagd. Viele führende Sonnentänzer wendeten sich der Geistertanz-Religion zu. Der Gründer dieser Bewegung hatte eine Vision, in der ihm Gott erzählt hatte, daß die Toten zurückkehren würden und die guten alten Tage zurückbrächten. Um dies Wirklichkeit werden zu lassen, mußten die Indianer einen ganzen Tag lang im Kreis tanzen, wobei viele vor Erschöpfung zusammenbrachen und visionäre Erfahrungen machten. Bei den kriegerischeren Stämmen entwickelte sich daraus eine Bewegung gegen die Weißen, die in dem brutalen Massaker des Häuptlings Sitting Bull und der Sioux-Tänzer bei Wounded Knee endete. Andere Gruppen von Sonnentänzern lernten aus diesem Blutbad, wandten sich von politischen Fragen ab und legten den Schwerpunkt wieder auf das Heilen und die spirituelle Gesundheit der Gemeinschaft.

In ähnlicher Weise kann Schamanismus stark von Frauen dominiert werden, wie in vielen Teilen Ostasiens, wo er der buddhistischen oder konfuzianistischen Hochkultur untergeordnet war, die stärker männlich zentriert ist. Er muß deshalb jedoch nicht als niedrigerstehend betrachtet werden, da, nach klassischer Argumentation, das Übergewicht von Frauen bei den Besessenheits-Kulten zu einer weiblichen Subkultur führt, in der Frauen indirekt gegen eine von Männern dominierte Welt protestieren können. Eine Studie über die weiblichen Schamanen Koreas bestreitet dies und argumentiert, daß die Götter und Geister, mit denen die Frauen Umgang haben, integraler Bestandteil des religiösen und sozialen Lebens sind und die Religion der Frauen eine unerläßliche Ergänzung zu der der Männer ist.

Schamanismus kann Teil eines Kampfes um die Kontrolle im Staat sein

Trotz der Verfolgung unter Ho Chi Minh haben Praktiken wie diese Wahrsage-Zeremonie in Vietnam überlebt. Ein Schwert wird in einer Reisschale balanciert. Steht es aufrecht, ist das Ergebnis positiv.

In Nepal spielen Schamanen eine aktive Rolle in der lokalen Politik, wie in dieser Dorfversammlung.

Schamanen an den Rand gedrängt, verfolgt oder Mittelpunkt der Widerstandsbewegung wurden.

Im anderen Fall kann schamanische Macht auch ins Zentrum rücken und der Schamane selbst zur zentralen Figur werden. Im Reich der Mandschu blieben die meisten Arten von Schamanen in den Wäldern des Nordens, während die Clan-Schamanen an den Hof zogen und sich zu einer Art Priestern entwickelten, jedoch unfähig, jemals in Trancezustände zu fallen. Schamanische Schutzgeister, wie der weiße Fasan, verkamen zu bloßen heraldischen Zeichnungen auf Armeeuniformen. Ein Herrscher des 18. Jhd. wollte die schamanischen Traditionen als zentralen Bestandteil der Mandschu-Identität wiederbeleben, indem er sie aufzeichnete. Das Ergebnis war die Schaffung einer schamanischen Staatsreligion, die bis 1911 existierte, jedoch all die dynamischen und expressiven Elemente der alten mündlich überlieferten Tradition durch die komplizierten rituellen Texte und zivilisierten Umgangsformen der Hofetikette erstickte.

oder zumindest die Spannungen zwischen verschiedenen Kräften ausgleichen. Die Ankunft weißer Kolonialmächte führte nicht immer zum Zerfall eingeborener Gesellschaften, sondern erhellte manchmal jene Spannungen, die latent schon immer in diesem System vorhanden waren. Dort, wo es schon zwei verschiedene Machtzentren gab, Schamanen und Häuptlinge, wurden die Häuptlinge häufig in das koloniale System eingebunden, während die

HIMMLISCHE KÖNIGE IN DEN RANDBEZIRKEN KOREAS

Eine alte Schamanin unterrichtet ihre Schülerin in der Kunst des Tanzens: „Wenn der himmlische König erscheint, zeigst du seine Krone auf diese Weise. Wenn du seine Botschaft empfangen hast, sagst du: Ich bin der himmlische König, warum habt Ihr das nicht getan für mich? Oder jemand mit Pockennarben wirft Schatten in deine Augen. Es ist Prinzessin Hogu, oder? Und all die Generäle vergangener Tage sehen so aus." Sie legt ihre Hände in die Hüften und wirft sich in die Brust. Sie kann andere Geister, etwa den messerreitenden General, rufen. Dieser höfische Symbolismus ist weit von den Praktiken der Völker in den Randbezirken der alten Königreiche entfernt.

Eine koreanische Schamanin tanzt ekstatisch, während sie den Kriegsgeist darstellt. Die Banknoten sind ihre Bezahlung.

Dramen und Rollen

Die Essensdüfte, der Schweiß des dicht-
gedrängten Publikums, die Atmosphäre
von Erwartung oder Angst, das Lachen,
die herumtobenden Kinder, Musik,
Lieder, Tanz, Schauspiel und Mi-
men – all das ist unentwirrbar mit
den Methoden des Rituals verflochten. Betrachten wir die
Szenerie eines Sora-Begräb-
nisses. Die Schamanin sitzt,
bereit, in Trance zu fallen, vor
dem Hintergrund hämmernder
Trommeln und stampfender
Füße, inmitten einer dichtge-
drängten Menge in diesem
winzigen, schmutzigen Haus. Der
Stimmung des Ereignisses und dem
Grad ihrer persönlichen Be-
troffenheit entsprechend, kau-
ern einige Personen aufmerksam um die Schamanin her-
um und argumentieren vehe-
ment mit dem Toten, wenn er
erscheint und durch ihren
Mund spricht. Sie weinen und
umarmen sie, wenn sie vom Geist
eines geliebten Menschen erfüllt ist. Am Rande ist ein
ständiges Kommen und Ge-
hen von Menschen, die
gleichgültige Bemerkungen einwer-
fen oder unter lautem Gelächter
respektlose Witze reißen. Von
einem Begräbnis zum nächsten
und bei vielen anderen rituellen Ereignissen dazwi-
schen befinden sich verschiedene Gruppen von Menschen
in einem ständig wiederkehren-
den Kontakt und entwickeln ihre
komplexen persönlichen und
sozialen Beziehungen zueinan-
der, oft lange nachdem einige

*Bärenmaske aus
Nordwestamerika.*

*Maske eines runzli-
gen alten Mannes,
bei Heilungsriten
benutzt.*

*Maske eines
Kwakiutl-
Schamanen.*

von ihnen die Trennlinie zwischen Leben und Tod überschritten haben.

Die Initiation oder Visionssuche
und die Aufrechterhaltung der Beziehungen zu seinen oder ihren
Hilfsgeistern bedeuten für den
Schamanen lange Perioden
von Einsamkeit. Dies führte
Eliade dazu, den Schamanismus als „Mystizismus … einer eingeschränkten Elite" zu
sehen. Aber letzten Endes ist
Schamane zu sein eine öffentliche Rolle, und die inneren
Erfahrungen des Schamanen
erreichen ihren Höhepunkt und ihre
volle Bedeutung nur als Teil einer öf-
fentlichen Aufführung. Zu behaupten, daß schamanische
Handlungen manchmal hoch-
theatralisch sind, bedeutet
nicht, daß der Schamane „nur
spielt". Anders ausgedrückt,
die Aufführung verwandelt die
innere Wirklichkeit oder das
Bewußtsein einer ganzen Reihe
von Menschen, die auf vielfältige Weise miteinander in
Beziehung stehen. Dies macht
die Frage nach Gauner-
stückchen irrelevant. Die Ausstattung des Schamanen ist zwar einerseits theatralische Requisite,
andererseits jedoch authentischer Ausdruck der Person des
Schamanen. Ist ein Schamane,
der eine Maske trägt und mit
der Stimme eines Gottes oder
Vorfahren spricht, eine wirkliche Inkarnation oder bloß ein
Schauspieler? Ein Schamane,
der jemand anderen verkörpert, ist gleichzeitig dieser an-

dere und er selbst, ein normaler Sterblicher und ein von den Geistern bevollmächtigtes Wesen. Wenn dieser Schamane das Publikum einbezieht, ist dieses aufgerufen, einer Figur zu antworten, die jemandem ähnelt, den es kennt, dessen Bewußtsein jedoch, durch die Verbindung mit den Geistern, völlig verändert ist. Manchmal wird dieses Paradox dem Publikum handgreiflich vor Augen geführt, etwa wenn einer Sora-Schamanin ihr Baby an die Brust gelegt wird, während sie einen männlichen Vorfahren verkörpert (s. S. 65).

Die schamanische Vorstellung ist eine hochspezialisierte Aktivität, bei der die vage kollektive Stimmung durch Fehler während des Rituals leicht kippen kann. In diesem Licht können Heilkräfte als eine Form von Kunstfertigkeit betrachtet werden. Der Kwakiutl Quesalid wurde ein großer Schamane, weil er als solcher auftrat, und es war der Erfolg seiner Vorstellungen, der ihm die Heilkräfte verlieh (s. S. 89–90).

In vielen Teilen der Welt ist der Schamane nicht scharf von anderen Personen getrennt, die ähnliche Fähig-

Schauspieler der Kaos-Theater-Company.

keiten haben, wie z. B. Wahrsager. In diesem Zusammenhang ist der Begriff „Schamanenkunst" hilfreich, da er auf eine Begabung oder Neigung hinweist, wie es die Begriffe Musikalität oder Handwerkskunst tun.

Der Schamane dramatisiert die ganze Skala der kleinen alltäglichen Dramen. „Eltern müssen halbe Schamanen sein, um ihre Kinder aufzuziehen", sagte eine Koreanerin, während sie mit einem Küchenmesser auf die unsichtbaren, bösartigen Kräfte über dem Kopfkissen ihrer Tochter losging, sie dann in einen mit Hirse gefüllten Flaschenkürbis lockte und diesen dann in sicherer Entfernung vom Haus ausleerte. Viele Sora können die Worte der Schamanenlieder auswendig, sind aber nicht in der Lage, diese zum Leben zu erwecken.

Einige führende Neo-Schamanisten haben die Überbetonung der schamanischen Aufführungen durch die Anthropologen mit dem Argument kritisiert, daß diese sich damit nur auf die oberflächlichen Aspekte schamanischer Aktivität konzentrieren und nicht auf deren spirituelle Inhalte, weil es ihnen widerstrebt, die Geister-Erfahrungen des Schamanen als real zu betrachten. Mit dieser Einschätzung haben die Neo-Schamanisten gewiß recht, denn sie verdeutlicht, daß das Problem eher

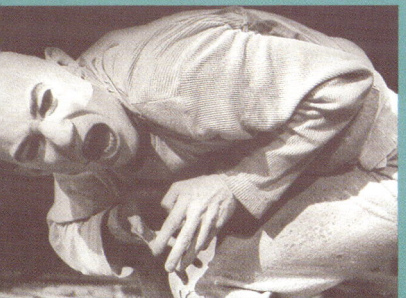

Nicht-rationales Theater erhält seine Anregungen vom Schamanismus, dem japanischen Butoh und dem Theater der Grausamkeit.

Eine Aufführung, getrennt von Text oder Rolle.

Ein nepalesischer Schamane tanzt um die Weltmatte, auf der die Spreu vom Weizen getrennt wird, um eine verschwundene Seele zu finden (unten). Er entdeckt die Seele und starrt in eine andere Welt (oben).

in der Gegensätzlichkeit der Realitätswahrnehmung liegt als in der Aufführung selbst.

Diese von ihnen verurteilte Sichtweise schamanischer Aufführungen setzt eine Trennung von Schamane und Publikum voraus, wie sie sich nur in einigen hochformalisierten Ausprägungen des Theaters findet. Wenn wir aber das alltägliche Leben als eine Art von Schauspiel betrachten, in dem jeder seine Rolle hat, dann sind schamanische Aufführungen nichts anderes als eine intensivierte Form desselben.

In einer schamanischen Vorstellung wirkt der Schamane zusammen mit den Geistern, dem betroffenen Patienten und auch mit dem breiten Publikum, das in gewissem Sinn die Gesellschaft verkörpert. Die Beziehungen des Schamanen zu Geistern und Patienten sind Mittelpunkt phänomenologischer und therapeutischer Interpretationen (s. S. 70–73, 98–103). Es ist auch möglich, der Frage nachzugehen, inwieweit diese vertrauten Geister als Ausdruck der Beziehung zu Aspekten seines oder ihres Selbst gesehen werden können.

Koreanische Schamaninnen werden zum Berggott, um ihre Klienten ausschimpfen (links) und ihnen wahrsagen zu können (rechts).

Viele anthropologische Ansätze legen nahe, daß rituelle Schauspiele verborgene kulturelle Aspekte darstellen, doch liegt es näher zu vermuten, daß durch dieses Schauspiel selbst Kultur gebildet und umgebildet wird. Die erzählerische Kraft schamanischer Berichte über Initiation, Reisen und Schlachten, über anfängliche Unsicherheit und die allmähliche Entwicklung von Fähigkeiten machen deutlich, daß während dieses Augenblicks kollektiven Einvernehmens etwas Vitales geschaffen wird.

Es gibt Ebenen, auf denen die Rolle von Schamane, Patient und Publikum nicht mehr scharf getrennt werden kann. Das Heilungsritual für eine einzelne Person sichert ebenso die Gesundheit der gesamten Gruppe. Durch die wechselseitigen Beziehungen der Personen in schamanischen Gesellschaften sind auch Vorstellungen und ihr Schicksal eng miteinander verknüpft. Wenn die Sora sich um eine Schamanin drängen, um mit dem angreifenden Geist zu streiten und ihren kranken Verwandten zu verteidigen, ist ihnen gleichzeitig bewußt, daß, wenn der Patient stirbt, er oder sie ein aggressiver Geist wird, der seine unheilbare Krankheit auf die Überlebenden überträgt. Ähnlich ist die Initiation des Schamanen ein inneres Drama, das öffentlich beglaubigt werden muß, und generell läßt sich behaupten, daß Schamanen ständig nach ihrer Effektivität beurteilt werden.

DER ZWANG ZUR DARSTELLUNG

In Sibirien leiden Schamanen, wenn sie lange Zeit keine Vorstellung hatten. Kürzlich wurde eine Schamanin der Ewenken krank und bat eine andere Frau, ein Stück Eisen zum Glühen zu bringen. Dann nahm sie es und leckte daran, bis es abgekühlt war. Die Schamanin erklärte darauf, daß ihre Seele sich jetzt beruhigt habe, und fiel in einen tiefen Schlaf. Als sie erwachte, war sie völlig gesund. Obwohl ihr Sohn kein Schamane ist, hat er manchmal dasselbe Bedürfnis.

DIAGNOSE DURCH TANZ

Ein Jakuten-Schamane tanzt nach der kranken Seele einer Frau, indem er springt wie ein Rentier, aufsteigt und sich selbst mit einem Stock antreibt. Daraufhin wird er zu einem Falken, fliegt und landet. Inzwischen kämpfen sein Rentier und das Rentier des bösen Geistes miteinander, während der Schamane sich wegschleicht, um nach dem Zustand der Seele der Patientin zu sehen. Sein Tanz ist eine Reaktion auf diesen Zustand, ob heilbar oder verhängnisvoll.

DIE FRAU, DIE STARB, UM IHR BABY ZU RETTEN

Der folgende Auszug eines Gespräches zwischen Lebenden und Toten bei den Sora gibt einen kurzen Einblick, in welcher Form das Leben von Personen während einer schamanischen Vorstellung beeinflußt und verändert werden kann. Die Worte werden durch den Mund eines schwachen, alten Schamanen mit dem Spitznamen Knochensack gesprochen. Pandari, die Verstorbene, war eine junge Frau, die plötzlich, nachdem sie ihr Baby durch den Dschungel getragen hatte, gestorben war. Zuerst erzählt Pandari, wie geborgen sie sich in der Familie ihres geliebten Gatten gefühlt hatte. Ihr Ehemann ist zwar anwesend, kann aber vor Kummer nicht sprechen, die Verstorbene unterhält sich daher mit ihren weiblichen Verwandten.

Pandari (tote Frau, mit schwacher Stimme): „Mütter, ich werde gefressen, ich werde getrunken" *(beschreibt den Angriff des Geistes).*
Schwiegermutter (lebendig): „Ach, meine Liebe, es war so plötzlich, daß du ..." *(unverständlich).*
Pandari: „Nachdem ich mich eurer Gruppe angeschlossen hatte. Mütter ..."
Schwiegermutter (wieder verständlich): „Ja, das ist mein Haus, mein Heim, hast du gesagt ... Trink etwas, bevor du gehst."
Pandari (mit derselben zittrigen Stimme): „Oh, meine Liebe, ich wurde aufgefressen."
Schwiegermutter (fast unhörbar): „Haben wir nicht alle Heilungsriten durchgeführt, wann immer du sie gebraucht hast? Haben wir dir nicht alle Opfer gebracht?"
[Es stellt sich heraus, daß Pandari von einer Gruppe von Geistern getötet worden war, die die Absicht hatte, ihr Baby, den einzigen Sohn und Erben der Familie ihres Mannes, zu töten. Sie hatte sich jedoch schützend über ihn gebeugt und war so an seiner Stelle getötet worden.]
Pandari: „Daran liegt es nicht. Sie wollten euren Enkel verschlingen, und ich wäre am Leben geblieben. Doch ich habe ihn beschützt, und so haben sie mich verschlungen."
Schwiegermutter: „Ja, wenn sie das Kind bekommen hätten, wärst du gesund."
Pandari: „Ja, sie haben mich aufgefressen. *(Schreit)* Oh, helft mir Väter, helft mir. Ich

schrie, meine Tanten, meine Onkel, meine Schwiegerväter!"
[Nicht nur, daß Pandari sich der Familie ihres Gatten sehr verbunden fühlt, sie hatte sich auch ihrer eigenen Familie widersetzt, um ihn zu heiraten. Ihre Familie mißbilligte das, da sie Cousin und Cousine verbotenen Grades waren. Am Tag, als sie starb, plünderten ihre Brüder das Haus des Paares und stahlen ihre persönlichen Ornamente, in der Annahme, daß das Kind sie nicht erben würde, da es nicht überleben könnte, weil keine andere Frau eine Waise stillt.]
Pandari (traurig): „Wo ist mein Mann, wo ist mein Mann? Ich möchte bei ihm sein. Ich möchte mit ihm sprechen. Wo ist dein Neffe? Wo ist dein Sohn? *(Stille)* Sie fraßen mich auf bei lebendigem Leib. Oh mein Ehemann, jetzt, da wir nicht mehr Cousin und Cousine sind, wirst du meine Opfer anstelle meiner Brüder darbringen. Oh Väter, oh Mütter *(ihre Schwiegermutter im Hintergrund spricht sehr schnell, die Worte sind unverständlich).* Euer Kind, euer Enkelkind, sie hätten es geschlagen, sie hätten es an sich gerissen, aber ich schrie: Mein Baby, mein Kleiner, und ich habe mich schützend über ihn gebeugt, so fraßen sie mich."

Es stellt sich Schritt für Schritt heraus, daß die Gruppe von Toten, die Pandari auffraß, von einem Cousin ihres Mannes angeführt worden war, der in genau dem gleichen Verwandtschaftsverhältnis zu seiner und ihrer Familie stand. Der Angreifer vertritt symbolisch ihre Familie, und der Angriff selbst ist die Erfüllung ihres Wunsches, diese Ehe zu zerstören, was sich auch im Diebstahl ihrer Ornamente ausdrückt. Doch im Augenblick lebt das Kind noch, und der Vater nimmt den außerordentlich weiten Weg auf sich, um es in ein christliches Waisenhaus zu bringen. Bei jeder Sitzung, bei der die tote Pandari erscheint, fährt sie fort, ihre Loyalität zur Familie ihres Mannes zu betonen, und überredet letztlich ihre jüngere Schwester, ihren Mann zu heiraten. Die Interpretation ihres Todes ist Ausdruck der kontroversen Ansichten über ihre Heirat. Während es zunächst so schien, als würde sich die Haltung ihrer Familie durchsetzen, begreift der Ehemann zum Schluß, daß Pandaris Tod ein Akt der Selbstaufopferung und Ausdruck ihrer höchsten Liebe war.

Übersicht der schamanischen Prozeduren

DIE FRAU AM GRUNDE DES MEERES

Der Vater des weiblichen Meeresgeistes Takanakapsaluk schnitt ihr die Finger ab, die sich in verschiedene Arten von Meereswesen verwandelten, von denen die Menschen abhängig sind. Es ist also ihr Leiden, durch das die Menschen leben können, und sie kann nach ihrem Willen die Tiere gewähren oder verweigern. Bei unheilbarer Krankheit, besonderem Jagdpech oder Hungersnot kann ein Schamane beauftragt werden, zum Grund des Meeres zu reisen. Er sitzt hinter einem Vorhang und sagt nach ausgedehnten Vorbereitungen immer wieder: „Mein Weg ist vorbereitet", während das Publikum antwortet: „Laß es so sein!" Schließlich schreit der Schamane hinter dem Vorhang: „Halala-hehe, halala-he-he!" Während er eine Röhre hinunterfällt, die zum Meeresboden führt, klingt seine Stimme immer entfernter, bis sie schließlich nicht mehr zu hören ist.

Während der Abwesenheit des Schamanen sitzt das Publikum im verdunkelten Haus und hört das Seufzen und Stöhnen von Personen, die in der Vergangenheit leben. Sobald der Schamane den Meeresboden erreicht, muß er drei tödlichen Steinen ausweichen, die herumschwirren. Der Eingang ins Haus des Meeresgeistes wird von einem grimmigen Hund bewacht, über den der Schamane steigen muß, zudem wird er von ihrem Vater bedroht. Er betritt das Haus und findet Takanakapsaluk mit ihrer Lampe, neben ihr steht ein großes Becken mit Meereslebewesen. Als Zeichen ihres Zornes sitzt sie mit dem Rücken zur Lampe und dem Becken. Ihr Haar ist filzig und ungekämmt und hängt ihr über die Augen. Der Schmutz in ihrem Haar und an ihrem Körper repräsentiert die Missetaten der Menschen. Der Schamane dreht sie sanft zur Lampe und dem Becken und kämmt ihr Haar, da sie ohne Finger nicht in der Lage ist, das selbst zu tun. Dann erzählt er ihr, daß die Jäger die Seehunde nicht mehr herausziehen könnten, und sie antwortet: „Die geheimen Fehlgeburten der Frauen und die Verletzung des Tabus, kein gekochtes Fleisch zu essen, versperren den Tieren den Weg." Nachdem der Schamane sie besänftigt hat,

Der Meeresgeist wird gekämmt (oben) und läßt die Tiere frei (unten).

entläßt Takanakapsaluk die Tiere aus dem Becken ins Meer, wo sie wieder gejagt werden können.

Jetzt kehrt der Schamane zurück. Man kann ihn den ganzen Weg durch die Röhre hindurch, die von seinen Hilfsgeistern offen gehalten wurde, hören. Mit einem letzten „Plu-a he-he" schießt er wieder auf seinen Platz hinter dem Vorhang. Nach einer Weile sagt er: „Worte werden sich erheben", und einer nach dem anderen beginnt seine Missetaten zu gestehen, und oft kommen, selbst für eine so kleine Gemeinschaft, ganz unerwartete Dinge ans Licht. Viele Frauen gestehen ihre Fehlgeburten. Nach Fehlgeburten müssen alle Häute und Felle weggeworfen werden. Dies ist ein so schwerer Verlust, daß viele Frauen ihre Fehlgeburten oder unregelmäßigen Blutungen verheimlichen. Am Ende herrscht eine so optimistische Stimmung, daß die Anwesenden der Frau, die das Problem verursacht hatte, sogar dankbar sind.

Das Diagramm rechts stellt ein typisches Muster eines schamanischen Handlungsablaufes dar: vom Problem über dessen Bekämpfung bis zur Lösung. Das Ursprungsproblem kann eine einzelne Krankheit, eine Epidemie oder eine lebensbedrohliche ökonomische Krise sein. Vorausgesetzt, es existiert eine enge kausale Verbindung zwischen jeder menschlichen Handlung und dem Verhalten der Umwelt, können diese Ereignisse das Ergebnis menschlichen Fehlverhaltens, z. B. dem Verletzen eines Tabus, sein. Der Kosmos muß deshalb gemeinsam mit den Menschen geheilt werden, und der Kosmos ist es auch, der den Schauplatz für diese Handlung bildet. Gleichzeitig repräsentiert der Kosmos auch die menschliche Gemeinschaft, ja sogar eine einzelne Person, was die gynäkologische Expedition schamanischer Hilfsgeister in die Gebärmutter der Patientin besonders deutlich macht (s. S. 158–159). Vor diesem kosmischen Hintergrund richtet sich die Aufmerksamkeit des Schamanen entweder auf die Gemeinschaft oder auf die Person: die Seele der Person kann entführt worden sein, oder der Gemeinschaft steht eine Hungersnot bevor. Das Problem wird simultan in seinen charakteristischen physischen, psychologischen und soziologischen Aspekten dargestellt, die in ihrer Gesamtheit die religiöse Haltung ausmachen.

Handlungsgrundlage des Schamanen ist seine Beziehung zu den Geistern, die ihm oder ihr die Fähigkeit verleiht, im Reich der Geister die Ursache des Problems zu erkennen. Er ist in der La-

Inuit-Walfigur, die am Jagdkanu befestigt war, um die Geister der Wale günstig zu stimmen.

ge, Hilfsgeister zu rufen und feindliche Geister zu überwältigen oder zu zähmen.

Die Handlungen des Schamanen übertragen seine Qualitäten in den kosmischen Bereich, die Trance etwa, die die Reise zu den Reichen der Geister möglich macht. Der Mittel- und Angelpunkt des Ritus ist das Zusammentreffen des Schamanen mit dem feindlichen Geist. Dies kann die Form eines Kampfes zwischen Kriegern haben, die Form einer Geschäftsverhandlung, die Form einer Debatte zwischen gerissenen Gegnern oder, bei noch raffinierteren Schamanen, die Form eines Gesuches um Erbarmen von einem Bittsteller an einen mächtigen Herrscher. Aber welche Form auch immer das Zusammentreffen hat, der Schamane muß sich durchsetzen, wenn das Problem gelöst werden soll. Der gegnerische Geist muß vernichtet, überlistet, besiegt, kompromißbereit oder milde gestimmt werden. An diesem Punkt wird die eigentliche Bedeutung des Ritus besonders deutlich und durch alle verfügbaren Mittel zum Ausdruck gebracht: durch Musik, Tanz und Worte. Der Schamane kann aber ebenso die physische Ursache der Krankheit beseitigen, indem er ein schmerzhaftes Objekt aus dem Körper des Patienten zieht. Es existiert auch eine Art von Katharsis, indem Personen sich durch öffentliche Bekenntnisse reinigen und ihre vergifteten sozialen Beziehungen neu wiederherstellen. In einer Art, die in keinem Fall lediglich symbolisch ist, wird die persönliche und soziale Realität der verschiedenen Teilnehmer zum Besseren verändert.

Übersicht der schamanischen Prozeduren

Problem
* Person ist krank * Getreide fehlt * Tiere sind verschwunden * Gemeinschaft hungert

Geister als Ursache und der Kosmos als Schauplatz der Aktion
* Seele wurde entführt * Gemeinschaft ist unrein
* fremder Körper hat Besitz vom Patienten ergriffen

Schamane als Handelnder
* ruft verläßliche Hilfsgeister * besiegt feindliche Geister * stirbt und wird wiedergeboren

Durch außerordentliche Kenntnisse und Kräfte
* kann durch den Kosmos reisen
* fremde Körper herausziehen * beseitigt Unreinheit

Entscheidende Handlung: Kampf
* körperlicher Kampf * kluge Diskussion
* inständige Bitten an den verursachenden Geist

Lösung
* Schamane behauptet sich * unkooperative Geister werden zurückgeschickt, in dünne Luft verbannt, in einen Topf gesperrt, zu einem Kompromiß gezwungen

Schamanen verstehen

Auf den ersten Blick scheinen die Handlungen der Schamanen mit der allgemein akzeptierten Weltsicht der Industriegesellschaften unvereinbar zu sein. Schamanisches Denken steht im Widerspruch zu den „rationalen" und mechanistischen Modellen von Ursache und Wirkung, die in den Hauptströmungen der Wissenschaft wirksam sind. Natürlich gibt es Wissenschaftsgebiete und viele Privatpersonen, die unkonventionellen Vorstellungen gegenüber offen sind und an die Existenz von Geistern glauben. Die größte Herausforderung, die der Schamanismus modernen Vorstellungen gegenüber darstellt, ist vermutlich seine soziale und politische Dimension. Der Schamanismus bietet eine Weltsicht an, in der der Mensch nicht über seine Umwelt herrscht, sondern diese nützt, und das geschieht durch gefährliche, hart erkämpfte Kompromisse, ständige Aufmerksamkeit und Achtung. In einer zunehmend unpersönlicher werdenden Welt bietet die Beschäftigung mit schamanischen Gesellschaften einen Einblick in menschliche Beziehungen, deren Grundlage die Intimität zahlenmäßig kleiner Gemeinschaften ist, die sehr bald ganz verschwunden sein werden. Neo-schamanische Bewegungen arbeiten vor diesem Hintergrund, und es wird sich zeigen, ob schamanische Vorstellungen den Bedürfnissen des modernen Menschen in einer immer stärker gespaltenen und wurzellosen Gesellschaft nützlich sein können.

Selbstbildnis einer an pathologischen Halluzinationen leidenden Person. Die Vorstellung, verschlungen zu werden, ähnelt den Berichten der Schamanen über ihre Initiation.

Frühe Eindrücke

Die meisten Schamanen besaßen keine schriftliche Tradition, so daß die Beschreibungen über sie von Außenstehenden stammen. Da es aber keine neutrale oder objektive Beschreibung geben kann, spiegeln diese Berichte die Vorlieben und Abneigungen des jeweiligen Schreibers wider. Die ersten dieser Berichterstatter waren Repräsentanten besser organisierter Weltreligionen, oft verbunden mit Kolonialinvasion und Kolonialregierung.

Die spanischen katholischen Priester, die nach 1492 die Konquistadoren nach Südamerika und in die Karibik begleiteten, fanden dort Indianer vor, die freimütig zugaben, unter dem Bann von Geistern zu stehen, die sie zu Krieg, Kannibalismus und der Einnahme von Rauschmitteln anstifteten. Diese Geister erschienen ih-

Toornaarsuk, ein wilder, aber hilfreicher Geist aus Grönland. Von Missionaren als Teufel dargestellt.

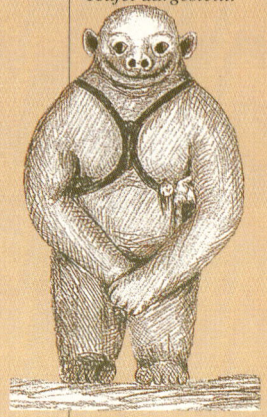

nen als Ungeheuer mit Fangzähnen, glühenden Augen und brüllenden Stimmen. Die ersten fanatischen katholischen Priester hatten keine Schwierigkeiten, in diesen Geistern die Manifestation ihres christlichen Teufels zu sehen. Das Muster der Teufelsanrufung, nicht nur, um die Zukunft zu befragen, sondern auch für größeren persönlichen Einfluß oder um Feinde zu töten, entsprach den in Europa weitverbreiteten Vorstellungen von Hexerei

Zwei Missionare. Geschnitzte Figuren aus dem 18. Jhd., vermutlich von den Haida aus dem Nordwesten Amerikas.

und wurde von ähnlichen Formen von Besessenheit sowie von Geistern und anderen gottlosen Erscheinungen begleitet. Eine durch Halluzinogene herbeigeführte Trance wurde als „Sprechen mit dem Teufel" interpretiert, ein Standpunkt, der die brutale Rolle der europäischen Herrschaft in dieser Region unterstreicht.

Das Wort „Schamane" wurde im weniger fanatischen 17. Jhd. von dem orthodoxen Priester Avvakun in die russische Literatur eingeführt. Er betrachtete die Schamanen zwar als religiöse Figuren, jedoch als solche, die eher dem Teufel als Gott dienen. Während des folgenden Jahrhunderts hielten die Regierungsbeamten, Händler und Gelehrten, die Sibirien bereisten, die Schamanen hauptsächlich für Quacksalber und Scharlatane. Einige Gelehrte sahen in ihnen jedoch das Relikt einer archaischen Religionsform (s. S. 28–29).

Nicht nur die vielen verschiedenen christlichen Traditionen und europäischen Regierungen interpretierten Schamanen auf ihre Weise. Auch buddhistische, hinduistische und taoistische Zivilisationen waren mit Schamanen konfrontiert und reagierten darauf mit unterschiedlichen Strategien – von Assimilation über Verfolgung bis zu Koexistenz (s. S. 38–41, 132–135).

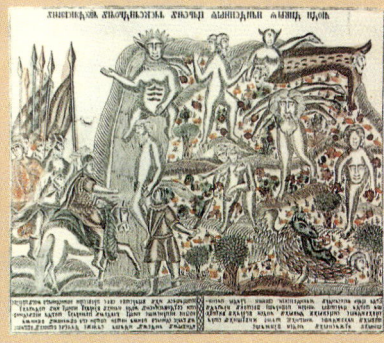

OBEN *Dieser Stich von 1781 zeigt Schamanen oder* piaches *des Orinoko, die Tabak und Maraka, das sie bei ihren Ritualen verwenden, haltbar machen.*

LINKS *Auf den Stichen des 17. und 18. Jhd. wurden Schamanen als wild und tierähnlich, jedoch voller Respekt dargestellt, da sie mächtige Zauberer waren.*

EIN ORAKEL DES TEUFELS

Der Spanier Orviedo beschreibt die Zeremonie eines südamerikanischen Schamanen, der eine Schnupfdroge genommen hatte: „Sie verehren den Teufel in verschiedenen Formen und Darstellungen … Sie stellen einen Dämon namens Cemi her, so häßlich und furchterregend wie die Gestalten zu Füßen des hl. Michael und des hl. Bartholomäus, jedoch nicht in Ketten, sondern als würde er über irgend etwas zu Gericht sitzen … diese teuflischen Abbilder standen in ihren Häusern an besonders dafür vorgesehenen dunklen Plätzen … dort saß ein alter Indianer und beantwortete erwartungsgemäß ihre Fragen … sie dachten, daß der Teufel in ihn gefahren sei und durch ihn spreche … Dieser alte Mann wurde von ihnen hoch verehrt … und ohne die Meinung des Teufels zu berücksichtigen … unternehmen sie nichts, was von Bedeutung wäre."

DER SCHREI EINES DÄMONEN IN DER MITTELALTERLICHEN MONGOLEI

Im frühen 14. Jhd. hielten die Franziskanermönche in der Mongolei „Dämonenaustreibung für nicht schwerer, als einen Hund wegzujagen". Sie nahmen die „Idole" (*ongons* oder Geisterpuppen) der besessenen Person und warfen sie ins Feuer. Doch die Idole sprangen wieder aus dem Feuer heraus. „Deshalb schütteten die Brüder Weihwasser in das Feuer. Darauf floh der Dämon aus dem Feuer, und die Idole verbrannten. Der Dämon in der Luft schrie: ‚Seht, seht, wie ich aus meiner Wohnstatt vertrieben worden bin!'"

Schamanismus in der Religionsgeschichte

Die Vorstellung vom Schamanen als einer archaischen religiösen Figur ist bei den meisten Interpretationen Außenstehender allgemein üblich. Eliades Buch „Schamanismus und archaische Ekstasetechnik" ist vermutlich die wichtigste Arbeit zu diesem Thema.

Eliade zufolge „tendiert die Dialektik des Heiligen selbst zu endloser Wiederholung einer Reihe von Archetypen, so daß eine Hierophanie (eine Manifestation des Heiligen), die in einem bestimmten ‚historischen Moment' geschieht, ihrer Struktur nach eine um tausend Jahre ältere oder jüngere Hierophanie wiederbringt ... In der elementarsten Hierophanie *ist alles gesagt*: Die Manifestation des Heiligen in einem ‚Stein' oder einem ‚Baum' ist nicht weniger geheimnisvoll und wür-

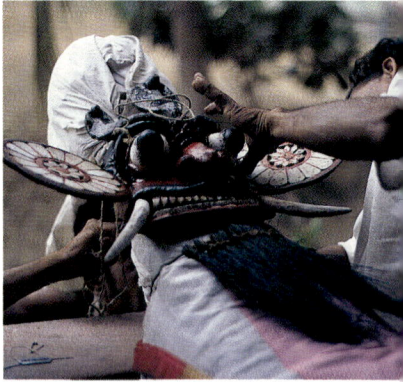

Ein buddhistischer Handwerker aus Sri Lanka bei der Fertigstellung einer Dämonenfigur.

Das Grab eines nordamerikanischen Kwakiutl kann sowohl christliche als auch schamanische Symbole, etwa den Wal, tragen.

dig als die Manifestation des Heiligen in einem ‚Gott'. Der Prozeß der Heiligung der Wirklichkeit ist derselbe, nur die *Form*, welche der Prozeß der Heiligung im religiösen Bewußtsein des Menschen annimmt, ist verschieden."

Westliche Gelehrte waren lange von den Fragen nach dem Ursprung der Religion fasziniert. Im 19. Jhd. behauptete der britische Ethnologe Tylor, daß die Vorstellung einer Seele und damit die Religion selbst der Traumerfahrung des Menschen entspringe. Um die Jahrhundertwende argumentierte der Soziologe Durkheim, bezugnehmend auf seine Studien der australischen Eingeborenenreligion, daß der Ursprung übernatürlicher Wesen in einer Projektion der Gesellschaft liege und daß sich die Gesellschaft durch die Religion selbst verehre.

Steinzeitliche Ausgrabungen im 20. Jhd. (s. S. 28–29) ebneten den Weg für Interpretationen, in denen den Schamanen eine Schlüsselrolle bei der Frage nach dem Ursprung der Religion zukommt. La Barre behauptet, daß unser gesamtes Wissen über das Göttliche oder das Übernatürliche von Schamanen oder ähnlichen Visionären stamme. Denn da es die Schamanen seien, die Seelenreisen in die Reiche übernatürlicher Wesen unternehmen, müßten sie es sein, die der Welt die allgemein akzeptierten Vorstellungen von Kosmos, Himmel und Hölle brachten. Priester repräsentieren hauptsächlich die „routinierte" Seite der schamanischen Rolle, da sie nicht mehr zu Visionen fähig sind. Selbst die Götter sind ehemalige Schamanen, die nach ihrem Tod größer und bedeutender geworden sind. Eliade wäre mit all diesen Argumenten nicht einverstanden gewesen. Er war bemüht, reine Formen des Schamanismus von degenerierten zu unterscheiden. In reinen Formen erreicht der Schamane „Ekstase" allein durch geistig-seelische Mittel, während degenerierte Formen den Gebrauch von Halluzinogenen einschließen. Dieser Standpunkt hindert Eliade daran, schamanische Strömungen weltweit zu verfolgen und nach ihrer Authentizität zu beurteilen. Die nord- und südamerikanischen Indianerreligionen sind sowohl vom Katholizismus als auch vom Protestantismus durchsetzt, und selbst die politischen Rebellionen gegen den „Weißen

Ein Sadhu, ein indischer Heiliger, auf seinem Weg zu einer heiligen Höhle in Kaschmir. Den Dreizack benutzt er zum Weihen des Feuers.

Mann" haben oft Ähnlichkeit mit der Suche nach einem biblischen Messias. Der Schamanismus der Sora ähnelt stark der Verehrung der Ahnen und Dorfgottheiten ihrer Hindu-Nachbarn. Beide legen großen Wert auf Geister

Die Sufi-Derwische Arabiens erlangen nicht-schamanische Trance durch rituelle Rezitationen und körperliche Übungen, wie das Drehen im Kreis.

und Blutopfer, im Gegensatz zu den psychischen und physischen Einschränkungen der brahmanischen Formen des Hinduismus. Die vom Westen übernommenen Formen des Buddhismus existieren in Asien, wo Buddhismus immer mit dem Geister- und Götterkult verflochten ist, nahezu nicht mehr. Wenn in Sri Lanka ein Buddhist einen Dämon austreiben will, ist auch er selbst von einem Dämon besessen, obwohl er, ähnlich dem Schamanen, größere Kontrolle über sich selbst hat. Begleitet von den lauten Schlägen der Trommel, atmet der Exorzist Dämonenweihrauch ein, brüllt und springt unter heftigem Schütteln in ein zeremonielles Quadrat. Später wird er einen Friedhof aufsuchen und dort seine dämonische Verschmutzung zurücklassen.

Schamanische Erfahrung ist in vielerlei Hinsicht der Religion ähnlich.

Besessenheit ist in bestimmter Weise das Gegenteil von Schamanismus, da die besessene Person nicht die Macht der Geister besitzt. Hier treibt ein alter Mann den Teufel aus einer besessenen jungen Frau. Die Umstehenden halten sich Tücher (oben links) oder Hände (links) vor den Mund, um den Teufel nicht einzuatmen. Die Bilder stammen aus Rußland zu Beginn der Perestroika.

Die Phänomenologie der Religion befaßt sich mit den Formen, in denen das Göttliche sich uns zu erkennen gibt, und gerade in diesem Bereich zeigen Schamanen eine außerordentliche Direktheit, ohne von Dogmen überfrachtet zu sein. Das Verständnis des christlichen Konzeptes der Offenbarung kann äußerst hilfreich beim Studium der schamanischen Geistererfahrung sein.

Wie dem auch sei, während Propheten und andere Mystiker mit einer direkten Gotteserfahrung in der Frühphase einer Weltreligion zunächst ein Problem darstellten, konnten sie sich im weiteren Verlauf zu einer gefährlichen Autorität entwickeln. Der typische schamanische Anspruch, ein spirituelles Wesen zu werden, konnte blasphemisch erscheinen, eine Haltung, die sich unter monotheistischen Religionen noch verstärkte. In späteren Jahrhunderten hat z. B. das Christentum dazu tendiert, diese Art von Mystizismus zu unterdrücken, an den Rand zu drängen oder aufzusaugen. Diese autoritäre Haltung spiegelt sich selbst noch in modernen psychologischen Interpretationen des Schamanismus wider, wo Schamanen als wild und, im Gegensatz zu disziplinierteren Praktiken, wie Meditation, Kontemplation oder Wissenschaft, als mental undiszipliniert und pathologisch nervös dargestellt werden.

SCHAMANEN GEGEN BUDDHISTEN IN DER MONGOLEI

Das 13. Jhd. war eine Zeit rapider Veränderungen in Zentralasien. Der Mongolenherrscher Dschingis Khan lebte im frühen 12. Jhd. in einer Stammeswelt mit Clan-Schamanen. Für die internationalen Ambitionen seines Nachfolgers Kublai Khan war dies nicht länger angemessen. Als Knabe hatte er täglich Diskussionen mit einem tibetischen Lama, den er später zum Oberhaupt der institutionalisierten Religion, dem mongolischen Buddhismus (1264), machte. Kublai selbst nahm den Sanskrit-Titel Chakravarti an, und er erklärte sich zur Reinkarnation der ehemaligen Könige Tibets und Indiens. Der mongolische Buddhismus verschwand mit dem Niedergang des mongolischen Reiches, wurde aber im 17. Jhd. von lamaistischen Missionaren wieder eingesetzt, die die Schamanen so stark verfolgten, daß der Buddhismus seitdem die Religion der Mongolei ist. Er hat sogar die noch stärkere Verfolgung des Kommunismus dieses Jahrhunderts überlebt. Während der Lamaismus als der „gelbe Glaube", nach der tibetanischen Gelbmützensekte, genannt wurde, bezeichnete man den mongolischen Schamanismus als den „schwarzen Glauben". Doch wie in Tibet und andernorts verschmolzen schamanische und buddhistische Vorstellungen und Praktiken.

Einige Gebiete des mongolischen Kulturkreises haben den Buddhismus nie übernommen. Bei den Mongolisch sprechenden Burjaten nahe dem Baikalsee in Sibirien wurde 1840 ein Tempel mit 14 Lamas eingerichtet. Die lokale schamanische Bevölkerung machte darauf aufmerksam, daß das Oberhaupt der Lamas sich Geliebte hielt. Er wurde durch einen ortsansässigen Schamanen namens Samsonov ersetzt, der nichts vom Buddhismus verstand. Samsonovs Sohn versuchte den Schamanismus abzuschaffen, doch die ortsansässige Bevölkerung dachte, daß die Vorstellung eines religiösen Verdienstes, das darin bestehe, den Lamas ihren Besitz zu übergeben, sie ruinieren würde. Um seiner Gewalt zu entkommen, traten viele der orthodoxen Kirche bei, und die Schreine in ihren Jurten enthalten *ongons*, Seite an Seite mit Ikonen des hl. Nikolaus.

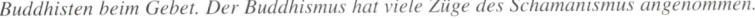

Buddhisten beim Gebet. Der Buddhismus hat viele Züge des Schamanismus angenommen.

Kommunistische Regime

Sibirische Gräber waren selbst während des Kommunismus mit schamanischen Objekten, etwa dem Fell eines geopferten Rentiers, geschmückt.

Die kommunistischen Regime im 20. Jhd. beherrschten einen großen Teil des Stammlandes des asiatischen Schamanismus, der ebenso wie andere Religionen Verfolgungen ausgesetzt war. Da keine schamanischen Kirchen oder Tempel zerstört werden konnten, richtete sich die Verfolgung gegen die Schamanen selbst. In Sibirien hielt man sie für lokale Führer und Klassenfeinde und schob sie oft ins Exil ab, manchmal wurden sie, mit der Aufforderung zu fliegen, aus Hubschraubern geworfen. Gleichzeitig betrachtete die marxistische Lehre der gesellschaftlichen Entwicklung, gepaart mit einer außerordentlich detaillierten Dokumentation ihrer Riten

Grab eines sibirischen Schamanen.

und Glaubensvorstellungen, sie als primitivste Form religiöser Spezialisten.

Auch in China war Schamanismus unter zahlreichen Volksgruppen weit verbreitet und wurde wie andere Religionsformen unterdrückt. Schamanismus wurde als „feudaler Aberglaube" betrachtet. Im Gegensatz zur Sowjetunion jedoch gab es in China nur wenige Forschungen, und über die jüngsten Entwicklungen ist so gut wie nichts bekannt. Zur Zeit existiert in beiden Ländern ein großes Interesse an alten schamanischen Traditionen, und in Rußland werden in den letzten Jahren sogar Versuche unternommen, einige von ihnen wieder zum Leben zu erwecken.

Die Mru Vietnams waren durch ihre Isolation in der Lage, auch während des Kommunismus schamanische Traditionen zu bewahren.

DIE TROMMELN DES MANNES VOM KGB

Einige Zeit nach dem Terror des Stalinregimes erhielt ein in Sibirien reisender Anthropologe Hilfe von Einheimischen. Als er sich revanchieren wollte, sagte man ihm: „Wir wollen keine Gegenleistung, wir möchten nur deine Sammlung von Schamanentrommeln sehen."

Die Sibirer reisten in die Stadt und betrachteten seine Privatsammlung. Einer von ihnen nahm zwei der Trommeln und sagte: „Du bist ein guter Mensch, und mit diesen beiden Trommeln wird alles in Ordnung bleiben, solange sie in deinem Besitz sind. Sollten sie aber jemals in andere Hände kommen, könnte etwas Schreckliches passieren."

Der Sammler war sehr erstaunt, da er die unheilvolle Geschichte dieser beiden Trommeln kannte. Sie hatten einem KGB-Offizier gehört. Dieser Offizier hatte die Angewohnheit, kleine Siedlungen aufzusuchen, sich krank zu stellen und den lokalen Schamanen kommen zu lassen. Wenn der Schamane erschien, um dem vermeintlich Kranken zu helfen, ließ er ihn an einen einsamen Platz führen und erschoß ihn. Die Trommeln des Schamanen nahm er als Trophäen mit.

DER SCHAMANE UND DER POLIZEICHEF

Diese Geschichte erzählt von einem sowjetischen Polizeichef, der einen alten Jakuten-Schamanen mit dem Revolver bedrohte. Der Schamane sagte freundlich zu ihm: „Laß das, mein Sohn, du wirst dir selbst weh tun." Der Polizist schoß sich seinen eigenen Daumen ab. Er gab dem Schamanen die Schuld daran und sperrte ihn ein. Mysteriöserweise konnte er fliehen und spazierte durch die Tür der Polizeistation wieder hinein. Dies wiederholte sich mehrere Male, und schließlich wurde er zu Schwerarbeit in einen entlegenen Wald geschickt. Er sollte dort ein kleines Waldgebiet abholzen und zu Feuerholz verarbeiten. Ein Inspektionsteam besuchte ihn im Sommer und sah seine Axt alleine arbeiten. Als sie im Winter zurückkamen, waren der Schamane und die Holzklötze verschwunden. Diese hatten sich wieder zu lebendigen Bäumen zusammengefügt.

Der Jakuten-Anthropologe und Poet Kulakovsky schrieb ein langes Gedicht mit dem Titel „Der Traum des Schamanen", in welchem er die Vernichtung der Jakuten unter der Sowjetherrschaft vorhersagte und zum Widerstand bis zum letzten Mann aufrief. Der erste Präsident der sowjetischen Jakuten-Republik, Platon Sleptsov, der ebenfalls ein Poet und ein berühmter Sänger traditioneller jakutischer Heldenepen war, veröffentlichte unter dem Pseudonym Oyunsky, was „Sohn des Schamanen" bedeutet.

Anti-Schamanismus-Plakat.

Sind Schamanen geisteskrank?

Am Beginn des 20. Jhd. begannen Wissenschaftler und Forscher die psychopathologischen Aspekte der „Hysterie" und „Neurose" des Schamanen, ausgelöst durch die besonders gewaltsamen und beunruhigenden Vorstellungen sibirischer Schamanen, nachdrücklich zu unterstreichen. In den 60er Jahren war Lommels Auffassung von der Geistesstörung der steinzeitlichen Schamanen als notwendiger Stimulus zu künstlerischer Kreativität (s. S. 28–29) ein bedeutender Schritt auf dem Weg, der über die Hippie-Ära zum New-Age-Zeitalter, in dem der Schamane als völlig normal betrachtet wird, führte. Das seltsame Verhalten des Schamanen während der Trance wird heute allgemein als „normaler" Bereich der menschlichen Verhaltensmuster betrachtet und kann als universal-psychobiologisches Talent bezeichnet werden. Dieser Meinungswechsel wurde durch die ausgedehnten Experimente mit psychedelischen Drogen in den 60er Jahren unterstützt und gefördert.

Die engste Parallele zum „Wahnsinn" des Schamanen ist vermutlich die klinische Schizophrenie. Ein schizophrener Schub kann eine Person in tödlichen Schrecken versetzen, vergleichbar der Initiationsvision des Schamanen, bei der sich seine oder ihre Persönlichkeit in ähnlicher Weise spaltet. Die sozialen und psychologischen Unterschiede sind jedoch in jedem Fall groß. Wo die Konzentration des Schamanen zunimmt, geht die des Schizophrenen verloren, wo der Schamane die weitreichende Kontrolle über seinen Bewußtseinszustand bewahrt, hat Schizophrenie Kontrollverlust zur Folge, und wo die Erfahrung des Schamanen immer in die Gemeinschaft zurückgebracht und von ihr geteilt wird, bleibt der Schizophrene in seiner privaten Er-

Die übliche schizophrene Halluzination des oral-genitalen Verschlungenwerdens (rechts) kann mit der Zeichnung des Hilfsgeistes eines Inuit-Schamanen (oben) verglichen werden. Kurz nachdem er seine Eltern verloren hatte, kam dieser Geist zu ihm und sagte: „Hab keine Angst vor mir, auch ich kämpfe gegen traurige Gedanken."

fahrung gefangen, nahe dem Zustand des Autismus.

Wie bei anderen kreativen Persönlichkeiten erscheinen einige Schamanen seltsam, während andere stabile und kompetente Mitglieder ihrer Gemeinschaft sind. Die Existenz des schwierigen und temperamentvollen Beethoven schließt die Kreativität einer so gesetzten Persönlichkeit, wie Bach es war, weder aus, noch erklärt sie sie. Das sicherste Argument für die psychische Gesundheit des Schamanen ist, daß die Gemeinschaft ihm im anderen Fall nicht den Schutz ihrer eigenen mentalen Gesundheit und ihres Lebensunterhaltes anvertrauen würde.

Die geistige Kraft des Schamanen resultiert aus der breiten Erfahrung mentaler Störungen. Die schamanische Persönlichkeit wird von der Kultur geformt, und der Schamane ist „wahnsinnig" mit

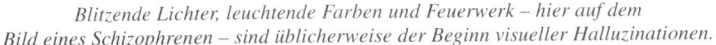

Diese Vision eines Geistes erschien einem Inuit-Schamanen, der darüber so furchtbar erschrak, daß er fortlief und nicht versuchte, ihn als Helfer anzuwerben.

Genehmigung dieser Kultur. Es ist letztlich die Gesellschaft, die zwischen dem Verhalten des Schamanen und dem eines Schizophrenen oder Psychotikers unterscheidet. Der eine wird zum Helden, der andere zum Patienten. Der Schamane lebt am Rand des Abgrundes, hat aber die Mittel, einen Absturz zu verhindern.

Blitzende Lichter, leuchtende Farben und Feuerwerk – hier auf dem Bild eines Schizophrenen – sind üblicherweise der Beginn visueller Halluzinationen.

Schizophrene Zeichnung einer Haltung, die einen Aspekt des eigenen Charakters repräsentiert. Sie ist den Zeichnungen arktischer Schamanen ähnlich, die eher ihren geistigen als ihren körperlichen Zustand darstellen.

DAS ZEITALTER DES SCHAMANISCHEN WAHNSINNS

Der russische Anthropologe Basilov faßt die russische Literatur des frühen 20. Jhd. über den Geisteszustand der Schamanen zusammen: „Im 19. Jhd. hatte man für die wilden Mätzchen der Schamanen eine einfache Erklärung parat. Schamanen waren gerissene Scharlatane, die vorgaben, von Dämonen besessen zu sein, um ihre naiven Stammesangehörigen zu täuschen. Zu Beginn unseres Jahrhunderts änderte sich die Meinung: Schamanen waren Geisteskranke, Neurotiker und Psychopathen. Während Mikhailovsky (1892) diese Vermutung noch sehr vorsichtig formulierte, erklärte Kharuzin 1905, daß ‚alle wirklichen Schamanen neurotische Personen sind'. Bogoraz behauptete 1910, daß unter den ihm bekannten Schamanen viele hysterisch und einige buchstäblich halb-wahnsinnig sind. Schamanismus ist eine durch die Auswahl der nervösesten und unstabilsten Person geschaffene Religionsform'. Zelenin schrieb 1935, daß es für eine mental gesunde Person völlig unmöglich sei, ein Schamane zu werden."

Dieser Standpunkt war nicht weniger extrem als der westeuropäischer und amerikanischer Forscher. 1939 brachte Ohlmarks die „arktische Hysterie" mit den langen Winternächten und dem Fehlen von Vitaminen in Verbindung, während andere Forscher ähnliche Formen der Hysterie in den Tropen entdeckten. Bis zu seinem Tod vertrat der bedeutende Anthropologe Devereux den Standpunkt, daß Mohave-Schamanen geisteskrank seien.

DIE PSYCHOANALYSE UND DER REGRESSIVE SCHAMANE

Für freudianische Psychoanalytiker wies das Auftauchen des Traumas der Initiation bei jeder Reise des Schamanen auf eine neurotische zwanghafte Wiederholung hin. Eine ausführlichere Version der Geschichte des Jakuten-Schamanen, der eine Frau vor den rabenköpfigen Menschen im Himmel rettete (s. S. 101), wurde von dem Psychoanalytiker Ducey analysiert. Die Rettung wurde aus der Sicht eines Novizen erzählt, der die Aktion beobachtete, während er auf dem neunten Ast des Weltenbaumes lag und ein weißes Rentier ihm die Brust gab. Der Schamane, der die Frau rettet, ist älter als der Novize und wurde auf demselben Baum gefüttert. Doch wurde er nur auf dem achten Ast gefüttert und später von einem jüngeren Schamanen getötet. Ducey interpretiert die Geschichte als ödipalen Konflikt zwischen dem jungen Schamanen und einer Vaterfigur. Die Verbindung des jungen Schamanen zu seiner Mutter wird durch das Säugen und den schmalen Eingang in den Himmel repräsentiert, der darauf hinweist, daß der ganze Vorfall sich in der Gebärmutter der Mutter abspielt. Der Kopf des alten Schamanen, der in dem schmalen Spalt erscheint, repräsentiert den Penis während des Beischlafs mit der Mutter, in deren Gebärmutter der junge Schamane heranreift. Der Sohn ist eifersüchtig, kann aber bei den ersten beiden Gelegenheiten nichts tun. Beim dritten Mal wird er am Eingang durch ein brennendes Holzscheit zurückgeschlagen.

Dieser Ausflug in die Psychologie des Schamanen führt Ducey nicht zu einer pathologischen Einschätzung. Er kommt zu dem Schluß, daß die Geschichte eine Allegorie des Erwachsenwerdens ist, in der der Sohn den Vater ersetzt, und daß die Initiation das Kind berechtigt, aus der „preödipalen" Welt autistischer Phantasien (Säugung) heraus- und in das „ödipale" Reich geteilter kultureller Phantasien hineinzutreten. Die Analyse dieser Geschichte legt nahe, daß der Schamane durch die Initiation die Phantasien der Gemeinschaft auslebt.

Nicht-schamanisches Gemälde von wiedererwachten Kindheitserinnerungen an eine melancholische Mutter.

Heilen Schamanen wirklich?

Schamanische Gesellschaften sehen einen Zusammenhang zwischen dem
Geisteszustand des Schamanen und
dem Zustand des Patienten und der Gesellschaft als Ganzem. Wie die Initiation des Schamanen, ist auch die
„Krankheit" der Patienten eine Episode
in seiner persönlichen Entwicklung.
Die Frage: „Heilen Schamanen wirklich?" ist nur ein kleiner Teil der Frage:
„Ist irgend etwas davon wirklich?" In
beiden Fällen muß die Antwort sich
von den engen Konzepten wissen-
schaftlicher Gültigkeit entfernen, um
die Vermutungen der verschiedenen

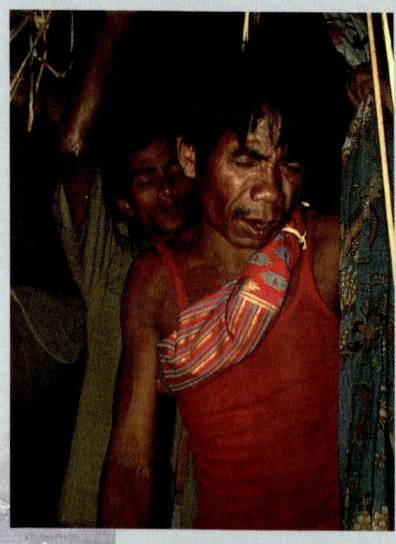

OBEN *Ein Wana-Schamane
aus Indonesien trägt das
Leben seines Patienten, das
in einer Betelpflanze enthalten ist, in Tücher gewickelt
um den Körper.
Er bringt es in einem Kanu
zu Pue, dem Besitzer des
Himmels.*

LINKS *Ein Schamane der
Sitka-Quan-Indianer
Alaskas behandelt einen
verhexten Patienten. Er
trägt dabei einen Kopf-
schmuck und eine spezielle
Maske, tolu-ga genannt. Mit
der einen Hand schüttelt er
eine Geisterrassel, mit der
anderen drückt er eine
medizinische Elfenbeinkette
auf die Brust des Patienten.*

Völker über die Natur der Wirklichkeit verstehen zu können. Schamanische Kulturen haben eigene Vorstellungen darüber, was existiert (Ontologie) und wie die Dinge passieren (Kausalität). Wenn jemand diese Vorstellungen teilt, können die Handlungen des Schamanen erfolgreich sein.

Auch die konventionelle westliche Medizin wirkt auf diese Weise. Eine Menge von Ritualen, Ängsten und Prestige spielen eine große Rolle, und der Placebo-Effekt zeigt, daß Personen bei einer Scheinbehandlung oft so reagieren, als erhielten sie eine wirksame Medizin.

In den meisten Fällen kombinieren die Patienten schamanische Behandlungen mit Krankenhaus-Medizin. Schamanischer Einfluß zeigt sich dort, wo auf eine gute Beziehung zwischen Arzt und Patienten Wert gelegt wird. Besonders eng sind die Parallelen zur Psychotherapie und dort, wo Heilung einen sozialen Kontext, wie in der Gesprächstherapie, einschließt. Dieser Ansatz betont, wie notwendig es ist, die Welt und die eigene Position in ihr zu verstehen. Das Ritual funktioniert, weil es Gefühle und Bedürfnisse ausdrückt und den Zustand des Patienten durch eine gesteigerte Wahrnehmung verändert (s. S. 156–158). Es mag körperliche Auswirkungen geben, doch sind diese allein kein Beweis für Erfolg, ebenso wie körperliche Symptome allein nicht die Krankheit selbst sind.

Ein Sora-Schamane vergrößert sein Prestige durch die Benutzung eines Stethoskops (rechts). Die Kräutertinkturen eines Hindu-Arztes (unten).

Schamanin bei einem Sora-Begräbnis, umgeben von Assistenten und Trauernden, in Trance.

DER LANGSAME, SCHMERZHAFTE PROZESS SCHAMANISCHER HEILUNG

Ein kleines Mädchen, das kürzlich gestorben war, kam zurück, um mit seiner jungen Mutter zu sprechen. Die Mutter ist so bekümmert, daß sie nicht antworten kann, und das Gespräch wird von der Tante des Kindes geführt. Das Gespräch findet während der Trance einer Sora-Schamanin statt.

Totes kleines Mädchen (kommt aus der Unterwelt an, schwach): „Mutter, wo sind meine Nasenringe?"
Lebende Tante (antwortet für die Mutter): „Sie müssen auf dem Scheiterhaufen verbrannt sein, mein Schatz. Wir haben sie gesucht, konnten sie aber nicht finden."
Kleines Mädchen (ungeduldig): „Warum zeigst du mir meine Nasenringe nicht?"
Tante: „Sie waren so winzig. Wenn ich sie gefunden hätte, würde ich sie dir zeigen."
Nach einer Pause fährt die Tante fort: „Oh, meine Liebe, mein Schatz, bring deine Krankheit nicht zu anderen. Haben dein

Vater und deine Mutter dir keine Opfer gebracht? Haben sie sich abgewandt? Denk an all die Schweine, Hühner und Ziegen. Hat dein Vater nicht gesagt: ‚Laßt uns ein Feuer entzünden, laßt sie zu Hause bleiben. Ihr Gesicht ist schon das einer alten Frau.' Hat er das nicht gesagt?"
Kleines Mädchen (spricht zu ihrer Mutter, weint): „Mutter, du warst schrecklich zu mir, du hast mich ausgeschimpft, du hast mich Narbenmädchen genannt, du hast mich aussätzig genannt, du hast gesagt: ‚Du bist jetzt ein großes Mädchen, warum soll ich dich füttern, wenn du nur rumsitzt und nichts tust?'"
Tante: „Sie hat es nicht so gemeint. Da war soviel Hausarbeit."
Kleines Mädchen (schmollend): „Ich möchte meine Nasenringe … Ich bin herumgehumpelt … Ich konnte nicht aufrecht stehen … *(Trotzig:)* Warum kann ich meine Nasenringe nicht bekommen? Ich muß graben und schaufeln *(in der Unterwelt)*, alles ohne meine Nasenringe. Meine Mutter hat sie mir *(die Krankheit)* in ihrer Gebärmutter gegeben, sie liegt in ihrer Familie. Ich kam heraus, über

und über mit Narben bedeckt, meine Finger fielen ab. Die Krankheit wurde auf mich übertragen.
Tante: „Dann übertrage du sie nicht weiter. Steck deine Mutter und deine Schwestern nicht an!"
Kleines Mädchen: „Wenn ich sie schnappe, dann schnappe ich sie. Wenn ich sie berühre, dann berühre ich sie. Wenn ich sie übertrage, dann übertrage ich sie: so ist das eben."
Tante: „Deinen Husten, deine Narben, deine Wunden, gib sie nicht weiter …"
Kleines Mädchen: „Meine Mutti hat sich nicht genug um mich gekümmert." *(kehrt in die Unterwelt zurück)*

DIE HEILENDE KRAFT DES GESPRÄCHS

Schamanische Heilung kann ein Gespräch des Patienten mit jemand anderem, dem Schamanen oder einem Geist, einschließen. Im Schamanismus der Sora ist dies besonders stark ausgeprägt, es findet sich jedoch auch z. B. als „Gesprächstherapie" in der Psychoanalyse. Ein Sora-Patient spricht durch einen Spezialisten zu den Toten, während der Patient eines Psychoanalytikers zu einem Spezialisten über andere, nicht anwesende Persönlichkeiten spricht.

Das Diagramm stellt die logischen Beziehungen zwischen diesen beiden Ansätzen und der klinischen Psychiatrie dar. Von links nach rechts zeigt es die fortschreitende Trennung des Körpers von Seele und Geist und das Auftauchen der Kategorie „Medizin" als

Die Vorwürfe des Mädchens spiegeln gewissermaßen die Selbstvorwürfe der Mutter wider. In der weiteren Entwicklung dieses Gesprächs über die nächsten Jahre hinweg zeigt sich die heilende Kraft des Sora-Schamanismus. Das kleine Mädchen wird sich nach und nach beruhigen und sagen, daß ihre Mutter eine gute Mutter war. So wie dieses erste, grausame Gespräch die Gefühle der Trauernden beleuchtet, ist die spätere Veränderung, in der das Mädchen von einer Übertragung der Krankheit Abstand nimmt und sich statt dessen in einen hilfreichen, schützenden Geist verwandelt, gleichermaßen überzeugend.

Bereitschaft, nur den Körper zu behandeln. Auf jeder Stufe geht es nicht um die Natur der Realität, sondern um die geeignete Technik. Die Einbeziehung der Seele bedeutet nicht nur, daß der Körper zu ihr in Beziehung gesetzt wird, sondern auch, daß diese Person in Beziehung zu anderen Personen gesehen wird. Was fehlt, ist die soziale Dimension. Als Form der Psychotherapie basiert der Schamanismus der Sora auf einem Gespräch, das zwischen dem Trauernden und der Person, um die er trauert, stattfindet. Auch die Psychoanalyse basiert auf dem Gespräch, jedoch ist der Gesprächspartner abwesend, und der Analytiker spielt die Rolle eines schwachen Ersatzes. Klinische Psychiatrie, mit ihrer Verwendung von Tranquilizern und Schocktherapien, benutzt das Gespräch als therapeutische Technik nicht.

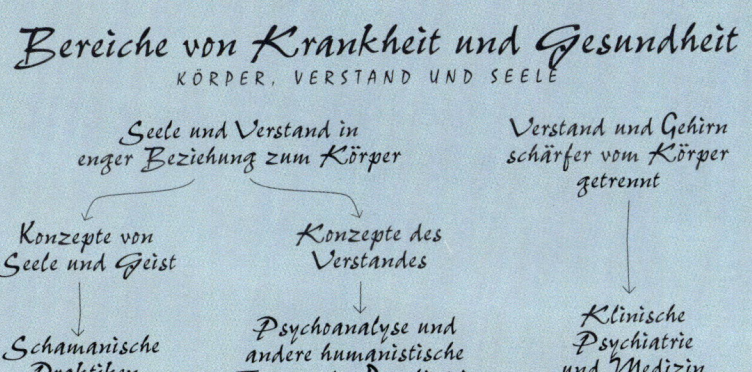

Bereiche von Krankheit und Gesundheit
KÖRPER, VERSTAND UND SEELE

Seele und Verstand in enger Beziehung zum Körper

Verstand und Gehirn schärfer vom Körper getrennt

Konzepte von Seele und Geist

Konzepte des Verstandes

Schamanische Praktiken

Psychoanalyse und andere humanistische Formen der Psychiatrie

Klinische Psychiatrie und Medizin

Arten des Bewußtseins

Das Gewicht, das die 60er Jahre auf psychedelische Drogen legten, ist einem wesentlich breiteren Interesse an dem ganzen Bereich, der jetzt „veränderte Bewußtseinszustände" genannt wird, gewichen. Psychologen beschäftigen sich weniger mit den Fragen nach der Realität der Geister, sondern tendieren dazu, ihren Blick auf das universalmenschliche psychobiologische Potential zu richten, das, vermeintlich kulturunabhängig, unter Laborbedingungen reproduziert werden kann. Die Untersuchungen richten sich in erster Linie auf die Neurophysiologie, besonders auf die Beziehung zwischen Trommelrhythmen und Gehirnwellen und die Chemie der Endorphine. New Age und neo-schamanistische Praktiker teilen diese Vorstellung eines kulturunabhängigen Bewußtseins, doch obgleich sie einiges an der Ethnographie faszinierend finden, möchten sie nicht zu eng damit in Verbindung gebracht werden.

Einige Autoren sprechen von einem generellen religiösen Bewußtseinszustand oder einer Trance, die Schamanismus und Besessenheit einschließt. Andere sehen einen Unterschied zum schamanischen Zustand von Trance und Ekstase, der auf der Erfahrung des Seelenfluges basiert.

Ein breiterer und wesentlich weiter führender Ansatz stammt von Walsh, der bestreitet, daß Schamanen, Yogis und Buddhisten alle auf denselben Bewußtseinszustand „zugreifen". Er argumentiert, daß, so wie schamanisches Bewußtsein früher mit pathologischen Zuständen wie der Schizophrenie verwechselt wurde, es heute mit meditativen Zuständen und Yogapraktiken verwechselt wird. Doch selbst dieses schamanische Bewußtsein muß zwischen dem hellen Licht einer belebenden Himmelsreise und der schrecklichen Reise zu düsteren Welten variieren. Biochemische und physiologische Messungen sind nicht notwendig, sagt Walsh, wenn wir uns darauf konzentrieren, was die Personen von ihren Erfahrungen berichten.

Zwei Palawan-Schamaninnen aus Indonesien im Zustand der Trance. Sie zeigen den Geistern ihre Gaben. Ihre Gesichter sind mit Tüchern bedeckt, um Blindheit zu simulieren und ihr zweites Gesicht zu aktivieren.

Zeichnung einer Versuchsperson, 20 Minuten nachdem sie eine bestimmte Dosis LSD genommen hat.

Eine Stunde 25 Minuten: Die Versuchsperson sieht das Modell zwar noch klar, die Hände bewegen sich aber fahrig.

Zwei Stunden 30 Minuten: Die Person hat das Gefühl, daß ihr Bewußtsein in ihrer zeichnenden Hand wohnt.

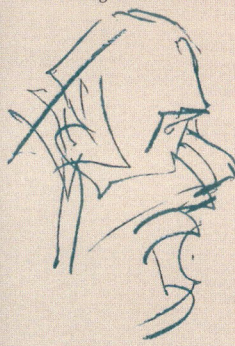

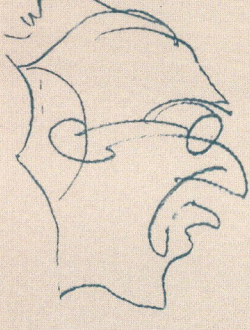

Kurz darauf hat die Person das Gefühl, das Modell nicht mehr so zeichnen zu können, wie sie es sieht.

Gleich danach hat die Person das Gefühl, mit einem einzigen Strich eine Ähnlichkeit eingefangen zu haben.

Zwei Stunden 45 Minuten: Alles ist kaleidoskopartig und bewegt. Das Gesicht des Modells wirkt teuflisch.

Vier Stunden 25 Minuten: Die Welt wird ruhiger.

Fünf Stunden 45 Minuten: Die Welt ebbt auf und ab.

Acht Stunden: Die Versuchsperson ist verwirrt, findet ihre Zeichnungen „öde".

Walsh charakterisiert den Bewußtseinszustand des Schamanen als äußerst konzentriert. Die Erfahrungen des Schamanen sind klar und gut strukturiert, entsprechend dem Zweck der Reise und der symbolischen Darstellung, die in einer vorgegebenen Gesellschaft benutzt wird. Walsh stellt dies den Yogapraktiken und der buddhistischen Meditation gegenüber. Erstere gründen sich auf die unerschütterliche Konzentration gegenüber inneren Objekten, letztere auf die fließende Aufmerksamkeit gegenüber allen Dingen. In ihrer Gelassenheit unterscheiden sich beide vom schamanischen Bewußtsein, das ein hocherregter Zustand ist, in dem der Schamane zwischen Welten hin- und herfliegt und mit Geistern kämpft. Obwohl Walsh dies nicht sagt, schränkt dieser Vergleich den Grad der Kontrolle des Schamanen ein, da seine Beziehung zu den Geistern zeitlich begrenzt ist.

Sowohl traditionelle als auch psychologische Debatten über Bewußtsein benutzen Metaphern von Raum und Land-

K.A.

Ein Eingeweidedieb, der versucht, den Schamanen zum Lachen zu bringen. Gelingt ihm das, wird er den Schamanen töten.

karten. Ein derzeitiges neo-schamanistisches Projekt hat wortwörtlich zum Ziel, die Reiche nicht alltäglicher Realität zu kartographieren. Jedoch kann man die schamanischen Reisebewegungen auch als Metapher für den Wechsel von Bewußtseinszuständen betrachten, der in keiner anderen Sprache ausgedrückt werden kann.

ENDORPHINE

Während Trommeln und Halluzinogene die äußeren Auslöser für psychische Zustände sind, bleibt die Frage, wie Körper und Geist darauf antworten. In den 70er Jahren berichteten Biologen, daß bei bestimmten Stimulationen der Körper eigene Substanzen, Endorphine genannt, bildet, die dem Morphium ähnlich sind und die Schmerzgrenze des Körpers herabsetzen, indem sie sich an die Rezeptoren der Nervenzellen anlegen. Wie

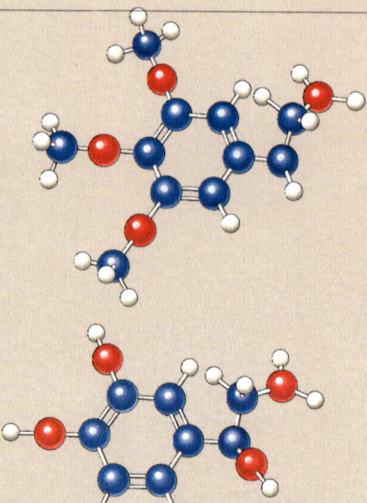

schmerzstillende Mittel können sie Euphorie, Amnesie und veränderte Bewußtseinszustände verursachen. Die Rolle der Endorphine bei der Entstehung schamanischer Bewußtseinszustände bleibt jedoch unbekannt, da sie den Gehalt oder emotionalen Ton der Erfahrung des Schamanen nicht erklären können.

Die chemische Ähnlichkeit zwischen dem Peyote-Halluzinogen (oben) und dem Noradrenalin, einem natürlichen Hormon (unten).

Ein Zen-Steingarten mit geharktem Sand in Kyoto, Japan.

ZENBEWUSSTSEIN

Es gibt viele Stufen menschlichen Bewußtseins. Das Bewußtsein im Zenbuddhismus unterscheidet sich von dem in anderen Formen des Buddhismus.

Im Zen ist der Weg zu vollkommener Gelassenheit der, alles zu vergessen und das Bewußtsein völlig leer zu machen. Dann wird der Geist in der Lage sein, die Dinge so zu sehen, wie sie sind. Doch wenn man versucht, seinen Geist bewußt zu leeren, wird dies nur zu einer anderen Belastung führen, nämlich der, seinen Geist zu leeren. Es gibt verschiedene Schulen des Zen, sei es das Erreichen von Gelassenheit durch Meditation, das Nachdenken über Koans oder paradoxe Fragen, wie etwa: „Was bedeutet Mu (ein Unsinns-Laut)"? Oder: „Wie klingt das Klatschen mit einer Hand?"

Ein Zenmeister sagt: „Versuche nicht deinen Geist anzuhalten, sondern laß alles, wie es ist … Die Dinge kommen, wie sie kommen, und gehen, wie sie gehen. Vielleicht wird ja dein klarer, leerer Geist eine erkleckliche Zeit bestehen."

HEMMUNGEN

Der schamanische Bewußtseinszustand ist schwer zu erreichen und aufrechtzuerhalten. Chini, eine junge koreanische Kandidatin, war zur Schamanin bestimmt, konnte aber ihre Initiationsvorstellung nicht vollziehen. Die Götter hatten ihr bisher nicht die Kraft verliehen, wie eine Schamanin zu handeln. Während der ersten Zeremonie wurde sie von unwillkommenen Geistern gereinigt, bei der zweiten hoffte man, daß die Geister ihr die notwendigen Kräfte verleihen würden. Aber Chini war nicht in der Lage, loszulassen und sich den Geistern zu übergeben. Ihre Lehrerin rief ihr Anweisungen zu: „Spring und schrei die Befehle der Geister heraus." Aber Chini blieb stumm. Ein weiser Buddhist erklärte, daß ein aufdringlicher Geist sie blockiere und die Geister ihr schamanische Kräfte erst nach einem weiteren Jahr harter Arbeit gewähren würden. Chini machte weiterhin alles falsch, und je mehr ihre Lehrerin sie korrigierte, desto nervöser wurde sie. Dieser hemmende Geist stammte von ihrer eigenen pockennarbigen Schwester, die selbst zur Schamanin bestimmt gewesen war, aber Selbstmord begangen hatte. Diese tote Schwester hemmte Chinis Fähigkeiten. Eine Hemmung, die dauerhaft sein kann.

Neue schamanische Bewegungen

Das Bild des Schamanen als Psychotiker wurde zwar weitgehend von einer positiveren Bewertung abgelöst, hält sich jedoch selbst heutzutage in einigen Gegenden noch hartnäckig. In den frühen 50er Jahren experimentierte der amerikanische Autor Aldous Huxley mit Meskalin, und die Wertschätzung des Schamanismus ist seit damals ständig gestiegen, sowohl bei Akademikern als auch in der Volkskultur.

In der Psychiatrie und in vielen anderen Gebieten wurde der Schamane idealisiert. Diese Grundstimmung wurde durch den Zusammenbruch der europäischen Weltreiche, begleitet von einem zögerlichen Verhalten in bezug auf euro-amerikanischen intellektuellen Kolonialismus, verstärkt. Die westlichen Industriekulturen begannen in zu-

nehmendem Maß an einem Vertrauensverlust in das Christentum und in das wissenschaftliche Weltbild zu leiden. Eine ähnliche Desillusionierung fand in der ehemaligen kommunistischen Welt statt. Dieser Prozeß führte zu einer spirituellen Suche in den verschiedensten Religionsformen – charismatischen Kirchen, dem Buddhismus oder heidnischen Religionen. Dort betrachtete man den Schamanismus als nicht-institutionalisierte, undogmatische Form von Spiritualität, mit großen Freiräumen für persönliche Kreativität.

Von den 70er Jahren an entstanden in den USA und in Europa neue schamanische Bewegungen. Diese verbanden das Erbe der Drogenkultur der 60er Jahre mit dem seit langer Zeit bestehenden Interesse an nicht-westlichen

Ein schamanischer Workshop in Ungarn bildet das Geisterkanu der Salisch nach.

Religionen, Umweltorganisationen, New-Age-Bewegungen und verschiedensten Formen von Selbsthilfe- und Selbstverwirklichungsgruppen. Auch die populäre Anthropologie leistete ihren Beitrag, besonders durch die Werke Castanedas. Diese Bewegungen vertraten den strengen Standpunkt, daß Schamanismus mit institutionalisierten Religionen und politischen Systemen unvereinbar sei, und sprachen von einer Demokratisierung des Schamanismus, bei der jeder befähigt wäre, sein eigener Schamane zu werden. Sie betrachteten Schamanismus nicht so sehr als Religion, sondern vielmehr als Haltung der Realität gegenüber und als eine wirksame Technik.

Ein Geisterkanu mit verspielten Tieren. Zeichnung eines kanadischen Schamanen von 1972.

Neo-Schamanisten interpretieren den „veränderten Bewußtseinszustand" des Schamanen als universal-menschliches Potential, das in allen Kulturen nur teilweise vorhanden ist. Zum Beispiel unterrichtet die Harnermethode einen „Kern-Schamanismus", der sich aus mehreren verschiedenen Kulturen zusammensetzt. Der Begründer dieser Methode, Michael Harner, behauptete, daß es in „vielen dieser Traditionen Elemente gibt, die nicht wirklich schamanisch sind, sondern in Beziehung zu einer kulturellen Struktur stehen, die für uns, in unserer Kultur, keine Bedeutung hat. Ich versuche die universalen Grundlagen des Schamanismus zu verstehen und den Leuten die wesentlichen Punkte beizubringen, so daß sie diese Dinge in ihr eigenes Leben integrieren können."

Wie auch immer, dieser Ansatz wirft Probleme auf, die nicht leicht zu lösen sind. Traditionelle Kulturen bilden nahezu die gesamte Geschichte des Schamanismus und sind die Grundlage unseres Wissens über ihn, außerdem enthalten sie integrale Bestandteile, die mit Werten des New Age, etwa dem Vegetarismus, dem Feminismus und dem Wunsch, Krankenheilung völlig von Zauberei zu trennen, unvereinbar sind. Es besteht die Gefahr, daß diese Schamanisten ihr eigenes Idealbild des Schamanismus schaffen und traditionelle Gesellschaften verurteilen, wenn sie nicht gemäß dieses Idealbildes leben.

Nepalesische Schamanen-Studenten machen sich Notizen.

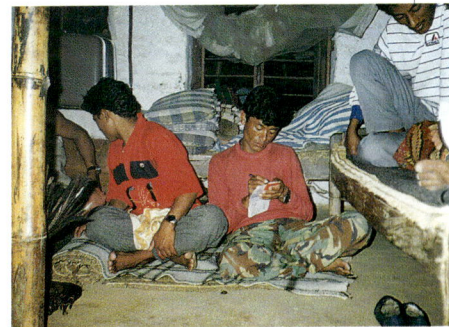

UMWELTVERSCHMUTZUNG: DAS LIED DER LUFT

Neue Bewegungen kombinieren schamanische Themen mit anderen Hauptbelangen unseres Jahrhunderts. Sie verbinden die Weltsicht des traditionellen Schamanismus mit gegenwärtigen Umweltproblemen:

„Wir sprachen auch mit der Luft
Ich ging zum Platz meiner Kraft
diesmal, zum Tanzboden des Windes. Ich
tanzte dort ein wenig, und während ich
tanzte, sangen die Lüfte zu mir.

Die Lüfte wurden vergiftet durch eure Autos, eure Abgase,
eure Fabriken
Und wieder dreht sich die Spirale
Vergiftete Luft, vergiftetes Wasser
Bäume sterben im Wald
Vergiftet Luft, vergiftet eure Kinder
Zerstört die Zukunft eurer Spezies

Tanz die niemals endende Spirale
Tanz die Luft, die Erde, das Wasser
Tanz wie die Bäume, die Vögel,
die Insekten.
Tanz wie die Blumen, der Wind,
die Geister.
Tanz wie das Feuer die Spirale
für uns.
So wie wir dich Stimme der Geister nennen,
nennen wir dich ein Netz

Ein nepalesischer Lebensbaum. Nachgebildet von Neo-Schamanisten in einem Wald in Ungarn.

Heiler
Wenn du das Netz tanzt, unendlich
und heilst die kranken Teile der Welt.

Die Lüfte sprachen zu mir von meiner Aufgabe in diesem Leben. Ich sollte helfen, die Welt durch meine Arbeit zu heilen. Durch meinen Tanz, meine Arbeit, sollte ich der Heiler des

Netzes sein, ein Schamane der Erde."

(Karen Kelly, aus: Ich sehe mit anderen Augen, Privatdruck, Cambridge 1993)

Die Verwicklung der neuen Bewegungen in ökologische Fragen deckt sich mit dem Wunsch eingeborener Völker, die alte Beziehung zum Land wiederherzustellen.

SCHAMANISCHE BERATUNG

„Schamanische Beratung" ist ein in New-Age-Kreisen weitverbreiteter Begriff. Bei einer gut etablierten Methode wird der Patient (hier Klient genannt) aufgefordert, sich auf ein persönliches Problem zu konzentrieren, für das er oder sie einen Rat braucht. Dem Klienten wird dann geholfen, mental zu den Ober- und Unterwelten „anderer Wirklichkeiten" zu reisen und Rat bei den Geistern zu suchen, die er dort trifft. Es ist eher der Klient, der diese Reise macht, als der Spezialist, und jeder Klient wird ermutigt, sein eigener Schamane zu werden.

Der Grundgedanke dieser Methode ist, daß in einer „spirituellen Demokratie" niemand nach einer geistigen Autorität außerhalb seiner selbst suchen sollte, besonders nicht in der normalen Realität. Diese Technik wurde von einem Anthropologen entwickelt, der mit dem Schamanismus weltweit vertraut ist. Während er unter Führung des Ratgebers reist, wird der Klient ermutigt, bestimmte klassische schamanische Techniken und Praktiken zu benutzen.

Obwohl mitunter auch richtige Trommeln benutzt werden, wird die Reise oft von Trommelschlägen begleitet, die vom Tonband kommen und die der Klient über Kopfhörer hört. Dies erlaubt dem Klienten, seine Erfahrungen so zu erzählen, wie sie sich ereignen, und diese später mit dem Berater zu diskutieren.

ZURÜCK IN DIE STEINZEIT

„Trance befreit das Bewußtsein", sagt Colin. „Du bekommst Kontakt zu den Bereichen der Inspiration und der Freiheit. Das läßt die Menschen aus ihren Köpfen heraustreten. Nach all diesen psychedelischen Experimenten weiß ich, daß es irgendwo innen eine tiefe Sehnsucht nach einem steinzeitlichen Zustand gibt. Wir sind den psychedelischen Pflanzen zu Dank verpflichtet, daß sie die Menschheit einander näher bringen und den Blick für das schärfen, was uns mit den Pflanzen verbindet.

Die ganzen Raves heutzutage sind große Scheiße. Zuviel Mist, zuviel Gewalt, zu viele Machos. In den letzten zwei Jahren hat die Rave-Bewegung durchgedreht. Das Tempo ist wahnsinnig gestiegen. Bei 160, 180 Schlägen in der Minute kriegst du Herzjagen. Der Rhythmus macht dich fertig. Es ist merkwürdig: Der Rhythmus begann sich zu steigern, als die Qualität der Ekstase abnahm. Heute zählen nur noch Amphetamine und Heroin. Das hat nichts mit dem zu tun, was wir machen."

(Aus einem Interview mit der Popgruppe The Shamen in dem französischen Magazin *Actuel,* Jan./Feb. 1993)

Entgegen der Meinung von Autoritäten, besorgter Eltern und selbst einiger Benutzer ist die Designer-Droge Ecstasy kein wirkliches Halluzinogen.

Psychedelische Lichteffekte können zu Trance führen.

Allerdings wirkt sie stimulierend und erlaubt dem Benutzer, länger mit größerer Energie zu tanzen.

Von dieser gesteigerten Ausdauer in der Verbindung mit Lichteffekten und Rhythmus nimmt man an, daß sie im Tänzer einen der Trance ähnlichen Zustand auslösen kann.

Der innere Kosmos

In chinesischen Legenden vervielfältigt sich die schamanisch inspirierte Gaunerfigur des Affen, um den Weißknochendämon zu besiegen.

Schamanismus ist ein chamäleonartiges Phänomen. Immer wieder taucht er in verschiedenen regionalen Traditionen, historischen und politischen Gegebenheiten auf, in einer manchmal unbehaglichen Koexistenz mit Weltreligionen. Schamanischen Vorstellungen fehlt die institutionalisierte, zentralistische Struktur, die ein Pope, ein Dalai Lama oder ein großer Tempel des Hinduismus repräsentieren. Beweglich und innovativ, sind diese Vorstellungen so anpassungsfähig, daß sie im entlegensten Wald, am chinesischen Kaiserhof und selbst in einem Workshop in San Francisco wirksam werden können. Anstatt auf eine Institution zu blicken, die wir Schamanismus nennen, sollte sich unser Verständnis auf die Figur des Schamanen richten. Der Schamane vereinigt Gebiete wie Religion, Psychologie, Medizin und Theologie, die sich in der westlichen Welt getrennt haben. Durch seine oder ihre außerordentlichen individuellen Erfahrungen sind seine Mittel psychologisch, das Ziel, gesund zu machen und die Gemeinschaft zu erhalten, jedoch soziologisch.

EINE LANDSCHAFT DER LEOPARDEN ODER EINE LANDSCHAFT DER PSYCHOSE?

Das Dorf und die umliegenden Reisfelder am Talboden sind die Domäne der Geister der Ahnen, die ihre Nachkommen in der Regel unterstützen und ernähren, indem sie ihre eigene Seelenkraft in das wachsende Getreide fließen lassen. Der Dschungel an den steilen Abhängen ist die Heimat vieler Geister, die in Bäumen und Felsen wohnen und die Lebenden angreifen, um sie zu verschlingen.

Jeder dieser Geister repräsentiert eine bestimmte Form des Todes, so daß jemand, der von einem Leoparden getötet wird, den Leoparden-Geist treffen und bei ihm wohnen wird. Dort wird die tote Person andere Opfer der Leoparden treffen und Vorbeiziehende durch wirkliche Leoparden angreifen.

Ein Großteil des Sora-Schamanismus besteht darin, mit den Toten zu sprechen und sie dazu zu bewegen, zu freundlichen Ahnen zu werden und nicht zu feindlichen Dschungel-Geistern. Der Patient eines Sora-Schamanen leidet eher an den Wirkungen des in Felsen und Bäumen enthaltenen menschlichen Bewußtseins als an Schizophrenie oder einer Psychose. Die Patienten eines Psychiaters oder Psychoanalytikers leben in einer isolierten Welt persönlicher Symbolismen, die einzig von ihrem Arzt geteilt wird. Im Gegensatz dazu sind die „mentalen Landkarten" der Sora mit der Landschaft identisch, in der Menschen umherziehen und arbeiten. Gleichzeitig spiegeln diese Landkarten im weitesten Sinne die soziale Ordnung wider. Es ist diese gemeinsame Landschaft, die die Mittel liefert, persönliche Erfahrung und soziale Ordnung zu regulieren und zu erhalten. Für die diesseitig orientierte Tradition des Westens basiert die Struktur der Erfahrung weitgehend auf der Struktur des erkennenden Verstandes mit seinen Unterteilungen in Bewußtes und Unbewußtes, Ich und Über-Ich. Für die Sora ist der Verstand nicht geteilt, und die Struktur menschlicher Erfahrung basiert auf der Struktur der Außenwelt, die dieser Verstand wahrnimmt.

Landschaft der Sora. Der kleine Junge ist der Sohn eines Schamanen und sieht überall in seiner Umgebung Geister.

Selbst die Psychologie des Schamanen ist teilweise soziologisch bedingt: Es kann keinen Geisteszustand ohne Geschichte oder politisch-soziale Strukturen mit all ihren Fehlern und Widersprüchen geben. Wenn es stimmt, daß Schamanen ein universal-menschliches Potential nutzen, dann ist die Handhabung und Bewertung dieses Potentials einem ständigen Wechsel unterworfen.

Obwohl Schamanen Mystiker sind und die Grundmuster der Welt nach ihren eigenen Erfahrungen beurteilen, ist alles, was ein Schamane tut, letztlich darauf gerichtet, bestimmte Aspekte der Welt zugunsten der Gemeinschaft zu regulieren. Die Seele des Schamanen reist, um die Seelen anderer zu retten, Dämonen zu bekämpfen und Nahrung zu beschaffen. Die Träume eines kleinen Sora-Mädchens sind private Erfahrungen, doch wenn sie zur Schamanin wird, werden ihre Erfahrungen innerhalb eines formalisierten Rituals zum Dienst an der Gemeinschaft. In der Initiationsvision des sibirischen Schamanen Dyukhade (s. S. 60–61) war das, was die sieben Felsen ihm zeigten, nicht einfach nur die Funktionsweise der Welt, sondern wie man die Felsen dazu nutzen konnte, die Menschen mit bestimmten Grundstoffen zu versorgen.

Schamanen scheinen sich oft deutlich von ihren Klienten zu unterscheiden. Die allgemeinmenschliche Fähigkeit zu träumen entwickelt sich bei ihnen zur spezialisierten Technik der Trance, oder die Initiationskrankheit des Schamanen stattet ihn mit der Fähigkeit aus, eine vergleichbare Krankheit zu behandeln. Alle Mitglieder der Gemeinschaft teilen die gleiche Landschaft und den gleichen Kosmos. In schamanischen Kulturen ist die bildliche Darstellung eines geistigen Zu-

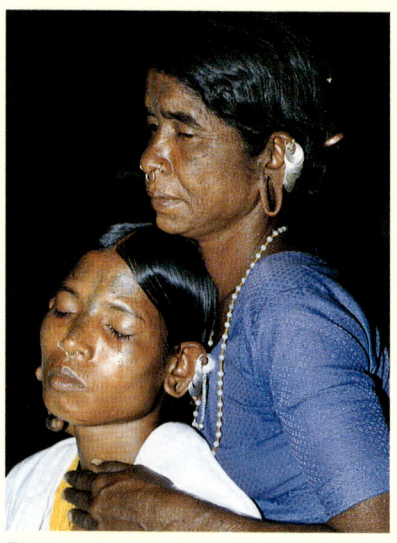

Eine neue Sora-Schamanin, ängstlich und in Tränen, während ihrer ersten Trance, wird von einer älteren Frau getröstet.

standes durch eine irgendwo außerhalb liegende Geographie nicht nur das Privileg des Schamanen, sondern ein grundlegender Weg, über Emotionen und Sozialbeziehungen zu sprechen. Es kann dies die Geographie des Universums, eines Baumes oder einer Bushaltestelle sein. Die junge Sora-Frau, die starb, um ihr Baby zu retten (s. S. 124), kam als direktes Ergebnis des Vorübergehens an einem bestimmten Punkt zwischen zwei Dörfern um. Die Verbindung jedoch, die zwischen ihr und diesem Platz hergestellt wurde, faßt beide Seiten der Debatte über ihre Liebe zu ihrem Ehemann zusammen und fällte ein Urteil über die Richtigkeit ihrer Ehe.

Der nepalesische Schamane, der über das Tal von Katmandu fliegt, liest die unterschiedlichen Beziehungen, die zwischen den einzelnen Orten bestehen, und sieht dabei die verschiedenen Kräfte, die auf einen Patienten einwir-

ken. Wenn er zurückkehrt und sein visionäres Wissen dem Patienten präsen-
tiert, macht er genau das deutlich, was
der Patient zwar schon weiß, jedoch
nur in einer undeutlichen und „unbewußten" Weise. Die chaotischen Ge-

UNTEN *Chinesische Akupunktur-Tabelle.
Akupunktur gründet auf der Vorstellung, daß
die Prinzipien Yin (weiblich und dunkel) und
Yang (männlich und hell) sowohl im menschlichen Körper als auch im Universum wirksam sind. Ein Ungleichgewicht von Yin und
Yang blockiert den Fluß der Lebenskraft, der
durch Nadeln, die in bestimmte Körperbereiche gestochen werden, wieder freige-
setzt werden kann.*

*Die Grenzen zwischen dem Schamanen und
dem Kosmos können in beiden Richtungen
offen sein. In diesem Gemälde eines ehemaligen Schamanen aus Peru senden die
erhabenen Meister der Medizin einen Geist
zu einem* Vegetalista *herab.*

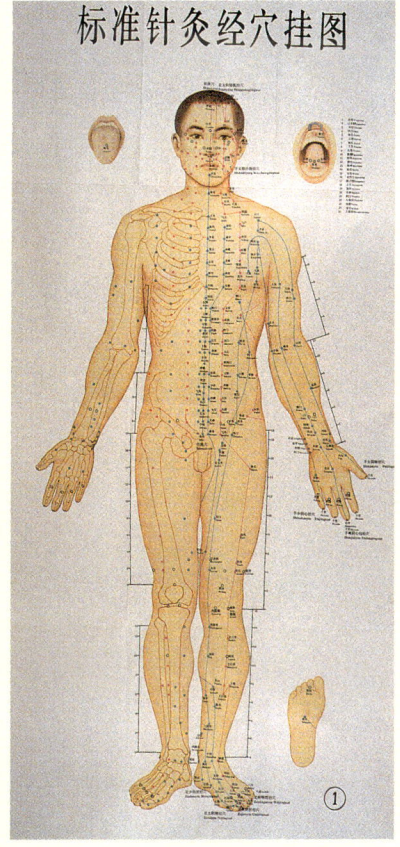

fühle des Patienten werden in greifbare
Bilder übersetzt und in einer klaren
Ordnung wiedergegeben, die der Ordnung der Geographie selbst entspricht.
Bei der Rettung der Seele holt der
Schamane den Patienten aus psychischen Bedingungen zurück, die mit
diesen wilden und scheußlichen Plätzen in Beziehung stehen, und überführt
sie in einen gesunden Zustand. Er führt
den Patienten von einer Metapher zu
einer anderen. Die Orte und Geisteszu-
stände sind Erinnerungen an Erfahrungen, die der Schamane während seiner
Initiation selbst gemacht hatte. Wie der
Schamane macht auch der Patient eine
Umwandlung durch. Eine einmal ge-
heilte Krankheit kann positiv interpre-

tiert werden, wie ein amerikanischer Indianer sagte: „Mit der Medizin des Weißen Mannes kommst du dorthin zurück, wo du warst. Mit indianischer Medizin kommst du wesentlich weiter."

Verstand und Geist haben außergewöhnliche Eigenschaften, die den meisten Menschen verborgen bleiben. Es ist wahr, daß die Seelenreise dem Schamanen die Kraft verleiht, andere Wirklichkeiten zu sehen, aber eine Überbetonung der Reise als Offenbarung kann zu einer falschen Sicht der Schamanenschaft führen. Der Schamane hat sich dazu verpflichtet, die Schwierigkeiten anderer zu lösen, und die Qualen der Initiation sind auch die Schmerzen der Gemeinschaft. Seine Rituale vereinigen innere und äußere Welten, die Welt des Individuums und die der Gemeinschaft, die Welt von Körper und Geist und die des Kosmos jenseits davon.

EINE GEFÄHRLICHE EXPEDITION IN DIE GEBÄRMUTTER

Der schamanische Kosmos existiert nicht nur „außerhalb", sondern innerhalb von jedem von uns, und die Reisen des Schamanen durch den Kosmos sind gleichzeitig Reisen durch den mentalen und physischen Raum der Gemeinschaft. Manchmal reicht diese Verbindung noch wesentlich weiter, und die Reise des Schamanen findet vollständig im Körper des Patienten statt.

Bei den Kuna Panamas hat jeder Körperteil seinen eigenen Geist, der seine Funktion symbolisiert. Die Geburt wird durch den Geist der Gebärmutter, Muu genannt, ausgelöst. Beim folgenden Ritus, der die Wehen auslösen soll, wird Muu zwar als Gegnerin des Schamanen gesehen, doch ist sie nicht so sehr ein böser Geist als vielmehr eine Körperfunktion, die nicht so arbeitet, wie sie soll.

Die Analogie zwischen der Anatomie des Patienten und der Geographie des Kosmos zeigt sich ganz deutlich: „Das innere weiße Gewebe erstreckt sich bis zum Busen der Erde. Dort sammeln sich die Absonderungen in einem Becken, alles wie Blut, alles rot."

Der Schamane sitzt unter der Hängematte der kranken Frau und ruft jeden seiner Hilfsgeister, Nelegan genannt, auf. Er gibt ihnen Waffen und Ausrüstung: schwarze Perlen, Tigerknochen, Gürteltierknochen, silberne Halsketten und besonders ihre spitzen, alles durchdringenden Hüte.

Schließlich dringen die Nelegans in die Vagina der Patientin ein, und nach all diesen emotionsgeladenen Vorbereitungen kann es sein, daß sie das Eindringen tatsächlich spürt.

Die Hüte „erleuchten" den Weg. Einmal im Inneren, führt ihre Reiseroute in eine Landschaft, die beides ist, die Anatomie eines lebenden Körpers und die emotionale Geographie der Psyche, die ihn bewohnt.

Die Nelegans brechen auf, sie marschieren in einer Reihe die Straße Muus entlang, bis zum niedrigen Berg.
Die Nelegans brechen auf, sie marschieren in einer Reihe die Straße Muus entlang, bis zum kleinen Berg.
Die Nelegans brechen auf, sie marschieren in einer Reihe die Straße Muus entlang, bis zum großen Berg.
Die Nelegans brechen auf, sie marschieren in einer Reihe die Straße Muus entlang, zum Yala Pokuna Yala ...

Schritt für Schritt zählt der Schamane die Hügel und Biegungen auf, an denen seine Hilfsgeister vorbeikommen. Der Schmerz der Patientin nimmt die Form eines Alligators und eines Tintenfisches an, und die Schutzgeister Muus erscheinen als schwarzer Tiger, als rotes Tier oder als ein mit Staub bedecktes Tier. Die Nelegans fesseln sie, eines nach dem anderen, mit eisernen Ketten, während diese brüllen und geifern und mit ihren Prankenhieben ihre Umgebung verletzen und dadurch Blutungen auslösen.

Wir können über die Wirkung auf die Patientin nur spekulieren, aber allem Anschein nach ist sie äußerst heftig. Schließlich erreichen die Nelegans die Gebärmutter und benutzen ihre Hüte als magische Waffen, um den Kampf gegen die Geister, denen sie dort begegnen, zu gewinnen. Dann beginnt die Rückreise. Durch Dehnung des Gebärmutter-

halses wird die Geburt ausgelöst, und die Nelegans müssen das Baby hinter sich herziehen.

Der Schamane ruft weitere Verstärkung, wie das Gürteltier, den Herren der Wühltiere, herbei, während die Nelegans, die sich bei ihrem Eindringen in einer Reihe zusammenquetschen mußten, jetzt, bei ihrer Rückreise, in Viererkolonnen herauskommen.

Um solch eine „Behandlung" durchführen zu können, schafft der Schamane eine emotionale Situation, jedoch mit physischen Konsequenzen. Die Struktur des Gesanges verleiht den Schmerzen der Patientin Bedeutung und setzt sie in Beziehung zur

Die Geschichte einer gefährlichen Expedition in die Gebärmutter einer Schwangeren, erzählt in der einfachen Bildersprache der Kuna.

kosmischen Ordnung. Wie bei allen Schamanenreisen geschieht das in einer erzählerischen Art, wobei das Problem durch eine bewußte Darstellung der Ereignisse gelöst wird, etwas, das wir immer wieder bei Heilungen in der ganzen Welt beobachten können. Es sind die Symbole der abstrakten Welt von Geist und Seele selbst, die die gewünschten Wirkungen in der physischen Welt erzielen.

Dokumentation und Hinweise

Weiterführende Informationen

Das schamanische Weltbild

Was ist ein Schamane?
Eigentlich ist der Ausdruck „Schamanismus"
ein wenig irreführend. Kommunismus, Feminismus, Kapitalismus, Buddhismus – bei all
diesen „Ismen" handelt es sich um Doktrinen
oder Ideologien, die durch Texte, Lehren und
politische Ambitionen mit anderen Ideologien in Zusammenhang stehen. Dies ist beim
Schamanismus nicht der Fall: Schamanische
Vorstellungen und Praktiken existieren mehr
oder weniger unabhängig von formalisierte-
ren Systemen. Vielleicht sollte man nach
einer anderen Bezeichnung für die Tätigkeit
des Schamanen suchen und seine Profession
als „Schamanentum" bezeichnen. Zumindest
sollten wir, da es keinen ideologischen Über-
bau gibt, von „Schamanismen" im Plural
sprechen. Ich habe mich auf das „Schamanentum" traditioneller Gesellschaften
konzentriert, weil diese das Zentrum der
schamanischen Praxis bilden. Manche der
beschriebenen Riten werden heute nicht
mehr in ihrer ursprünglichen Form oder gar
nicht mehr praktiziert. Gegenwärtig ist
jedoch bei einigen traditionell schamanischen Völkern ein Wiederaufleben des Schamanismus zu beobachten.

LINKS *Ein nepalesischer Gurung-Schamane.*

Geister und Seelen
Die Ebenen des Kosmos
Die Ebenen der Realität
Konzepte der Macht
Die Vorstellung, daß ein Baum, eine Säule
oder ein Berg im Zentrum der Welt steht,
existiert nicht nur in schamanischen Kulturen. So finden wir etwa den Weltenberg Meru
im Buddhismus oder die pyramidenförmigen
Zikkurats in den alten Kulturen Mesopota-
miens und Zentralamerikas. Ich fuhr mit dem
Bus durch das Toda-Land der Toten in den
Nilgiri-Bergen Südindiens; dieser Ort wird
euphemistisch *am-nodr,* „jenes Land",
genannt.

Regionale Traditionen

Die Religion der Steinzeit
Jäger, Hirten und Bauern
In den meisten jagenden Gesellschaften ist es
nicht üblich, daß Frauen mit Waffen hantie-
ren oder Tiere töten. Den Jägern auferlegte
sexuelle Tabus zeigen jedoch, daß Frauen
symbolisch mit den Tätigkeiten der Männer
verbunden sind. In Alaska legte sich zu
Beginn der Waljagd eine Frau am Rand des
Eises auf den Boden, wobei sie das Gesicht
dem Dorf zuwandte. Das Boot ihres Gemahls

war so ausgerichtet, als ob er von der Jagd zurückkäme; der Harpunier beugte sich aus dem Boot und versetzte dem Körper seiner Gattin mit der Spitze seiner Harpune einen sanften Schlag. Dann ging die Frau ohne einen Blick zurückzuwerfen nach Hause. Während der ganzen weiteren Jagd saß sie reglos auf dem Schlafplatz, weil jede Art von Hausarbeit negative Auswirkungen auf den Jagderfolg ihres Gemahls gehabt hätte. Schrubbte sie den Boden, würde die Haut des Wales zu dünn werden, verwendete sie ein Messer, würde die Harpunenschnur reißen.

Sibirien und die Mongolei
Süd- und Ostasien
Nordamerika

Der Schamanismus in Sibirien gehört großteils der Vergangenheit an. Die Literatur über diese Region ist umfangreich, jedoch hauptsächlich in russischer Sprache verfaßt; nur wenig wurde in westliche Sprachen übersetzt. Manche der hier verwendeten sibirischen Materialien wurden erstmals übersetzt.

Süd- und Zentralamerika
Der Rest der Welt

Seine Ohren sind sein Schmuck,
Seine Ohren sind sein Schmuck,
Sie sind die weißen Federn des mächtigen Adlers.
Mit diesem Schmuck ist er stark.
Er ist mit dem Bogen bewaffnet,
Und so ist er geschmückt.

Jetzt nehmen sie ihm seinen Bogen weg.
Sie nehmen ihn weg.
So nehmen sie ihm seinen Schmuck,
nehmen ihn weg und legen ihn auf den Altar der Sonne.
(*Zauberspruch der Desana, um einen Werjaguar abzuwehren*)

Verleihung der Schamanenschaft

Wer wird ein Schamane?
Initiation und Unterweisung

Dyukhades Erfahrung ist typisch für Sibirien. Sie zeigt, daß nicht nur Tierarten einen „Meister" haben, sondern auch verschiedene

Bewußtseinsstadien und Formen menschlicher Erfahrung. Die Nanai-Geschichte geht auf Shternberg (Shamanism and Religious Election) zurück, der glaubte, daß die Sexualität der schamanischen Erfahrung zugrunde liegt.

Trance und Ekstase

„Daß Dau kein gänzlich Eingeweihter ist", sagt ein Kung-Buschmann, „verrät die Art, wie er sich benimmt … Seine Augen rollen wild. Wenn deine Augen rollen, kannst du die Krankheit nicht fixieren. Du mußt einen völlig ruhigen Blick haben, um die Krankheit zu sehen, darfst auf keinen Fall zittern oder schwanken."

Helfer und Lehrer
Reisen zu anderen Reichen
Schlachten mit feindlichen Geistern

Die Oroch Sibiriens glaubten, daß Schamanen zur Sonne fliegen konnten, wobei diese Heldentat aber keinen besonderen Zweck hatte. Diese Reise ist wegen eines auf der Sonne lebenden Mädchens äußerst gefährlich: Wer ihm ins Gesicht sieht, kann erblinden, wer ihm zu nahe kommt, verbrennen. Angeblich begann die Seele des Schamanen ihre schwindelerregende Reise auf einem geflügelten Pferd, setzte sie dann auf einer Zwirnspule und auf einem Lumpenball mit Flügeln fort, flog an verschiedenen Sternbildern vorbei, verwandelte sich in einen Vogel und erreichte schließlich in einem geflügelten Eisenboot die Sonne. Die Rückreise zur Erde legte sie in einem geflügelten eisernen Sarg zurück. Wenn die Schamanen der Nanai die Sonne aufsuchten, hatte dies einen wichtigen Grund: Sie suchten Kinderseelen für unfruchtbare Frauen.

Musik, Tanz und Worte

Und im riesigen Dschungel, der sich mit den Schrecken der Nacht füllte, entstand das Wort. Ein Wort, das mehr war als ein Wort … etwas, das weit über die Sprache hinausging und auch weit über das Lied. Etwas, das die Vokalisation noch nicht entdeckt hatte, aber mehr als ein Wort war … Schlagartig erkannte ich, daß ich eben der Geburt der Musik beigewohnt hatte (Alejo Carpentier über das Lied eines Schamanen im Urwald Venezuelas, *Die verlorenen Spuren,* Suhrkamp, 1982).

Kostüme und Ausstattung
Schamanische Botanik: Halluzinogene
Schmiede! Schmiede!
Wie viele Schmiede habe ich,
die Menschen schmieden!
Was habt ihr mir geschmiedet? Geweihe für
meinen Rücken.
Wie viele Blasebälge? Wie viele Schmiede
von Metallteilen?
Metall, Metall, Metall.
Feilspäne aus Eisen
sammle ich
und schärfe das
Metall, Metall, Metall.

Die Tricks der Branche
Die mehrfache Natur der Schamanen
Die Wirkung schamanischer Zauberei wird
häufig dadurch erzielt, daß durch Magie eine
Verbindung zwischen einem Objekt und dem
Klienten hergestellt wird. So schärft z. B. ein
Wana-Schamane ein Stück Bambus, zielt auf
sein Opfer und singt:

Du, o Geist des Bambus,
erzeuge Licht, wenn ich werfe.
Dort drüben ist das Herz, dein Ziel.
Laß die Leber herausfallen.

Tod eines Schamanen
Ein alter Schamane in Nepal unterrichtete
seinen Sohn jahrelang, hielt jedoch die wichtigsten Geheimnisse bis zu den letzten Tagen
seines Lebens zurück. Auf seinem Totenbett
verriet er sie seinem Sohn mit den Worten:

Ein Schamane der Jakuten wird zerstückelt;
Gemälde von Timofei Stepanof.

„Du warst jung und impulsiv, ich befürchtete,
daß du diese Kräfte mißbrauchen könntest.
Aber wenn ich gegangen bin, bist du der älteste Schamane und wirst sie verantwortlich
nutzen müssen." Doch selbst dann konnte der
junge Mann nicht sicher sein, ob er das ganze
reiche Wissen seines Vaters erhalten hatte
oder ob er dieses selbst durch Erfahrung und
Praxis erwerben mußte.

Schamanen und Klienten

Krankenheilung und Seelenrettung
Wahrsagen
Jagderfolg
Schwierige Zeiten,
Knappheit an Fleisch
macht allen zu schaffen.
Die Mägen hohl,
die Fleischkörbe leer,
Aj-ja-japapé.

Siehst du da draußen?
Die Männer kehren heim,
schleppen Seehunde
zu unserem Dorf!
Aj-ja-japapé.

Die Freude hat alles
um uns verschoben:
Die Lederboote lösen sich
von ihren Seilen,
die Tragriemen folgen,
die Erde selbst
schwebt frei in der Luft!
Aj-ja-japapé.
(Lowenstein, *Eskimo Poems from Canada
and Greenland,* 1973)

Schutz für die Gemeinschaft
Schamanen und Staat
Dramen und Rollen
Der Status der Schamanen kann sich rasch
ändern. So wurde z. B. während der 70er
Jahre der Schamanismus in Südkorea
marginalisiert. Die herrschende Klasse
betrachtete ihn im Vergleich zum kultivierte-
ren Konfuzianismus als primitiv, der Schamanismus wurde offiziell diskreditiert. In
den 80er Jahren jedoch führten die politischen Umstände zur offiziellen Unterstüt-

zung des Schamanismus in seiner Funktion als authentischer Ausdruck des „koreanischen Volkes".

Übersicht der schamanischen Prozeduren
Uvavnuk, die Inuit-Frau, die eine mächtige Schamanin wurde, nachdem sie ein Meteor gestreift hatte, wiederholte daraufhin unaufhörlich das folgende Lied:

Das große Meer
hat mich erfaßt.
Ich treibe wie eine Pflanze in einem
großen Fluß,
die Erde und das Wetter
bewegen mich,
tragen mich fort
und erfüllen mein Inneres mit Freude.

Ihre Trunkenheit übertrug sich auf alle Anwesenden im Haus, die ohne Aufforderung ihre eigenen Missetaten einzugestehen und einander vorzuwerfen begannen. Die Beschuldigten gestanden ihrerseits ihre Verfehlungen ein und erhoben die Arme, wie um sich von dem Bösen mit den Worten „Weg damit, weg damit!" zu befreien. Kurz vor ihrem Tod verkündete Uvavnuk, daß sie ihr Volk vor Hunger schützen würde. Sie erhielt von der Herrin der Tiere viele Wale, Seehunde und Walrosse, und im nächsten Jahr war die Ausbeute an Wild größer als je zuvor.

Schamanen verstehen

Frühe Eindrücke
Schamanismus in der Religionsgeschichte
Kommunistische Regime
Sind Schamanen geisteskrank?
Heilen Schamanen wirklich?
Schamane und Klient sind psychisch oft stärker verbunden als Arzt und Patient. Die Sichtweise des Schamanen als „verletzter Heiler", die auf dem Jungschen Konzept des Analytikers beruht, vereint die Vorstellung von der Verletzbarkeit des Schamanen mit seiner Macht. Das ist kein Widerspruch, da die Macht gerade auf der Verletzbarkeit beruht. Im herkömmlichen medizinischen Modell wird der Arzt als beinahe unverwund-

bar und allmächtig dargestellt, während der Patient passiv und hilflos ist. Im Jungschen Modell haben beide, der Analytiker und der Patient, gleichermaßen Verletzungen wie auch heilende Kräfte. Der Analytiker projiziert seine eigene Erfahrung des Verletztseins auf den Patienten, um diesen emotional zu verstehen, während sich der Patient anfänglich seiner selbstheilenden Fähigkeiten nicht bewußt ist und diese auf den Analytiker projiziert, bevor er sie später selbst zurückerlangt. Diese Sichtweise scheint auch auf viele schamanische Heilungen anwendbar zu sein. Sora-Gespräche z. B. zeigen kranke Menschen, die aktiv an ihrer eigenen Heilung teilhaben.

Arten des Bewußtseins
„Ich bin nicht wirklich geflogen, Don Juan. Ich bin in meiner Vorstellung geflogen, allein in meinen Gedanken … Wenn ich mich mit einer schweren Kette an einen Felsen gefesselt hätte, wäre ich genauso geflogen, weil mein Körper nichts mit meinem Flug zu tun hatte." Don Juan sah mich kopfschüttelnd an. „Wenn du dich an einen Felsen kettest", sagte er, „dann, fürchte ich, wirst du mit dem Felsen an seiner schweren Kette fliegen müssen." (Castaneda: *Die Lehren des Don Juan*)

Neue schamanische Bewegungen
Der innere Kosmos
Ein älterer Inuit-Schamane, der sich nicht mehr bewegen konnte, bekannte sich symbolisch zu seiner körperlichen Gebrechlichkeit, indem er das Innere seines Iglus in eine Landkarte des Kosmos verwandelte. Der Sockel wurde das Land, der Boden das Meer und die spiralförmig angeordneten Schneeblöcke, die die Wände des Iglus bildeten, stellten den Himmel dar, wobei das Fenster als Sonne fungierte und die Türöffnung als Mond. Der Schamane sah in den diversen Teilen des Iglus das Universum und konnte somit umherreisen, wenn er für seine Gemeinschaft Wild suchen mußte.

Verzeichnis der Völker

Dieses Verzeichnis enthält nur die Völker, die sehr häufig erwähnt werden und die den meisten Lesern wahrscheinlich unbekannt sind. Besonders für kleine Völker ohne eigenen Staat sind die ethnischen Bezeichnungen instabil, und ihre Namen sind wahrscheinlich oft die Namen von Clans, Untergruppen oder der Orte, an denen sie leben oder früher gelebt haben. Auch sind viele Völker unter Namen bekannt, die sie selbst als beleidigend empfinden. Ich habe, wo immer es möglich war, ihre eigenen Namen benutzt, obwohl dies manchmal Probleme verursacht. Zum Beispiel gibt es kein Wort, das all die Völker bezeichnen würde, die als Eskimo bekannt sind.

Burjaten: Ein Volk mit einer dem Mongolischen ähnlichen Sprache, das um den Baikalsee herum lebt.

Buschmänner: siehe Kung

Cuna: siehe Kuna

Desana: Eine Gruppe im oberen Amazonas-Gebiet, die sich teilweise mit den Tukano überschneidet.

Eskimo: Ein Volk oder eine Gruppe von Völkern an der arktischen Küste Amerikas, Grönlands und Sibiriens. Der Name Eskimo bedeutet Rohfleischesser und wurde ihnen von den benachbarten Indianern gegeben, ist aber heute nicht mehr beliebt. Doch obwohl jede Gruppe ihren eigenen Namen hat, sind diese, mit Ausnahme der Inuit, nicht sehr bekannt. Außerdem gibt es kein kollektives Wort für all diese Gruppen, so daß ich genötigt war, es häufiger, als mir lieb war, zu benutzen.

Ewenken, Ewen: Zwei Gruppen von sibirischen Jägern und Rentierhirten, früher unter dem Namen Tungusen bekannt. Das Wort Schamane stammt aus ihrer Sprache.

Gurung: Ein nichtarisches Volk im Westen Nepals, möglicherweise zentralasiatischen Ursprungs.

Huichol: Naturvolk in Mexiko, bekannt durch den Gebrauch des Peyotekaktus.

Jakuten: Der russische Name für die Sacha in Sibirien.

Kuna: Ein Volk in Panama.

Kung: Ein Volk der Kalahari-Wüste an der Grenze von Botswana und Namibia, von Außenstehenden Buschmänner genannt.

Kwakiutl: Naturvolk in British Columbia, Kanada.

Motive von Tod und Wiedergeburt finden in schamanischen Kostümen häufig Verwendung.

Lappen: Von Außenstehenden benutzter Name für die Samen.

Mandschu: Ein Volk in der Mandschurei, im Nordwesten Chinas. Linguistisch mit den Tungusen verwandt. Sie wurden die modernen Herrscher Chinas.

Matses: Eine Gruppe in Nordperu. Bemerkenswert auf Grund der hochentwickelten Körperdekoration, die sie wie Jaguare aussehen läßt.

Matsigenka: Nachbarn der Matses, teilen aber nur wenige von deren Traditionen.

Mazatec: Naturvolk in Mexiko, das extensiven Gebrauch von halluzinogenen Pilzen macht.

Mestizen: Kein wirklich ethnischer Name: Bevölkerung in Lateinamerika mit europäischem und indianischem Blut. In Teilen des oberen Amazonas werden ihre pflanzeninspirierten Schamanen *Vegetalista* genannt.

Mongolen: Haupteinwohner der Mongolei. Im Mittelalter Herrscher über ein riesiges Reich. Ihre Herrscher wurden auch chinesische Kaiser.

Nganasan: Eine kleine Gruppe von Jägern und Rentierhirten im Nordwesten Sibiriens.

Sacha: Von den russischen Kolonisten Jakuten genannt. 1990 erhielten sie offiziell ihren Namen zurück.

Salisch: Küstenvolk an der Grenze des Staates Washington und British Columbia.

Samen: Volk im Norden Skandinaviens, bei Außenstehenden als Lappen bekannt.

San: Volk in der Kalahari-Wüste. Von Außenstehenden Buschmänner genannt (siehe Kung).

Sora: Eingeborenes Stammesvolk im Staat Orissa in Indien, das eine Mundu-Sprache spricht.

Tschuktschen: Eine kleine Gruppe im Nordosten Sibiriens, an der Alaska gegenüberliegenden Küste der Beringstraße.

Tungusen: siehe Ewenken

Vegetalista: siehe Mestizen

Wana: Eine kleine Gruppe auf der Insel Sulawesi in Indonesien.

Washo: Volk an der Grenze von Kalifornien zu Nevada.

Neue schamanische Bewegungen

Ist Schamanenschaft ein universell menschliches Potential? Kann ich ein Schamane werden? Eine wachsende Zahl von Menschen in modernen Gesellschaften stellt sich diese Fragen. Es gibt eine Vielzahl von Organisationen, Magazinen und Workshops, die sich mit Schamanismus beschäftigen. Nicht alle von ihnen sind von gleicher Authentizität oder Integrität. Da aber schamanische Praktiken hohe Ansprüche in spiritueller und psychologischer Hinsicht stellen, rate ich dem Leser, sich gründlich zu informieren, bevor er sich einer solchen Bewegung anschließt. Die hier angeführte Liste der wichtigsten Adressen schließt keine Billigung oder Kritik ein. Viele Formen des Neo-Schamanimus enthalten Elemente nordamerikanischer Naturreligionen, die ich in diesem Buch als nicht wirklich schamanisch charakterisiert habe. Auch haben, besonders in Nordamerika, Eingeborenen-Organisationen begonnen, einige dieser Bewegungen als Kulturimperialismus und intellektuelle Piraterie zu bezeichnen. Es gibt zahlreiche solcher Organisationen, die die Belehrung Außenstehender mit der Wiedererstarkung ihrer eigenen Kultur kombinieren. Es ist nicht möglich, diese hier anzuführen, da einige von ihnen gar keine Publizität wünschen, die Adressen der anderen finden sich in den großen Magazinen.

Shamanic Film und Video Archive
PO Box 691
Bearsville NY 12409, USA
Tel./Fax: (914) 679 97 61

Sammelt Informationen und Kopien aller existierenden Filme und Videos über schamanische Aktivitäten.
Publikation: „The Journey Journal"

Foundation for Shamanic Studies
PO Box 1939, Mill Valley CA 94942, USA
Tel.: (415) 380 82 82

Gegründet von dem Anthropologen Michael Harner, dessen Hauptarbeitsgebiet der obere Amazonas war. Er ist ein Pionier in der Entwicklung schamanischer Praktiken, die auf authentischen Elementen traditioneller Kulturen basieren. Die Foundation gibt das Journal „Shamanism" heraus und veranstaltet Kurse, hauptsächlich in Nordamerika.

Cross Cultural Shamanism Network
PO Box 430, Willits
CA 95490, USA
Tel.: (707) 459 04 86

Publiziert: „Shaman's Drum": A Journal of Experiential Shamanism, das Artikel, Neuigkeiten, Inserate und Buchbesprechungen enthält.

Scandinavian Centre for Shamanic Studies
Artillerivej 63/140
DK-2300 Kopenhagen S
Dänemark
Tel.: (+45) 31 54 28 08

(Geleitet von Jonathan Horwitz; Repräsentant in England: Schamanische Workshops in England, 61 Eldon Road, London N22 5ED, Tel.: 0181/888 8178.) Bietet Kurse in Skandinavien, England und anderen europäischen Ländern, in Englisch und Dänisch an.

Ein Schamane fliegt mit Hilfe von Tiergeistern in eine andere Welt.

Sacred Hoop
28 Cowl Street, Evesham
Worcs WR11 4PL, England;
Tel.: (01386) 446 552

Für Veranstaltungen und Ankündigungen.

Cirle of the Sacred Earth
21 Aaron Street, Melrose
MA 02176, USA
Tel.: (617) 665 60 32

Workshops über schamanische Spiritualität.

**International Society for
Shamanic Research**
PO Box 1195, Szeged
H-6701 Ungarn

Steht in Verbindung mit Mihály Hoppál und
seinen Mitarbeitern. Organisiert Konferenzen
und publiziert hauptsächlich anthropologische Forschungsberichte.
Publikation: Shaman: An International Journal for Shamanistic Research.

MT-KOSMOS
Lacknergasse 13
A-8570 Voitsberg
Tel.: 03142/25548 und 0663/9136593

Bietet Ausbildungskurse an.

Weiterführende Literatur

Für die deutsche Ausgabe wurde die Bibliographie vom Übersetzer neu erstellt, wobei ausschließlich deutsche Titel berücksichtigt wurden. Auf Grund der zahlreichen Publikationen versteht sich die Liste als Auswahl. Viele Titel sind auch in anderen Ausgaben oder Taschenbüchern erhältlich, konnten hier aber nicht berücksichtigt werden. Die Bücher sind alphabetisch nach Autorennamen gereiht.

Aus der Vielzahl anglo-amerikanischer Publikationen wurden lediglich die Werke des Autors, Piers Vitebsky, aufgenommen, auch wenn sie nur in englischer Sprache erhältlich sind.

Achterberg, J. Gedanken heilen. Die Kraft der Imagination: Grundlagen einer neuen Medizin. München 1987.

Andrews, L. Der Geist der vier Winde. Mein Weg zu den Schamanen im tibetischen Luktang-Tal. München 1993.

Andritzky, W. Schamanismus und rituelles Heilen im alten Peru. 2 Bde. Berlin 1988.

Alekseur, N. A. Schamanismus der Türken Sibiriens. Versuch einer vergleichenden arealen Untersuchung.1987.

Baer, G. Auskünfte eines Srahuanbo über schamanistische Vorstellungen seiner Gruppe. Anthropos. 1971.

Basilow, W. N. Das Schamanentum der Völker Mittelasiens und Kasachstans.1994.

Baudrillard, J. Der symbolische Tausch und der Tod. München 1982.

Bauer, W. Das Antlitz Chinas. München/ Wien 1990.

Bellinger, G. J. Knaurs großer Religionsführer. München 1986.

Bittlinger, A. So heilen Schamanen. Schamanistische Heilungen im Licht von Bibel und Psychotherapie. 2. Auflage. 1991.

Bourdieu, P. Entwurf einer Theorie der Praxis auf der ethnologischen Grundlage der kabylischen Gesellschaft. Frankfurt/M. 1979.

Bousset, W. Himmelsreise der Seele. Darmstadt 1960.

Braem, H. Die magische Welt der Schamanen und Höhlenmaler. Köln 1994.

Budruss, R. Schamanengeschichten aus Sibirien. Berlin 1987.

Burgstaller, E. Schamanistische Motive unter den Felsbildern in den österreichischen Alpenländern. Forschungen und Fortschritte. 1967.

Campbell, J. Die Masken Gottes. Basel.

Casimir, M. J. Der Mensch und seine Territorien. Zeitschrift für Ethnologie 115 (1990). 1992.

Castaneda, C. Die Lehren des Don Juan. Frankfurt/M. 1970.

Cavendish, R., Ling, T. (Hg.). Mythologie der Weltreligionen. Eine illustrierte Weltgeschichte des mythisch-religiösen Denkens. Bindlach 1991.

Closs, A. Die Ekstase der Schamanen. Ethnos. 1969.

Conze, E. Buddhistisches Denken. Drei Phasen buddhistischer Philosophie in Indien. Frankfurt/M. 1990.

Conze, E. Eine kurze Geschichte des Buddhismus. Frankfurt/M. 1986.

Cowan, T. Schamanismus. Eine Einführung in die tägliche Praxis. 1997.

Devereux, G. Normal und Anormal. Aufsätze zur allgemeinen Ethnopsychiatrie. Frankfurt/M. 1974.

Diesfeld, H.-J., Wolter, S. (Hg.). Medizin in Entwicklungsländern. Frankfurt/M. 1984.

Diozegi, V. Die Überreste des Schamanismus in der ungarischen Volkskultur. Acta Ethnographica. 1958.

Diozegi, V. Glaubenswelt und Folklore der sibirischen Völker. Budapest 1963.

Dittmer, K. Allgemeine Völkerkunde. Braunschweig 1954.

Dodds, E. R. Die Griechen und das Irrationale. Darmstadt 1970.

Donner-Grau, F. Die Lehren der Hexe. Eine Frau auf den Spuren schamanischer Heiler. 1997.

Doore, G. Wege der neuen Schamanen. Freiburg/Br. 1989.

Duerr, H. P. Der Wissenschaftler und das Irrationale. 2 Bde. Frankfurt/M. 1981.

Duerr, H. P. Über die Grenzen einer seriösen Völkerkunde – oder: Können Hexen fliegen? in: Schmied-Kowarzik, W., Stagl, J. (Hg.): Grundlagen der Ethnologie. Berlin 1981. S. 323 ff.

Duerr, H. P. Traumzeit. Über die Grenze zwischen Wildnis und Zivilisation. Frankfurt/M. 1985.

Durkheim, E. Die elementaren Formen des religiösen Lebens. Frankfurt/M. 1981.

Eliade, M. Kosmos und Geschichte. Der Mythos der ewigen Wiederkehr. Düsseldorf 1953.

Eliade, M. Schamanismus und archaische Ekstasetechnik. Zürich 1956.

Eliade, M. Der magische Flug. Antaios. 1959.

Elias, N. Über den Prozeß der Zivilisation. Köln 1969.

Emsheimer, E. Schamanentrommel und Trommelbaum. Ethnos. 1946.

Erdheim, M. Die gesellschaftliche Produktion von Unbewußtheit. Eine Einführung in den ethnopsychoanalytischen Prozeß. Frankfurt/M. 1982.

Ernst, G. Teufelsaustreibungen. Bern 1972.

Fichte, H. Xango. Frankfurt/M. 1976.

Findeisen, H. W. G. Bogoras Schilderung zweier schamanischer Séancen der Tschuktschen (Nordostsibirien), in: Abhandlungen und Aufsätze aus dem Institut für Menschen- und Menschheitskunde. Nr. 38. Augsburg 1956.

Findeisen, H. Das Tier als Gott, Dämon und Ahne. Stuttgart 1956.

Findeisen, H. Schamanentum. Stuttgart 1957.

Findeisen, H., Gehrts, H. Die Schamanen. Jagdhelfer und Ratgeber, Seelenfahrer, Künder und Heiler. Köln 1983.

Foucault, M. Wahnsinn und Gesellschaft. Frankfurt/M. 1969.

Friedrich, A., Buddruss, G. Schamanengeschichten aus Sibirien. München 1955.

Goodman, F. D. Die andere Wirklichkeit. Über das Religiöse in den Kulturen der Welt. Wuppertal 1994.

Goodman, F. D. Wo die Geister auf den Winden reiten. Trancereisen und ekstatische Erlebnisse. 3. Auflage. 1995.

Haan, L. de. Bei Schamanen. Die Indianer im mexikanischen Hochland. München 1985.

Haase, E. Der Schamanismus der Eskimos. 1987.

Habermas, J. Theorie des kommunikativen Handelns. Frankfurt/M. 1981.

Hackl, M. Schamanische Schilde. Vom Umgang mit magischen Mustern. München 1992.

Harner, M. Der Weg des Schamanen. Ein praktischer Führer zu innerer Heilkraft. Reinbek 1996.

Heissig, W. Schamanen und Geisterbeschwörer in der östlichen Mongolei. Wiesbaden 1992.

Heissig, W., Klimheit, H. J. (Hg.). Zur Geschichte des Schamanismus, in: Synkretismus in den Religionen Zentralasiens. Wiesbaden 1987. S. 8–22.

Heissig, W., Müller, C. C. (Hg.). Die Mongolen. Innsbruck/Frankfurt/M. 1989.

Hermanns, M. Schamanen-Pseudoschamanen, Erlöser und Heilbringer, Teil I: Schamanen. Wiesbaden 1970.

Hesse, K. Schamanismus, in: Handbuch religionswissenschaftlicher Grundbegriffe. H. Canik (Hg.), B. Gladigow, K. H. Kohl (mit der neuesten Literatur). Stuttgart 1991.

Höfer, A. Die Religionen der asiatischen Negrito und der Stammesgruppen Hinterindiens, in: Die Religionen Südostasiens. Stuttgart 1975.

Holm, E. Tier und Gott: Mythik, Mantik und Magie der südafrikanischen Urjäger. Basel 1965.

Holm, E. Die Felsbilder Südafrikas. Tübingen 1969.

Hoppál, M. Schamanen und Schamanismus. Augsburg 1994.

Hübner, K. Die Wahrheit des Mythos. München 1985.

Hultkrantz, Å. Schamanische Heilkunst und rituelles Drama der Indianer Nordamerikas. München.

Jensen, A. E. Die getötete Gottheit. Weltbild einer frühen Kultur. Stuttgart 1966.

Jung, C. G. Zugang zum Unbewußten, in: Der Mensch und seine Symbole, ed. C. G. Jung. Olten 1954.

Kaiser, R. Indianische Heilkunst. Pflanzen, Rituale und Heilungsbilder nordamerikanischer Schamanen. Freiburg 1996.

Katz, R. Heilung durch Ekstase, in: Psychologie heute. August 1977.

Katz, R. Heilen in Ekstase. Spiritualität und uraltes Heilwissen. Die faszinierende Welt der San im südlichen Afrika. Interlaken 1985.

Keilhauer, A., Keilhauer, P. Die Bildsprache des Hinduismus. Die indische Götterwelt und ihre Symbolik. Köln 1983.

Kim, J. Der Schamanismus und das Christentum in Korea. 1994.

King, S. K. Mit der Natur kommunizieren. Aus der Sicht eines hawaiianischen Schamanen. Freiburg/Br. 1996.

Kleihauer, M. Kulturelle Regression bei Jäger- und Sammlerkulturen. Münster 1991.

Kramer, F. Der rote Fes. Über Besessenheit und Kunst in Afrika. Frankfurt/M. 1987.

Krippner, S., Scott, P. Zwischen Himmel und Erde. Spirituelles Heilen der Schamanen, Hexen, Priester und Medien. 1987.

Kuper, M. (Hg.). Die Vereinigung des Feuers. Berlin 1990.

Kuper, M. (Hg.). Hungrige Geister und rastlose Seelen, Texte zur Schamanismusforschung. Berlin 1991.

Lame Deer, R. Erdoes. Tahca Ushte. Medizinmann der Sioux. Frankfurt/M. 1986.

Leiris, M. Die eigene und die fremde Kultur. 2 Bde. Frankfurt/M 1977.

Leroi-Gourhan, A. Hand und Wort. Frankfurt/M. 1980.

Levi-Strauss, C. Strukturale Anthropologie. Frankfurt/M. 1977.

Levy-Bruhl, L. Die geistige Welt der Primitiven. Düsseldorf/Köln 1959.

Lewis, I. Schamanen, Hexer, Kannibalen. Die Realität des Religiösen. Frankfurt/M. 1989.

Lommel, A. Die Unambal. Hamburg 1952.

Luhmann, N. Funktion der Religion. Frankfurt/M. 1977.

Lurker, M. Zur Symbolbedeutung von Horn und Geweih. 1974.

Maringer, J. Schamanismus und Schamanen in vorgeschichtlicher Zeit, in: Zeitschrift für Religions- und Geistesgeschichte 1977.

Maturana, H. R., Varela, F. J. Der Baum der Erkenntnis. Bern/München/Wien 1987.

Matussek, N. Drogen und Bewußtsein, in: Bewußtsein, ed. H.-W. Klement. Baden-Baden 1975.

Meadows, K. Das große Buch des Schamanismus. Der sanfte Weg zu Weisheit, Kraft und innerer Harmonie. Landsberg 1996.

Menowstschikow, G. A. Wissen, religiöse Vorstellungen und Riten der asiatischen Eskimo, in: Glaubenswelt und Folklore der sibirischen Völker, ed. V. Dioszegi. Budapest 1963.

Mühlmann, W. E. Ergriffenheit und Besessenheit als kulturanthropologisches Problem, in: Zutt, J. (Hg.): Ergriffenheit und Besessenheit. Bern/München 1972.

Mühlmann, W. E. Metamorphosen der Frau – Weiblicher Schamanismus und Dichtung. Berlin 1981.

Müller, K. E. Schamanismus. Heiler, Geister, Rituale. München 1997.

Müller, W. Weltbild und Kult der Kwakiutl-Indianer. Wiesbaden 1955.

Müller, W. Glauben und Denken der Sioux. Berlin 1970.

Müller, W. Indianische Welterfahrung. Stuttgart 1976.

Münke, W. Die klassische chinesische Mythologie. Stuttgart 1976.

Nicolazzi, M. A. Mönche, Geister und Schamanen. Die Bön-Religion Tibets. Zürich/Düsseldorf 1995.

Novik, E. S. Ritual und Folklore im sibirischen Schamanismus. 1989.

Oppitz, M. Mythische Reisen, in: Kohl, K. H. (Hg.): Mythen im Kontext. Frankfurt/M. 1992. S. 19ff.

Ornstein, R. Die Psychologie des Bewußtseins. Frankfurt/M. 1974.

Ottinger, U. Taiga. Eine Reise ins nördliche Land der Mongolen. Berlin 1993.

Pang, T. Der Schamanenhof. Die sibemandschurische Handschrift Saman kuwaran-i bithe aus der Sammlung N. Krotkov. Wiesbaden 1992.

Paproth, H.-J. Studien über das Bärenzeremoniell. Uppsala 1976.

Paulson, I. Die Religionen der nordasiatischen Völker, in: Die Religionen Nordeurasiens und der amerikanischen Arktis. Stuttgart 1962.

Perkins, J. M. Und der Traum wird Welt. Schamanische Impulse zur Aussöhnung mit der Natur – Reiseberichte aus Ecuador. Bern 1995.

Pfleiderer, B., Bichmann, W. Krankheit und Kultur. Berlin 1985.

Pfleiderer-Becker, B. Einführung in die Ethnomedizin, in: Ludwig, B., Pfleiderer-Becker, B. (Hg.): Materialien zur Ethnomedizin. Bensheim 1978.

Pütz, H. P. Der Wunderer und der Herr der Tiere, in: Österreichische Zeitschrift für Volkskunde. 1977.

Radin, P. Gott und Mensch in der Primitiven Welt. Zürich 1953.

Rätsch, C. Naturverehrung und Heilkunst. Von fliegenden Schamanen, schwarzen Göttinnen, wilden Menschen und Liebesmysterien der Aphrodite. 1994.

Reichel-Dolmatoff, G. Die Kogi in Kolumbien, in: Evans-Pritchard, E. E. (Hg.): Bild der Völker. Wiesbaden 1976.

Ring, K. Den Tod erfahren – das Leben gewinnen. Bern/München/Wien 1986.

Samuels, A. Wörterbuch Jungscher Psychologie. München 1989.

Schang, T. Chinas weise Frauen. Heilerin, Schamanin, Priesterin. 1996.

Schenk, A. Schamanen auf dem Dach der Welt. Graz 1993.

Schenk, A. Was ist Schamanentum? 1996.

Schmitz, C. A. (Hg.). Religionsethnologie. Frankfurt/M. 1964.

Schultes, R. E. Pflanzen der Götter. Die magischen Kräfte der Rausch- und Giftgewächse. Berlin/Stuttgart 1987.

Scully, N. Der goldene Kessel. Schamanische Reisen auf dem Pfad der Weisheit. Reinbek 1995.

Seitz, G. J. Die Waikas und ihre Drogen, in: Zeitschrift für Ethnologie. 1969.

Seligmann, S. Die Zauberkraft des Auges und das Berufen. Hamburg 1922.

Smoljak, A. W. Der Schamane: Persönlichkeit, Funktionen, Weltanschauung. Ethnologische Beiträge zur Circumpolarforschung. 1997.

Somé, M. P. Vom Geist Afrikas. Das Leben eines afrikanischen Schamanen. München 1996.

Stevens, J., Stevens, L. Zur Quelle der Kraft. Schamanische Techniken für das Leben von heute. Freiburg 1995.

Street, M. Jäger und Schamanen. Bedburg-Königshoven, ein Wohnplatz am Niederrhein vor 10 000 Jahren. Römisch-Germanisches Zentralmuseum. 1989.

Tannahill, R. Kulturgeschichte des Essens. Wien 1973.

Tedlock, D., Tedlock, B. (Hg.). Über den Rand des tiefen Canyon. Lehren indianischer Schamanen. München 1994.

Thiel, E. Geschichte des Kostüms. Berlin 1963.

Thiel, J. F. Religionsethnologie. Berlin 1984.

Uccusic, P. Der Schamane in uns. Schamanismus als neue Selbsterfahrung. 1992.

Vajda, L. Zur phaseologischen Stellung des Schamanismus, in: Schmitz, C. A. (Hg.): Religionsethnologie. Frankfurt/M. 1964.

Voland, E. (Hg.). Fortpflanzung: Natur und Kultur im Wechselspiel. Versuch eines Dialogs zwischen Biologen und Sozialwissenschaftlern. Frankfurt/M. 1992.

Wagner, J. Ein Füllhorn göttlicher Kraft. Unter Schamanen, Gesundbetern und Wetterbeschwörern. Berlin 1992.

Walsh, R. N. Der Geist des Schamanismus. Freiburg/Br. 1992.

Wassen, S. H. Einige Daten zum Gebrauch indianischer Schnupfdrogen, in: Ethnologische Zeitschrift. Zürich 1971.

Wassiljewitsch, G. M. Schamanengesänge der Ewenken (Tungusen), in: Dioszegi, V. (Hg.): Glaubenswelt und Folklore der sibirischen Völker. Budapest 1963.

Wright, G. H. Erklären und Verstehen. Frankfurt/M. 1974.

Zimmer, H. Abenteuer und Fahrten der Seele. Zürich 1961.

Zutt, J. (Hg.). Ergriffenheit und Besessenheit. Bern/München 1972.

Weitere, nur in englischer Sprache erschienene Bücher des Autors:

Vitebsky, P. Some Medieval European Views of Mongolian Shamanism, in: Journal of the Anglo-Mongolian Society 1(1). Cambridge 1974. S. 24–42.

Vitebsky, P. Landscape and Self-Determination among the Eveny: the Political Environment of Siberian Reindeer Herders Today, in: Croll, E, D. Parkin (Hg.): Bush Base, Forest Farm: Culture, Environment and Development. Routledge, London 1992.

Vitebsky, P. Dialogues with the Dead: the Discussion of Mortality among the Sora of Eastern India. Cambridge University Press, Cambridge 1993.

Vitebsky, P. Deforestation and the Changing Spiritual Environment of the Sora, in: Grove, R. (Hg.): Essays in the Environmental History of South and Southeast Asia. Oxford University Press, Delhi 1995.

Vitebsky, P. From Cosmology to Environmentalism: Shamanism as Local Knowledge in a Global Setting, in: Fardon, R. (Hg.): Counterworks. Routledge, London 1995.

Vitebsky, P. The New Shamans: Psyche and Environment in an Age of Questing. Viking Penguin, New York 1996.

Index

Die Seitennummern beziehen sich auf den Haupttext, in einigen Fällen auf Kommentare oder Überschriften auf derselben Seite. Die *kursiven* Seitennummern beziehen sich ausschließlich auf Bildunterschriften und die **fett** gedruckten Seitennummern nur auf die Kommentare.

Bildnachweise

Abkürzungen
u = unten; m = Mitte; o = oben; l = links;
r = rechts
DBP = Duncan Baird Publishers
NY = New York

1 Abteilung für indianische Angelegenheiten,
Kanada/Akpaliak, Manasie; **2** Mark Oppitz;
6–7 Grönland, Nationalmuseum; **6o** DBP/ Strat
Mastoris; **6u** DBP/Strat Mastoris; **7u** DBP/Strat
Mastoris;

Das schamanische Weltbild
8–9 Edouard Luna/Pablo Amarigo; **10** DBP aus
„The New Mongolia 1934", Forbath und Geleta;
10–11 Werner Forman Archiv/ Museum of British
Columbia; **11** Dänisches Nationalmuseum;
13 Buffalo Bill Historical Center; **14** Museum of
Mankind, British Museum; **15** aus einem Bild von
Elizabeth Goodall, mit freundlicher Genehmigung
der National Museums and Monuments, Harare;
16 Jean-Pierre Chaumeuil; **17** Piers Vitebsky; **18** Ab-
teilung für indianische Angelegenheiten, Noah
William; **19l** Josiane Cauquelin; **19r** Josiane
Cauquelin; **20–21** Fergus Bowes-Lyon; **22o** DBP/
Strat Mastoris; **22u** DBP/Strat Mastoris; **23o** DBP/
Strat Mastoris; **23u** DBP/Strat Mastoris; **23m** Robert
Harding Bildarchiv/Heller; **24o** Edouard Luna/Pablo
Amarigo; **24u** Bénédicte Brac de la Perrière;
25o Museum of Mankind, British Museum;
25u Panos Bilder/Frankreich;

Regionale Traditionen
26–27 Hutchison Bibliothek/Dodwell; **28o** aus
einem Bild von Elizabeth Goodall, mit freundlicher
Genehmigung der National Museums and Monu-
ments, Harare; **29** aus „Studien zum Schamanis-
mus", Siikala und Hoppal; **29u** Jean-Loup Charmet;
30o Werner Forman Archiv/Field Museum,
Chicago; **30–31** DBP, aus „Aboriginal Sibiria",
Czaplcicka; **32u** Werner Forman Archiv/ Museum of
Mankind; **32o** Peter Furst; **32m** Peter Furst; **33** Piers
Vitebsky; **34** Piers Vitebsky; **35** American Museum
of Natural History; **36–37** Carole Pegg; **38** Josiane
Cauquelin; **39r** Laurel Kendall; **39l** Hutchison
Bibliothek/Dodwell; **40** Piers Vitebsky; **41o** Rex
Features; **41m** Hutchison Bibliothek/Tann; **41u** Piers
Vitebsky; National Museum of Art, Washington/Art
Resource, NY; **45o** Werner Forman Archiv/Buffalo
Bill Museum; **45u** Werner Forman Archiv/Field
Museum, Chicago; **46u** DBP aus „Los mitos de
creación y de destrucción del mundo", C. Nimu-
enajo; **46o** Hutchison Bildarchiv/von Puttkamer;
46–47 Peter Gorman/Flores; **47o** Peter Furst;
48o Panos Bilder/McDonald; **49o** Hutchison Biblio-
thek/Moser; **49m** Peter Furst; **49u** Peter Furst;

50 Robert Harding Bibliothek/Pinson; **51o** Bridgeman Art Library, Christie's; **51u** DBP aus „Bush-
man Art – Rock Painting of South West Africa",
Hugo Obermair, Herbert Kuhn;

Verleihung der Schamanenschaft
52–53 Mark Oppitz; **54** V. N. Basilov; **55** Mark
Oppitz; **56o** Jean-Pierre Chaumeuil; **56u** Laurel
Kendall; **57o** Piers Vitebsky; **57u** American
Museum of Natural History; **58** Josiane Cauquelin;
59 Edouard Luna/ Pablo Amarigo; **60** Werner
Forman Archiv/ Field Museum, Chicago; **61** Zeich-
nung von Timofei Stepanov; **62o** Mark Oppitz;
62u Mark Oppitz; **63o** Dänisches Nationalmuseum;
63u Piers Vitebsky; **64o** Hutchison Bibliothek/von
Puttkamer; **64u** Piers Vitebsky; **65o** Jane Monnig
Atkinson; **65u** Richard Katz; **66o** Werner Forman
Archiv/Buffalo Bill Museum; **66u** Werner Forman
Archiv/Dänisches Nationalmuseum; **67o** Abteilung
für indianische Angelegenheiten, Kanada/Alikatuk-
tuk, Ananarsie; **67u** Abteilung für indianische
Angelegenheiten, Kanada/Saila, Pauta; **68o** Bryan
& Cherry Alexander; **68m** Werner Forman Archiv/
Museum für Völkerkunde; **68u** Peter Gorman/
Flores; **69o** Nebraska Historical Society; **70u** Werner
Forman Archiv/ Museum für Völkerkunde;
71u DBP/Strat Mastoris; **71o** Ferens Art Gallery
Hull City Museum; **72o** Piers Vitebsky; **72u** American Museum of Natural History; **74u** Nationalmuseum, Grönland; **75** Edouard Luna/Pablo Amarigo;
76o aus „Monkey Subdues the White Bone Demon",
Liaoning Publishing House; **76u** Science Fiction
Monatsheft/Josh Kirby; **77o** DBP/Strat Mastoris;
77m American Museum of Natural History;
77u Josiane Cauquelin; **78o** Laurel Kendall;
78u Piers Vitebsky; **79o** Edouard Luna/Pablo
Amarigo; **79u** Hutchison Bibliothek/McIntyre;
81or Robert Harding Bildarchiv/Pinson;
81m Anthrophoto/Richard Lee; **81u** Mark Oppitz;
82ol Werner Forman Archiv/Provincial Museum of
British Columbia; **82om** Werner Forman
Archiv/Provincial Museum of British Columbia;
82or Werner Forman Archiv/Provincial Museum
of British Columbia; **83o** American Museum of
Natural History; **83u** DBP/Strat Mastoris;
84or Werner Forman Archiv/Sammlung Mr. & Mrs.
Putnam; **84ul** American Museum of Natural
History; **84ur** DBP/Strat Mastoris; **85ol** Natural
History Picture Agency/Heuclin; **85or** Robert
Harding Bildarchiv/Pinson; **85m** Robert Harding
Bildarchiv/Pinson; **85ur** Peter Gorman/Flores;
85ul Hutchison Bibliothek/McIntyre; **86u** Suttons
Seeds; **86ur** Peter Gorman/Flores; **86ol** Peter
Gorman/Flores; **87o** Harvard Botanical Library, mit
freundlicher Genehmigung von Mrs. Masha Arnold;
88o aus einem Gemälde von Karale; **88u** Derek

Fordham/Arctic Camera; **88m** Bryan & Cherry
Alexander; **89** Judith Pettigrew; **90** Mary Evans
Bildarchiv; **91** American Museum of Natural
History; **92o** Edouard Luna/Pablo Amarigo;
92u Abteilung für indianische Angelegenheiten,
Kanada/Mark Uqouyuittuq; **93** Southwest Museum,
Los Angeles; **94ol** Kishor Tamu (Gurung);
94or Judith Pettigrew; **94u** Kishor Tamu (Gurung);
95o Werner Forman Archiv/Terry P. Will Samm-
lung, Alaska; **95u** Mark Oppitz;

Schamanen und Klienten
96–97 Piers Vitebsky; **98o** Werner Forman
Archiv/B. Colman; **98u** Mark Oppitz;
99o The Bridgeman Art Library; Prado Museum,
Madrid; **100o** Jean-Pierre Chaumeuil;
100m Jean-Pierre Chaumeuil; **100u** Jean-Pierre
Chaumeuil; **101** Piers Vitebsky; **102o** Piers
Vitebsky; **102u** Anthrophoto/Irwin DeVore;
104o Mark Oppitz; **104m** Carole Pegg;
104u Werner Forman Archiv/Privatsammlung;
105 Josiane Cauquelin; **106ur** Werner Forman
Archiv/Glenbow Museum; **106l** Museum of
Mankind London, British Museum; **106–107** Bryan
& Cherry Alexander; **107m** Survival Anglia/Foott;
107u Mark Nuttall; **108o** aus „Maps and Dreams",
Hugh Brodie; **108u** Jean-Pierre Chaumeuil;
109 aus „Beyond the Milky Way", Gerardo Reichel-
Dolmatoff, Dolmatoff, University of California
Press; **110–111** Piers Vitebsky; **111u** Werner
Forman Archiv/William-Channing-Sammlung;
111 Jane Monnig Atkinson; **112–113** aus „Religiya
Evenkow", A. F. Asinimov; **113o** aus einem
Gemälde von Gert Lyberth, 1915; **114–115** Edouard
Luna/Pablo Amarigo; **115u** Piers Vitebsky;
116o Hulton Deutsch; **116u** Popperphoto; **117** Piers
Vitebsky; **118o** Werner Forman Archiv/ Privat-
sammlung, NY; **118u** Gabor Vargyas; **119o** Judith
Pettigrew; **119u** Laurel Kendall; **120o** Werner
Forman Archiv/Provincial Museum of British
Columbia; **120** Werner Forman Archiv/Field
Museum, Chicago; **121** DBP/Ulrike Preuss, mit
freundlicher Genehmigung des Kaos Theaters;
122 Mark Oppitz; **123ol** Laurel Kendall;
123or Hutchison Bibliothek/McIntyre; **123u** Mark
Oppitz; **125o** Ethnographie-Museum, Oslo;
126o Werner Forman Archiv/Field Museum of
National History, Chicago; **127** DBP aus „Mytho-
logy of all races", Bd. IV, 1927;

Schamanen verstehen
128–129 Privatsammlung; **130o** Werner Forman
Archiv/Privatsammlung; **130u** aus einer Zeichnung
von Karale, 1920; **131o** aus Gilij 1781 1193
Bodleian 233E450, mit Erlaubnis der Bodleian
Library, Oxford; **131u** Novosti Presseagentur;

132o Piers Vitebsky; **132u** Robert Harding
Bildarchiv; **133o** Rex Features; **133u** Hutchison
Bibliothek/Cliverd; **134** Piers Vitebsky;
135 Aspect/Carmichael; **136o** Piers Vitebsky;
136u Hutchison Bibliothek; **137o** Gabor Vargyas
138ul aus „Intellectual Culture of the Hudson Bay
Eskimos", Knud Rasmussen; **138u** Privatsammlung;
139o aus „Intellectual Culture of the Hudson Bay
Eskimos", Knud Rasmussen; **139u** Privatsammlung;
140 Privatsammlung; **142o** Jane Monnig Atkinson;
142u American Museum of Natural History;
143o Piers Vitebsky; **143u** Piers Vitebsky;
144 Piers Vitebsky; **146** Charles McDonald;
147 Privatsammlung; **148o** Dänisches Nationalmuseum; **149o** Robert Harding Bildarchiv/Michael
Jenner; **150** Lazslo Kunkovacs; **151o** Abteilung für
indianische Angelegenheiten/Lucy Ottochie;
151u Jane Monnig Atkinson; **152** Lazslo Kunkovacs; **153** Rex Features; **154** aus „Monkey Subdues
the White Bone Demon", Liaoning Publishing
House; **155** Piers Vitebsky; **156** Piers Vitebsky;
157o Edouard Luna/Pablo Amarigo; **157u** Images
Colour Library; **159** DBP aus „Mu-Iglala, or the
way of Mu", Holmer and Wassen; **160** Mark Oppitz;

Dokumentation und Hinweise
163 Timofei Stepanov; **165** Ohio Historical Society;
167 Gemälde von Jessie Oonark, Winnipeg Art
Gallery, fotografiert von Sheila Spence

DANK DES AUTORS
Mein Dank gilt den vielen Schamanen und ihren
Klienten, die mir jahrelang geholfen haben, ebenso
den Gelehrten, deren Arbeiten mich belehrten, den
zahlreichen Institutionen, die meine Reisen ermög-
lichten, und Jonathan Horwitz, Laurel Kendall,
Mark Nuttall und Judith Pettigrew für ihre freundli-
che Kritik des Manuskriptes, die mich jedoch
hoffentlich nicht tadeln, daß es immer noch einige
Fehler gibt. Ich widme dieses Buch meiner Frau
Sally in Dankbarkeit für ihre Hilfe und ihr
Verständnis.

WICHTIGER HINWEIS
Dieses Buch enthält wissenschaftliche, historische
und kulturelle Informationen über Pflanzen, die für
viele Gesellschaften wichtig sind oder waren. Die
Einnahme dieser Pflanzen oder Pflanzenteile kann
äußerst gefährlich sein. Schamanen benutzen diese
Pflanzen und Substanzen nur nach einem strengen
Training. Weder der Autor noch der Verleger übernehmen die Haftung für Konsequenzen, die aus der
Einnahme dieser Pflanzen oder Pflanzenprodukte
durch Leser entstehen.